D1705546

Wirtschaftsenglisch-Lexikon

Business English Dictionary

Englisch-Deutsch
Deutsch-Englisch

Band 2

Von
Gerd W. Goede

Zweite, überarbeitete Auflage

R. Oldenbourg Verlag München Wien

**Do your work with your whole heart
and you will succeed - there is so little competition.**

Elbert Hubbard, 1856 - 1915
American publisher and author

Die Deutsche Bibliothek - CIP-Einheitsaufnahme

Goede, Gerd W.:
Wirtschaftsenglisch-Lexikon / von Gerd W. Goede. - München
; Wien : Oldenbourg.
 Früher begrenztes Werk
 ISBN 3-486-24217-2
NE: HST

Englisch-deutsch. - 2., überarb. Aufl. - 1997

Goede, Gerd W.:
Wirtschaftsenglisch-Lexikon / von Gerd W. Goede. - München
; Wien : Oldenbourg.
 Früher begrenztes Werk
 ISBN 3-486-24217-2
NE: HST

Deutsch-englisch. - 2., überarb. Aufl. - 1997

© 1997 R. Oldenbourg Verlag
Rosenheimer Straße 145, D-81671 München
Telefon: (089) 45051-0, Internet: http://www.oldenbourg.de

Das Werk einschließlich aller Abbildungen ist urheberrechtlich geschützt. Jede Verwertung außerhalb der Grenzen des Urheberrechtsgesetzes ist ohne Zustimmung des Verlages unzulässig und strafbar. Das gilt insbesondere für Vervielfältigungen, Übersetzungen, Mikroverfilmungen und die Einspeicherung und Bearbeitung in elektronischen Systemen.

Gedruckt auf säure- und chlorfreiem Papier
Gesamtherstellung: R. Oldenbourg Graphische Betriebe GmbH, München

ISBN 3-486-24217-2

VORWORT

Das vorliegende Lexikon soll dem Leser als treffsicheres Nachschlagewerk für den Bereich Wirtschaftsenglisch dienen.

Es soll all denen, die sich mit englischer und deutscher Wirtschaftsterminologie befassen, eine detaillierte und umfangreiche Einführung in diese schwierige, komplexe und sich ständig weiterentwickelnde Materie geben.

Das Lexikon wendet sich an Studenten von Universitäten, Berufsakademien und Fachhochschulen, an fortgeschrittene Schüler von Wirtschaftsschulen, an Fach- und Führungskräfte aus allen Wirtschaftsbereichen, an Übersetzer und Dolmetscher und an alle am Wirtschaftsgeschehen Interessierte.

Das Lexikon umfaßt ca. 7.300 Hauptbegriffe. Da viele Begriffe in Mehrfachbedeutungen auftreten, werden ca. 18.000 Definitionen vermittelt. Um das Bild abzurunden, wurde zu möglichst vielen Bedeutungen eine Vielzahl von englischen und amerikanischen Alternativtermini aufgelistet (ca. 40.000). Gebräuchliche Abkürzungen der erklärten Termini werden in Klammern erwähnt. Last not least, soll der Wortschatz intensiviert werden, indem im Text immer wieder Alternativbegriffe in Klammern aufgeführt werden.

Aufgrund der regen Nachfrage enthält die **Zweite Auflage** eine deutsch-englische Wortliste mit ca. 13.000 deutschen Fachtermini und ihren englischen Entsprechungen in einem alphabetischen Register.

Für Beratung, Unterstützung, Aufmunterung und sonstige Aktivitäten möchte ich ganz herzlich danken:
Herrn Dr. phil. Andrew Hunter Lee (sprachliche Beratung), Frau Ursula Herke (Sekretärin), Frau Ilka Annegret Böhm, meiner Familie und Herrn Dipl.-Volksw. Martin M. Weigert, Cheflektor beim Oldenbourg Verlag.

Um der Komplexität der Wirtschaftswissenschaften einigermaßen gerecht zu werden, umfaßt das Lexikon u.a. folgende Fachgebiete:

- Angebot & Nachfrage	- Supply & Demand
- Arbeitgeber-/-nehmer-Beziehungen	- Labour Relations
- Bankwesen	- Banking
- Beschaffung	- Purchasing
- Betriebswirtschaftslehre	- Business Economics
- Börse	- Stock and Commodity Exchange
- Bürowirtschaft	- Office Management
- Controlling	- Controlling
- Einkauf	- Buying
- Export	- Export
- Finanzen	- Finance(s)
- Geld	- Money
- Gewerkschaften	- Trade unions
- Import	- Import
- Incoterms	- Incoterms
- Handel	- Commerce
- Industrie	- Industry
- Internationaler Handel	- International Trade
- Investition	- Investment
- Kostenrechnung	- Cost accounting
- Management	- Management
- Marketing	- Marketing
- Organisation	- Organisation
- Personalwesen	- Personnel Management
- Rechnungswesen	- Accounting
- Schriftverkehr	- Correspondence
- Steuern	- Taxes
- Transport	- Transport
- Verkauf	- Selling
- Verschiedenes	- Miscellaneous
- Versicherungswesen	- Insurance
- Vertrieb	- Distribution
- Verwaltung	- Administration
- Volkswirtschaftslehre	- Economics
- Werbung	- Advertising
- Wertpapiere	- Securities
- Zollwesen	- Customs

Gerd W. Goede

FOREWORD

It is the aim of the present dictionary to serve its user as a reliable work of reference in the field of business English.

With it, all those working with English and German economic terminology should obtain a detailed and comprehensive introduction to this difficult and complex material which is in a process of continuous development.

This dictionary is intended to serve as a tool for students at universities, commercial and professional colleges, for advanced pupils at commercial schools, for trained staff and managers in all fields of commerce and industry, for translators and interpreters, and for all those interested in economic developments.

This dictionary comprises approx. 7,300 principal terms. As many of the terms occur with several meanings, approx. 18,000 definitions are thus given. To complete the picture, a large number of British and/or American alternative terms are also listed to complement as many of the meanings as possible (approx. 40,000). Common abbreviations for the terms explained are given in parentheses. Last not least, it has been the author's aim to give an indepth explanation of the vocabulary by applying the technique of citing alternative terms in brackets wherever applicable.

Due to the keen demand, this **second edition** contains a German-English glossary listing approx. 13,000 field-related German terms in alphabetical order, together with their English equivalents.

I would like to express my deep thanks to the following for their counsel, support, encouragement and other undertakings of a logistical nature:
Andrew Hunter Lee, Ph.D. (language consultant), Ms Ursula Herke, Ms Ilka Annegret Böhm, my Family and Dipl.-Volksw. Martin M. Weigert, Senior Editor at the Oldenbourg Verlag.

In order to meet the demands of the economic sciences as satisfactorily as possible, the dictionary covers, amongst others, the following fields:

- Accounting
- Administration
- Advertising
- Banking
- Business Economics
- Buying
- Commerce
- Controlling
- Correspondence
- Cost accounting
- Customs
- Distribution
- Economics
- Export
- Finance(s)
- Import
- Industry
- Incoterms
- Insurance
- International Trade
- Investment
- Labour Relations
- Management
- Marketing
- Miscellaneous
- Money
- Office Management
- Organisation
- Personnel Management
- Purchasing
- Securities
- Selling
- Stock and Commodity Exchange
- Supply & Demand
- Taxes
- Trade Unions
- Transport

- Rechnungswesen
- Verwaltung
- Werbung
- Bankwesen
- Betriebswirtschaftslehre
- Einkauf
- Handel
- Controlling
- Schriftverkehr
- Kostenrechnung
- Zollwesen
- Vertrieb
- Volkswirtschaftslehre
- Export
- Finanzen
- Import
- Industrie
- Incoterms
- Versicherungswesen
- Internationaler Handel
- Investition
- Arbeitgeber-/-nehmer-Beziehungen
- Management
- Marketing
- Verschiedenes
- Geld
- Bürowirtschaft
- Organisation
- Personalwesen
- Beschaffung
- Wertpapiere
- Verkauf
- Börse
- Angebot & Nachfrage
- Steuern
- Gewerkschaften
- Transport

Gerd W. Goede

Deutsch-Englische Wortliste

German-English Glossary

A

ab	ex
Abandon (Vers)	abandonment
Abbau	exploitation
Abberufung	recall
Abbestellung	countermand
Abbruchwert	break-up value
Abbuchungsverfahren	direct debit
Abbuchungsverfahren	preauthorized payment (method)
Abfahrtsdatum (Schiffahrt)	sailing date
Abfall	waste
Abfallbeseitigung	waste removal
Abfallprodukt	byproduct
Abfallprodukte	waste material
Abfallstoff	waste material
Abfallverwertung	salvage
Abfindung, hohe an Führungskräfte	golden handshake
Abfindung	compensating payment
Abfindung	compensation
Abfindung	compensatory award
Abfindung	indemnity
Abfindung	settlement
Abfindung(szahlung)	compensatory award
Abfindung(szahlung)	ex gratia payment
Abfindung(szahlung) (PW)	severance pay(ment)
Abfindung, großzügige an Top-Manager	golden parachute
Abfindungserklärung (Vers)	release
Abfindungsvertrag (PW)	termination agreement
Abfindungszahlung (PW)	terminal bonus
Abgabe	charge
Abgabe	impost
Abgabe	levy
Abgaben	dues
Abgaben, kommunale	local rates
abgabenfrei	free of tax
Abgabepreis	selling price
Abgeld	discount
Abhakungszeichen	check
Abhebung	withdrawal
Abhebungsbetrag	withdrawal
Abhol- und Zustelldienst	pickup and delivery service
Abholgrossist	cash and carry wholesaler
Abholgroßhändler	cash and carry wholesaler
Abholung	collection
Abkommen, bindendes, verbindliches	binding agreement
Abkühlungszeit	cooling-off period
abladen	unloading
Ablage	filing
Ablage	filing system
Ablage nach Orten	geographical filing
Ablage nach Sachgebieten	subject filing

Ablage(korb)	communication tray
Ablage(korb)	pending tray
Ablage, alphabetische	alphabetic filing
Ablage, alphanumerische	alphanumeric filing
Ablage, chronologische	chronological filing
Ablage, elektronische	electronic filing
Ablage, numerische	numerical filing
Ablagekorb	filing basket
Ablageschrank	filing cabinet
Ablagesystem	filing system
Ablagevorrichtung	filing equipment
Ablauf	expiry
Ablauf	lapse
Ablehnung	disclaimer
Ablehnung	rejection
Ablehnung eines Versicherungsantrags	declinature
ableichtern	transhipment (transshipment)
Abliefertermin	delivery date
Ablieferung	delivery
ablösen (Schuld)	clear
Ablöserecht	right of redemption
Ablösung	redemption
Ablösungsrecht	equity of redemption
Ablösungsrecht	right of redemption
Abmachung, vorläufige bindende	binder
Abnahme	taking delivery
Abnahmebescheinigung	acceptance certificate
Abnahmebescheinigung	certificate of inspection
Abnahmebescheinigung	test certificate
Abnehmer	buyer
Abnehmer	customer
Abnehmer	purchaser
Abnehmer	taker
Abnutzung, durch Gebrauch	wear and tear
Abnutzung, natürliche	wear and tear
Abnutzung, übliche	fair wear and tear
Abonnement	standing order
Abonnement	subscription
Abrechnung	clearance
Abrechnung	clearing
Abrechnung	statement
Abrechnung (Bö)	settlement
Abrechnung, nur zur	not negotiable
Abrechnungskurs (Bö)	settlement price
Abrechnungsschreiben (Vers)	discharge form
Abrechnungstag	prompt day
Abrechnungstag (Bö)	account day
Abrechnungstag (Bö)	pay day (payday)
Abrechnungstag (Bö)	settlement day
Abrechnungstag, am nächsten (Bö)	for the account
Abrechnungstermin bei Börsengeschäften	value
Abrechnungszeitraum	accounting period
Abrechnungszeitraum (Bö)	account
Abreißgutschein, perforierter	ad-a-card
Abruf nach Bedarf	call off as required
Abrufauftrag	call purchase
Abrufvertrag	call-off purchase agreement

Absatz	marketing
Absatz	sales
Absatz	selling
Absatz(menge)	sales volume
Absatz-Mix	sales mix
Absatzanalyse	sales analysis
Absatzbudget	sales budget
Absatzchancen	sales potential
Absatzförderung	sales promotion
Absatzförderung beim Handel	trade promotion
Absatzgebiet	outlet
Absatzkampagne	sales drive
Absatzkartell	syndicate
Absatzkette	sales chain
Absatzkosten	distribution cost(s)
Absatzlehre	marketing
Absatzmittler	mercantile agent
Absatzorganisation	sales force
Absatzplan	sales budget
Absatzprognose	sales forecast
Absatzvorbereitung	merchandising
Absatzweg	channel of distribution
Absatzweg	distribution channel
Absatzwirtschaft	distributive trade(s)
Abschaffung von Gelegenheitsarbeit	decasualization
abschicken	consign
Abschlag	discount
Abschlag(szahlung)	advance pay
Abschlagsauktion	Dutch auction
Abschlagsdividende	interim dividend
Abschlagszahlung	payment on account
Abschlagszahlung	progress payment
Abschleppgebühr	towage
Abschluß	deal
Abschluß (Bö)	transaction
Abschluß (RW)	financial statement
Abschluß, konsolidierter	consolidated accounts
Abschluß, konsolidierter	group accounts
Abschluß, veröffentlichter (RW)	published (annual) accounts
Abschlußblatt (RW)	spreadsheet (spread sheet)
Abschlußbuchung	closing entry
Abschlußbuchung	close
Abschlußdividende	final dividend
Abschlußgebühr	acquisition fee
Abschlußkurs (Bö)	exercise price
Abschlußstichtag (RW)	closing date
Abschlußtest	posttest (post-test)
Abschnitt	counterfoil
Abschöpfungspreispolitik	price skimming
Abschöpfungspreisstrategie	skim-the-cream pricing
Abschreibepolice (Vers)	declaration policy
Abschreibepolice (Vers)	floating policy
Abschreibung	amortisation
Abschreibung	depreciation
Abschreibung geringwertiger Wirtschaftsgüter	write-off of low-cost assets
Abschreibung nach Wahl	free depreciation

Abschreibung, außerplanmäßige	extraordinary depreciation
Abschreibung, degressive	declining balance method (of depreciation)
Abschreibung, degressive	diminishing balance method (of depreciation)
Abschreibung, degressive	reducing balance method (of depreciation)
Abschreibung, leistungsbezogene, technische, verbrauchsbedingte	unit(s) of production depreciation
Abschreibung, lineare	equal instalment method
Abschreibung, lineare	fixed instalment method (of depreciation)
Abschreibung, lineare	straight-line depreciation
Abschreibung, steuerbegünstigte	accelerated depreciation
Abschreibung, steuerliche, für Investitionen	capital allowance(s)
Abschreibung, vorzeitige	accelerated depreciation
Abschreibungen, akkumulierte	accumulated depreciation
Abschreibungsgrundwert	depreciable value
Abschreibungskonto	depreciation account
Abschreibungsrestwert	written-down value
Abschreibungssatz	rate of depreciation
Abschreibungswert	depreciable value
Abschrift	copy
Abschrift	tenor
Abschrift, beglaubigte	attested copy
Abschwungphase	contractionary phase
Absenden	forwarding
absenden	forward
Absender	freighter
Absender	poster
Absender	shipper
Absender (von Waren)	consignor
Absentismus	absenteeism
absetzbar, steuerlich	deductible
Absetzbarkeit	marketability
Absichtserklärung, schriftliche	letter of intent
Absprache (geheime)	collusion
Absprache, mündliche	gentleman's agreement
Abstimmung (namentliche)	poll
Abstimmung (RW)	matching
Abstimmung, geheime	ballot
Abstimmung, geheime	secret ballot
Abstimmung, namentliche	named vote
Abstimmung, namentliche	role call vote
Abstinenz	abstinence
Abstinenztheorie des Zinses	abstinence theory of interest
Abstoßen	divestment
Abszisse	abscissa
Abteilung	department
Abteilungsleiter	department(al) head
Abteilungsleiter	superintendent
Abtretung	cession
Abtretung (-sdokument)	assignment
Abtretung (Vers)	abandonment
Abtretungsempfänger	assignee
Abtretungsurkunde	deed of assignment
Abtretungsvertrag	bargain and sale
Abwanderung von besonders qualifizierten Fachkräften	brain drain
Abweichen	deviation

Abweichung	deviation
Abweichung	variance
Abweichung, mittlere quadratische (Stat)	standard deviation
Abwertung	depreciation
Abwertung	devaluation
Abwesende(r) (PW)	absentee
Abwicklung	liquidation
Abwicklung	winding up
Abwicklung, freiwillige (bei Konkurs)	members' voluntary winding up
Abzahlungsgeschäft, Inhaber eines	tallyman
Abzahlungskauf	instal(l)ment buying
Abzahlungsvertrag	credit sale(s) agreement
Abzahlungsvertrag	deferred payment agreement
Abziehbild	transfer
Abzug	deduction
Abzug bei Rückzahlung eines Darlehens vor Fälligkeit	rebate
Abzug, bar ohne	net cash
Abzüge, freiwillige	voluntary deductions
Access, britische Kreditkarte	Access
Addiermaschine	adding machine
Addition	casting
Administration	administration
Adressat	addressee
Adressaten, Zahl der	target audience
Adresse (Anschrift)	address
Adressenliste	mailing list
Adressenverlag	list broker
Adressiermaschine	addressing machine
Adreßbuch	directory
Adreßbuchwerbung	directory advertising
Affidavit	affidavit
Agent/in	agent
Agentur	agency
Aggregat	unit
Agio	agio
Agio	premium
Agio aus Aktienemission	premium on capital stock (shares)
Agio aus Aktienemission	share premium
Agrarpolitik, gemeinsame (EG)	Common Agricultural Policy
AIDA-Modell (Mk)	AIDA-model
Akkordarbeit	piecework (piece work)
Akkordarbeiter	task worker
Akkordlohnsätze, Festlegung von	rate fixing
Akkordricht(lohn)satz	job rate
Akkordsatz (PW)	piece rate
Akkreditiv	credit
Akkreditiv	letter of credit
Akkreditiv mit aufgeschobener Zahlung	deferred payment (letter of) credit
Akkreditiv, avisiertes	advised letter of credit
Akkreditiv, bestätigtes	confirmed letter of credit
Akkreditiv, bestätigtes unwiderrufliches	confirmed irrevocable letter of credit
Akkreditiv, einfaches	open credit
Akkreditiv, einfaches, reines	clean credit
Akkreditiv, reines	clean credit
Akkreditiv, revolvierendes	revolving letter of credit

Akkreditiv, übertragbares	transferable credit
Akkreditiv, unbestätigtes	unconfirmed letter of credit
Akkreditiv, unbestätigtes unwiderrufliches	unconfirmed irrevocable letter of credit
Akkreditiv, unwiderrufliches	irrevocable letter of credit
Akkreditiv, widerrufliches	revocable letter of credit
Akkreditivbank	accepting bank
Akkreditivbank (AuW)	issuing bank
Akkreditivbedingungen	credit terms
Akontozahlung	payment on account
Akquisiteur	canvasser
Akte, abgelegte	dead file
Aktendeckel	binder
Aktennotiz	memorandum (memo)
Aktenschrank für abgelegte Korrespondenz	transfer case
Aktenvermerk	memorandum (memo)
Aktenvernichter	shredding machine
Aktenzeichen	file reference
Aktie	share
Aktie	stock
Aktie mit einem Nennwert von US $ 25	quarter stock
Aktie, dividendenberechtigt, aber stimmrechtslos	A share
Aktie, erstklassige	chip
Aktie, Gewinn je	earnings per share
Aktie, kaduzierte	forfeited share
Aktie, nennwertlose	no par value share (stock)
Aktie, nichtstimmberechtigte	voteless share
Aktie, stark gefragte	glamour stock
Aktie, stark schwankende	Yo-Yo-stock
Aktie, stimmberechtigte	voting share
Aktie, stimmrechtslose	nonvoting share (stock)
Aktie, voll eingezahlte	paid-up-share
Aktie, voll eingezahlte	fully paid share
Aktie, zinsreagible	interest-sensitive stock
Aktien	equities
Aktien amerikanischer Gesellschaften	Yankees
Aktien, Aufkäufer von	raider
Aktien, Ausgabe von	floatation
Aktien, begebene, im Umlauf befindliche	outstanding shares
Aktien, bei Umwandlung in eine Kapitalgesellschaft als Kaufpreis übernommene	vendor's shares
Aktien, eigene	treasury stock
Aktien, gängige	active stocks
Aktien, genehmigte, aber noch nicht emittierte	unissued stock
Aktien, leerverkaufte	shorts
Aktien, mit hohem Umsatz	active stocks
Aktien, Mitteilung über die Nichtzuteilung von	letter of regret
Aktien, Quittung über erfolgte Übertragung von	transfer receipt
Aktien, schneller Kauf/Verkauf, um auch geringfügige Kursschwankungen zu nutzen	scalp
Aktien, teilweise eingezahlte	partly paid(-up) shares
Aktien, Übernahmeangebot durch	paper bid

Aktien, überraschender Aufkauf an der Börse	dawn raid
Aktien, Zuteilung von	allotment
Aktienagio	premium on capital stock (shares)
Aktienagio	share premium
Aktienanalyse, technische	technical analysis
Aktienanteil eines Zeichners	allotment
Aktienaufkauf, Versuch der Firmenübernahme durch	raid
Aktienaufteilung	split
Aktienausgabe	capital issue
Aktienausgabe	issue of shares
Aktienbank	joint stock bank
Aktienbesitz, anonymer	nominee shareholding
Aktienbewertung	stock valuation
Aktienbewertungen (USA)	stock ratings
Aktienbezugsrecht	share option
Aktienbezugsrecht	stock option
Aktienbuch	register of members
Aktienemission	capital issue
Aktienemission	issue of shares
Aktienemission	share issue
Aktienemission	stock flotation
Aktienemission, Kosten der	preliminary expenses
Aktienfinanzierung	equity financing
Aktiengattungen	classified stock
Aktiengesellschaft (AG)	company limited by shares
Aktiengesellschaft (AG)	public corporation
Aktiengesellschaft (AG)	limited (liability) company
Aktiengesellschaft (AG) (GB)	joint stock company
Aktiengesellschaft (GB)	public limited company
Aktiengesellschaft (USA)	incorporated company
Aktiengesellschaft, umwandeln in eine	going public
Aktiengesetz (GB)	Companies Act
Aktienhandel Eingeweihter	insider trading
Aktienindex	share index
Aktienindex der New Yorker Börse	New York Stock Exchange Index
Aktienindex, der auf 500 repräsentativen US-Werten basiert	Standard + Poor's Index
Aktienkaduzierung	forfeiture of shares
Aktienkapital	equity capital
Aktienkapital	equity
Aktienkapital	nominal (share) capital
Aktienkapital	share capital
Aktienkapital	stock
Aktienkapital, ausgegebenes	issued capital
Aktienkapital, verwässertes	watered capital
Aktienkapitalrendite	return on equity
Aktienkurs	share price
Aktienmarkt	stock market
Aktienmarkt, Verdrängung von Spekulanten aus dem	shakeout
Aktiennachkauf bei steigenden Kursen	pyramiding
Aktienoption	share option
Aktienoption	stock option
Aktienpaket	parcel of shares (stocks)
Aktiensplit	split

Aktiensplit	stock split
Aktienstimmrecht	voting right
Aktientransfer	stock transfer
Aktienübertragung	share transfer
Aktienübertragung	stock transfer
Aktienübertragung	transfer
Aktienzeichner/in	applicant
Aktienzeichnung	application
Aktienzertifikat	share certificate
Aktienzertifikat	share warrant
Aktienzertifikat, vorläufiges	scrib certificate
Aktienzuteilung, Antrag auf	letter of application
Aktion, konzertierte	joint consultation
Aktionär	shareholder
Aktionäre, Zahlungsaufforderung an (nach Zuteilung)	first call
Aktionärsversammlung	company meeting
Aktiva	asset(s)
Aktiva, antizipative (Erträge)	accrued revenue(s)
Aktiva, flüssige, liquide	liquid assets
Aktiva, immaterielle	intangible assets
Aktiva, materielle	tangible assets
Aktiva, Summe der	total assets
Aktiva, transitorische	deferred charges
Aktiva, transitorische	expenses prepaid
Aktiva, transitorische	prepaid expense(s)
Aktiva, unsichtbare	concealed assets
Aktiva, Verzinsung der eingesetzten	return on assets (employed)
Aktiva, zentralbankfähige	eligible assets
Aktivgeschäft einer Bank	earning assets
Aktivierung (RW)	capitalization
Aktivitätskennzahlen, betriebswirtschaftliche	activity ratios
Aktivkonto	asset account
Aktivposten, Bewertung von	valuation of assets
Aktivposten, nur langsam realisierbarer	slow asset
Aktivsaldo	credit
Aktivsaldo	credit balance
Aktivsaldo der Zahlungsbilanz	balance of payments surplus
Akzelerationsprinzip	acceleration principle
Akzelerator	accelerator
Akzept	acceptance
Akzept, Dokumente gegen (AuW)	documents against acceptance
Akzept, eigenes	house bill
Akzept, eingeschränktes, qualifiziertes	qualified acceptance
Akzept, unbeschränktes, reines	general acceptance
Akzept, uneingeschränktes	clean acceptance
Akzeptant (eines Wechsels)	acceptor
Akzeptanz (Mk)	acceptance
Akzeptbank	accepting bank
Akzeptbank	merchant bank
Akzeptkredit	acceptance credit
Akzeptobligo	bill payable
Algol	algol
Algorithmus	algorithm
All-or-none Emission	all or none
Alleineigentümer	sole owner

Alleinvertreter	sole agent
Alleinvertretung	exclusive agency
Allgemeines Zoll- und Handelsabkommen	General Agreement on Tariffs and Trade
Allgemeingültigkeit	currency
Allonge	allonge
Allonge	rider
Alpha-Aktie (Spitzenaktie)	alpha stock
Alternativkosten	alternative cost(s)
Alternativkosten	opportunity cost
Alternativplan	contingency plan
Altersrente (für Selbständige und Freiberufler)	self-employed annuity
Altersversorgung	pension
Altersversorgung, betriebliche	employee pension scheme
Altersversorgung, betriebliche	occupational pension (scheme)
American Express	American Express
Amortisation	amortisation
Amortisationsfonds	sinking fund
Amortisationszeit	payback period
Amt	bureau
Amt für Verbraucherschutz (GB)	Office of Fair Trading
Amtliches (Börsen) Kursblatt (GB)	Daily Official List
Amtsblatt	gazette
Amtsführung	administration
Amtszeichen (Telefon)	dialling tone
an die Börse gehen	going public
An- und Verkaufskurs, Differenz zwischen (Bö)	spread
An-Weisung	directive
Analysator der Aktienkursbewegungen	chartist
Analyse konkurrierender Produkte	competitor analysis
Analyse, makrodynamische	macro-dynamics
Analyst	analyst
Anbieter	marketer
Anbieter	supplier
Anbieterabsprache	collusive tendering
Aneignung, rechtswidrige, widerrechtl.	misappropriation
Aneignung, widerrechtliche	conversion
Anerkennungsschreiben	testimonial
Anfangsbestand (MaW)	opening stock
Anfangsgehalt	starting salary
Anfangskapital	initial capital
Anfangskapital	opening capital
Anfangskosten, hohe	front end load
Anfangslohn	starting wage
Anfeuchter	damper
Anfordern, Vorlage auf	on demand
Anforderungsprofil (PW)	job specification
Anfrage	enquiry
Anfrage	inquiry
Anfrage, bestimmte	special inquiry
Angaben	data
Angaben	particulars
Angebot	offer
Angebot	quotation
Angebot	supply
Angebot	tender

Angebot (Kostenvoranschlag)	estimate
Angebot einer Emissionsbank, Neuemission zu kaufen	offer for sale
Angebot und Nachfrage	supply and demand
Angebot und Nachfrage, Gesetz von	law of supply and demand
Angebot und Preis	supply and price
Angebot zur Rückerstattung des Kaufpreises bei Nichtgefallen der Ware	refund offer
Angebot, aggregiertes	aggregate supply
Angebot, bedingtes	conditional offer
Angebot, bestimmtes	specific offer
Angebot, Erlöschen eines	termination of offer
Angebot, festes, verbindliches	firm offer
Angebot, inverses	regressive supply
Angebot, konkurrierendes	competitive supply
Angebot, konkurrierendes	composite supply
Angebot, öffentliches	general offer
Angebot, Preiselastizität des	price elasticity of supply
Angebot, unelastisches	inelastic supply
Angebot, unerwidertes (Bö)	bid not offered
Angebot, unverlangtes	unsolicited offer
Angebot, unverlangtes	voluntary offer
Angebot, verbundenes, komplementäres	joint supply
Angebot, verschlossenes	sealed bid
Angebot, zusammengesetztes	composite supply
Angebote, Abgabe von	bidding
Angebotsabgabe	tendering
Angebotsänderung	change in supply
Angebotsannahme	award
Angebotsbedingungen	conditions of supply
Angebotsbegrenzung	termination of offer
Angebotsdeterminanten	determinants of supply
Angebotselastizität	elasticity of supply
Angebotsgesetz	law of supply
Angebotsinflation	supply inflation
Angebotsinflation	supply push inflation
Angebotskurs (Bö)	asked price
Angebotskurs (Bö)	offer(ed) price
Angebotskurve	supply curve
Angebotskurve, allgemeine	general supply curve
Angebotskurve, Verschiebung der	shift of supply curve
Angebotsmenge	quantity supplied
Angebotsoptimierung (Mk)	merchandising
Angebotsoptimierung (Mk)	merchandise
Angebotspreis	bid price
Angebotspreis	offer(ed) price
Angebotspreis	supply price
Angebotspreis (Bö)	quoted price
Angebotsschrumpfung	contraction of (in) supply
Angebotstabelle	supply schedule
Angebotsüberhang	excess(ive) supply
Angebotsüberschuß	sellers over
Angebotsüberschuß	surplus
Angeklagte(r)	defendant
Angelegenheit	business
Angelegenheit	case
Angesteller	white-collar worker

Angestellte(r)	employee
Angestellte(r), kaufmännische(r)	clerk
Angestelltenbeurteilung, betriebliche	employee rating
Angestelltenfluktuation	employee turnover
Angestelltengewerkschaft	white collar union
Angestellter	servant
Angestellter (leitender)	officer
Angestellter, leitender	executive
Angestellter, leitender	general manager
Angestellter, leitender	senior manager
Angstkauf	panic buying
Anhang (zu einer Urkunde)	rider
Anhang am Wechsel	allonge
Anhänger	label
Anhänger	tag
Anhäufung	mountain
Ankauf und Bevorschussung von Forderungen	debt factoring
Ankaufkurs	buying rate
Ankergebühr	groundage
Ankergebühr, -geld	anchorage
Ankergeld	groundage
Ankernutzungsgebühr	keelage
Ankerplatz	berth
Anklage	charge
Anklage	complaint
Anklage(erhebung)	prosecution
Ankündigung	notice
Ankunftsanzeige	advice of arrival
Ankurbelung der Konjunktur/Wirtschaft	pump priming
Anlage	construction
Anlage (Schriftverkehr)	enclosure
Anlage des Betriebes	plant layout
Anlage in Staatspapieren	gilt-edged investment
Anlage noch nicht realisierter Gewinne	pyramiding
Anlage, erstklassige (mündelsichere)	gilt-edged investment
Anlage, feste	fixture
Anlage, geldnahe	near money
Anlage, hochverzinsliche	high-coupon
Anlage, rentable	smart money
Anlage, technische	plant
Anlageberater	investment adviser
Anlagebewertung	investment appraisal
Anlagegegenstand	fixed asset
Anlagegüter	capital goods
Anlageinvestition	fixed investment
Anlagekredit	investment credit
Anlagenintensität	capitalized ratio
anlagenintensiv	capital intensive
Anlageninvestition	capital investment
Anlagenkonto	accounting entity
Anlagestelle	jetty
Anlagevermögen	capital asset(s)
Anlagevermögen	fixed capital
Anlagevermögen	invested capital
Anlagevermögen	noncurrent asset(s)
Anlagevermögen	permanent asset(s)

Anlagewerte, immaterielle	intangible assets
Anlaufen (eines Schiffes)	call
Anlaufen von Zinsen	accumulation
Anleger, institutioneller	institutional investor
Anleihe	bond
Anleihe	debenture
Anleihe	loan
Anleihe	stock
Anleihe eines ausländischen Emittenten am US-Kapitalmarkt	Yankee bond
Anleihe eines Bundesstaates (USA)	state bond
Anleihe mit Endfälligkeit	bullet loan
Anleihe ohne Wandelrecht	straight bond
Anleihe, abgezinste	zero coupon bond
Anleihe, aufgerufene (gekündigte)	called bond
Anleihe, ausgeloste	drawn bond
Anleihe, festverzinsliche	fixed interest loan
Anleihe, gesichert durch eine Gesamthypothek	general mortgage bond
Anleihe, gesicherte	secured loan
Anleihe, hochverzinsliche	cushion bond
Anleihe, kündbare, rückzahlbare	redeemable debenture
Anleihe, ungesicherte	unsecured debenture
Anleihe, ungesicherte	unsecured loan
Anleihe, unkündbare	noncallable bond
Anleihe, variabel verzinsliche	variable-rate bond
Anleiheagio	bond premium
Anleiheagio	premium on bonds
Anleihebewertung	bond rating
Anleihedisagio	debenture discount
Anleiheinhaber	debenture holder
Anleihekapital	debt capital
Anleihekapital	loan capital
Anleihekapital	loan stock
Anleiheverbindlichkeit(en)	fixed debt(s)
Anleihezins	coupon rate
Anleihezinssatz	coupon
Anlieferung	supply
Anmeldeformular (Import)	entry form
Anmeldeschluß	closing date
Anmerkung	footnote
Anmerkung	note
Annahme	acceptance
Annahme	assumption
Annahme	hypothesis
Annahme unter Vorbehalt	conditional acceptance
Annahme, bedingte	conditional acceptance
Annahme, eingeschränkte	qualified acceptance
Annahme, zur ... innerhalb x Tagen	for acceptance within x days
Annahmeerklärung (Wechsel)	acceptance
Annahmeerklärung	letter of acceptance
Annahmeschluß	deadline
Annahmevermerk (Wechsel)	acceptance
Annahmeverweigerung	nonacceptance
Annahmeverweigerung	rejection
annoncieren	insert
Annuität	annuity

Annullierung	annulment
Annullierung	cancel(l)ation
Annullierung	defeasance
Anordnung	format
Anpassung	adjustment
Anpassungsfähigkeit, Mangel an	inelasticity
Anrechnungspunkt	credit
Anrecht, wohlerworbenes	vested right(s)
Anrede	greeting
Anrede (in Geschäftsbriefen)	salutation
Anrede, Form der	address
Anreiz	incentive
Anrufbeantworter	answerphone
Anrufbeantworter	telephone answering machine
Anrufer	caller
Anschaffung	acquisition
Anschaffungen	purchases
Anschaffungskosten	acquisition cost(s)
Anschaffungskosten	cost(s)
Anschaffungskosten	historic(al) cost(s)
Anschaffungskosten	original cost(s)
Anschaffungswert	entry value
Anschlagtafel	bulletin board
Anschlagtafel (Mk)	hoarding
Anschlußauftrag	add-on sale
Anschlußmarkt (Mk)	after market
Ansicht	judg(e)ment
Ansicht, zur	on approval (on appro)
Ansporn	incentive
Ansprache (bei Rede)	address
Anspruch auf Versicherungsleistung	claim
Anspruch, einklagbarer	chose in action
Ansprüche, ausgeschlossene (Vers)	excluded claims
Anspruchsberechtigte(r)	beneficiary
Anspruchsteller/in	claimant
Anstellungsvertrag	employment contract
Anstieg (scharfer)	upswing
Anteil	interest
Anteil	share
Anteil an einem Immobilienfonds	property bond
anteilig	pro rata (prorata)
anteilmäßig	pro rata (prorata)
Anteilseigner	shareholder
Anti-Trust Gesetz (USA)	Anti-Trust Law
Antidumpingzoll	antidumping duty
Antiinflationspolitik	anti-inflationary policy
Antizipationslager	anticipation stock
antizyklisch	countercyclic(al)
Antrag	application
Antrag	motion
Antrag auf Konkurseröffnung	petition in bankruptcy
Antrag auf Verladung zollpflichtiger Waren vor Zollbeschau	request note
Antragsformular	application form
Antragsformular	proposal form
Antragsformular (Vers)	claim form
Antragsteller/in	applicant

Antragsteller/in	claimant
Antwortinserat	direct response advertising
Antwortkarte	reply card
anvertrauen	consign
Anwaltsgebühren	legal charges
Anwartschaftszeit (Vers)	qualifying period
Anweisung des Finanzministeriums an die Banken (GB)	Treasury directive
Anweisung, gerichtliche	writ
Anweisung, keine (Wechsel)	no advice
Anweisungen	briefing
Anwesen	premises
Anwesenheitsgehalt	attendance money
Anwesenheitsliste	attendance sheet
Anzahl, beschlußfähige	quorum
Anzahlung	advance
Anzahlung	deposit
Anzahlung	downpayment (down payment)
Anzahlungsgarantie (AuW)	advance payment bond
Anzeige	advertisement
Anzeige	complaint
Anzeige (Bildschirm)	display
Anzeige	insert
Anzeige, alleinstehende	solus advertisement
Anzeige, doppelseitige	double page spread
Anzeige, doppelseitige	spread
Anzeige, ganzseitige	spread
Anzeige, laut	as per advice
Anzeige, redaktionell aufgemachte	advertorial
Anzeige, redaktionell aufgemachte	editorial ad
Anzeige, rubrizierte	classified advertisement
Anzeigenauftrag	insertion order
Anzeigenbeilage	stuffer
Anzeigenblatt	free sheet
Anzeigenblatt	giveaway magazine
Anzeigenfestpreis	flat rate
Anzeigengrundpreis	base rate
Anzeigenmittler	space buyer
Anzeigenpreisliste	rate card
Anzeigenraum	space
Anzeigentarif	advertising rate
Anzeigentext	advertising copy
Anzeigenvermittler	space broker
anziehen (Bö)	firm
Arbeit	labour (labor)
Arbeit	work
Arbeit, Aufteilung der verfügbaren	work sharing
Arbeit, harte	graft
Arbeit, unqualifizierte	unskilled work
Arbeit, vorausbezahlte	dead horse
Arbeiter	labour (labor)
Arbeiter, ungelernte	shop floor (shopfloor)
Arbeiter/in	blue-collar worker
Arbeiter/in	manual worker
Arbeiterfragen, unfaire Behandlung von	unfair labour practice
Arbeitgeber	employer
Arbeitgeber und Arbeitnehmer	master and servant

Arbeitgeber-Arbeitnehmer-Ausschuß (GB)	Joint Industrial Council
Arbeitgeber-Arbeitnehmer-Beziehungen	industrial relations
Arbeitgeber-Arbeitnehmer-Beziehungen	labour relations
Arbeitgeber-Betriebs-Haftpflichtversicherung (Vers)	employer's liability (insurance)
Arbeitgeber-Streikversicherung	mutual strike aid
Arbeitgeberanteil zur Sozialversicherung	employer's contribution(s)
Arbeitgeberkredit	beneficial loan
Arbeitgeberleistungen, zusätzliche	perks
Arbeitgeberverband	employers' association
Arbeitgeberverband (GB)	Federation of British Industries
Arbeitnehmer	labour (labor)
Arbeitnehmer, (sozial)versicherungspflichtiger	covered employee
Arbeitnehmer, der häufig seinen Arbeitsplatz wechselt	job shopper
Arbeitnehmer, die die Firma verlassen	quits
Arbeitnehmer/in	employee
Arbeitnehmeranteil zur Sozialversicherung	employee's contribution(s)
Arbeitnehmerausbildung	employee training
Arbeitnehmermitbestimmung	employee participation
Arbeitnehmermitbestimmung	worker(s') participation
Arbeitnehmerschulung	employee training
Arbeitnehmervertreter in der Geschäftsführung	worker representative on the board
Arbeitnehmervertretung, Aufsichtsratsmitglied der	worker representative on the board
Arbeits(platz)bewertung	job evaluation
Arbeitsablauf-Handbuch	procedures manual
Arbeitsablaufdiagramm	flow chart (flowchart)
Arbeitsablaufdiagramm	process chart
Arbeitsablaufkarte	route card
Arbeitsablaufplan	flow chart (flowchart)
Arbeitsamt	labour exchange
Arbeitsanalyse	job analysis
Arbeitsauftrag	shop order
Arbeitsauftrag	work order
Arbeitsauftragsnummer	job number
Arbeitsbelastung	workload
Arbeitsbessener	workaholic
Arbeitsbewertungsverfahren	factor comparison method
Arbeitseinkommen	earnings
Arbeitseinkommen	earned income
Arbeitsentgelt	remuneration
Arbeitsentgelt (jeder Art)	compensation
Arbeitserlaubnis	work permit
Arbeitsflußüberwacher	progress chaser
Arbeitsgänge, Festlegung der Reihenfolge einzelner	routing
Arbeitsgemeinschaft	consortium
Arbeitsgemeinschaft	syndicate
Arbeitsgesetz	Employment Act
Arbeitsgesetzgebung	work legislation
Arbeitsgestaltung	job design
Arbeitsgruppe	task force
Arbeitsgruppe	work group

Arbeitsgruppe, rangungleiche, vertikale	vertical work group
arbeitsintensiv	labour intensive
Arbeitskampf	industrial dispute
Arbeitskampf	trade dispute
Arbeitsklassifizierung	job grading
Arbeitskontrolle	work control
Arbeitskosten	labour cost(s)
Arbeitskraft, angelernte	semiskilled worker
Arbeitskräfte	labour (labor)
Arbeitskräfte, Abgang von	wastage
Arbeitskräfte, Immobilität der	immobility of labour
Arbeitskräfte, ungelernte	shop floor (shopfloor)
Arbeitskräfte, verfügbare	manpower
Arbeitskräfteabgang, natürlicher	natural waste
Arbeitskräftefluktuation	labour turnover
Arbeitskräftemobilität	labour mobility
Arbeitskreis	work group
Arbeitsleben	working life
Arbeitslenkung	direction of labour
Arbeitslose(r)	unemployed person
Arbeitslosengeld	unemployment benefit
Arbeitslosenquote	unemployment
Arbeitslosenquote	unemployment rate
Arbeitslosenunterstützung	out-of-work benefit
Arbeitslosenversicherung	unemployment insurance
Arbeitslosigkeit	redundancy
Arbeitslosigkeit	unemployment
Arbeitslosigkeit, freiwillige	voluntary unemployment
Arbeitslosigkeit, Gebiet mit hoher	distressed area
Arbeitslosigkeit, generelle (allgemeine)	general unemployment
Arbeitslosigkeit, konjunkturbedingte	cyclical unemployment
Arbeitslosigkeit, latente, verdeckte	concealed unemployment
Arbeitslosigkeit, latente, versteckte	disguised unemployment
Arbeitslosigkeit, natürliche	natural unemployment
Arbeitslosigkeit, regionale	regional unemployment
Arbeitslosigkeit, saisonale	seasonal unemployment
Arbeitslosigkeit, strukturelle	structural unemployment
Arbeitslosigkeit, technologische	technological unemployment
Arbeitslosigkeit, temporäre	transitional unemployment
Arbeitslosigkeit, temporäre (friktionelle)	frictional unemployment
Arbeitslosigkeit, unfreiwillige	involuntary unemployment
Arbeitslosigkeit, verdeckte	concealed unemployment
Arbeitslosigkeit, verdeckte, verkappte, versteckte	hidden unemployment
Arbeitslosigkeit, verschleierte	concealed unemployment
Arbeitslosigkeit, zyklische	cyclical unemployment
Arbeitsmarkt	labour market
Arbeitsministerium	Department of Employment
Arbeitsmobilität	mobility of labour
Arbeitsmobilität, horizontale	horizontal (labour) mobility
Arbeitsmoral	employee morale
Arbeitsmoral	morale
Arbeitsmoral	staff morale
Arbeitsniederlegung	walkout
Arbeitsökonomik	labour economics
Arbeitsordnung	code of practice

Arbeitsplatz	workplace
Arbeitsplatz	work station
Arbeitsplatz, Lebensqualität am	quality of work(ing) life
Arbeitsplatz, Sicherheit des	job security
Arbeitsplatzbeschreibung	job description
Arbeitsplatzbeschreibung	job specification
Arbeitsplatzteilung	job sharing
Arbeitsplatzteilung	work sharing
Arbeitsproduktivität	efficiency of labour
Arbeitsproduktivität	labour productivity
Arbeitsproduktivität	productivity of labour
Arbeitspsychologie	industrial psychology
Arbeitsrecht	industrial law
Arbeitsrecht	labour law
Arbeitsrehabilitationszentrum	employment rehabilitation centre
Arbeitsrückstand	backlog
Arbeitsschicht, unterbrochene	split shift
Arbeitsschutzgesetz (GB)	Employment Protection Act
Arbeitsschutzgesetz (GB)	Factory Act
Arbeitssicherheit	job safety
Arbeitsstudie	work study
Arbeitsstunde	man-hour
Arbeitstag, bezahlter zum Besuch eines Fortbildungslehrgangs	day release
Arbeitstagung	workshop
Arbeitstakt	work cycle
Arbeitsteilung	division of labour
Arbeitsteilung, internationale	international division of labour
Arbeitsüber(be)lastung	work overload
Arbeitsumgebung	job environment
Arbeitsunfähigkeit, vollständige und dauernde	total and permanent disability
Arbeitsunfall	industrial injury
Arbeitsunfall	occupational accident
Arbeitsvereinfachung	organisation and method
Arbeitsvereinfachung	work simplification
Arbeitsverlangsamung	go-slow
Arbeitsvermittlung(sbüro)	employment agency
Arbeitsvermittlungsdienst (GB)	employment service agency
Arbeitsvermittlungsstelle	job centre
Arbeitsvermögen	human capital
Arbeitsversäumnis	absenteeism
Arbeitsvertrag	contract of employment
Arbeitsvertrag	employment contract
Arbeitsvertrag	service agreement
Arbeitsvertrag, in dem sich ein Arbeitnehmer verpflichtet, keiner Gewerkschaft beizutreten	yellow dog contract
Arbeitsvertragsauflösung	abrogation
Arbeitswechsel	job rotation
Arbeitswertlehre	labour theory of value
Arbeitszeit	office hours
Arbeitszeit, bezahlte, zum Besuch eines Fortbildungslehrgangs	block release
Arbeitszeit, flexible, gleitende	flexitime
Arbeitszeit, unsoziale	unsocial hours
Arbeitszeitnachweis	time sheet

Arbeitszerlegung in Teilvorgänge	element breakdown
Arbeitszufriedenheit	job satisfaction
Arbeitszyklus	job cycle
Arbitrage (Bö)	arbitrage
Arbitragegeschäft unter Ausnutzung von Preisdifferenzen auf verschiedenen Handelsplätzen zum gleichen Zeitpunkt	space arbitrage
Archiv-Dokumentenkasten	archive box
Archivierungssystem	filing system
Armutsfalle	poverty trap
Armutsgrenze	poverty line
Artikel, die immer auf Lager sein müssen	never-outs
Artikel, kostenlos verteilter	handout
Assembler (DV)	assembler
ATA-Carnet	ATA-Carnet
Attest, ärztliches	medical certificate
Audienz	audience
auf Abruf	at call
auf tägliche Kündigung	at call
auf Verlangen	at call
Aufbewahrung	deposit
Aufbewahrung, sichere	safe custody
Aufenthaltsland	country of residence
Auffassung, daß Kreditkäufe teurer sein dürfen als Barkäufe	time-price doctrine
Aufforderung	demand
Aufforderung, ein Vertragsangebot abzugeben	invitation to treat
Aufforderung, zahlbar bei	payable on demand
Aufgabe	assignment
Aufgabe	duty
Aufgabe	function
Aufgabe	job
Aufgabe (Vers)	abandonment
Aufgaben-Management	task management
Aufgabenerweiterung, horizontale (PW)	job enlargement
Aufgabenerweiterung, vertikale (PW)	job enrichment
Aufgabengebiet	terms of reference
Aufgabenstellung	terms of reference
Aufgabenwechsel	job rotation
Aufgeld	agio
Aufgeld	premium
Aufhebung	cancel(l)ation
Aufhebung	defeasance
Aufhebung	revocation
Aufkauf (einer Unternehmung)	buyout
Aufkauf (zwecks Monopolbildung)	corner
Aufkauf einer Unternehmung durch das eigene Management	leverage(d) buyout
Aufkauf von Aktien an der Börse, überraschender	dawn raid
Aufkaufen großer Mengen zum Wiederverkauf zu überhöhten Preisen	abbroachment
Aufkäufer von Aktien	raider
Aufklärungswerbung	informative advertising
Aufkleber	label
Aufkleber	sticker

Aufladen	loading
Auflage	circulation
Auflage	edition
Auflagenhöhe	circulation
Auflassung	conveyance
Auflassungsurkunde	conveyance
Auflösung	dissolution
Auflösung	disintegration
Auflösung	liquidation
Auflösung	winding up
Aufmachung	format
Aufmerksamkeit	notice
Aufnahmefähigkeit, geistige	capacity
Aufpreis	surcharge
Aufrechnung	offset
Aufrechnung	setoff
Aufschiebung	postponement
Aufschlag	surcharge
Aufschub	abstinence
Aufschub	postponement
Aufschwung	recovery
Aufschwung	upswing
Aufschwung, starker	boom
Aufseher	overseer
Aufseher	supervisor
Aufseher/in	foreman / forelady
Aufsichtsbehörde für Warentermingeschäfte (USA)	Commodity Futures Trading Commission
Aufsichtsperson	supervisor
Aufsichtsrat	board of directors
Aufsichtsrat	supervisory board
Aufsichtsratsmitglied der Arbeitnehmervertretung	worker representative on the board
Aufstellplakat	showcard
Aufstellung	display
Aufstellung	return
Aufstieg	advancement
Auftrag	order
Auftrag gültig bis zum Widerruf (Bö)	open order
Auftrag zu Festpreisen	fixed price contract
Auftrag zur sofortigen Ausführung (Bö)	fill-or-kill (order)
Auftrag, bedingter	conditional order
Auftrag, gekoppelter (Bö)	contingent order
Auftrag, laufender	standing order
Auftrag, noch nicht ausgeführter	unexecuted order
Auftrag, offener, unerledigter	open order
Auftrag, unerledigter	back order
Auftrag, unerledigter	open order
Auftrag, unerledigter	outstanding order
Auftrag, unlimitierter (Bö)	no-limit order
Auftrag, zeitlich begrenzter (Bö)	time order
Auftraggeber	principal
Auftraggeber (Bö)	client
Auftraggeber, stiller, unbekannter	undisclosed principal
Auftragnehmer	contractor
Auftragsabwicklung	order processing
Auftragsbearbeitung	purchase order processing

Auftragsbearbeitung	sales order processing
Auftragsbestätigung	acknowledg(e)ment of order
Auftragsbestätigung	confirmation of order
Auftragsbuch	order book
Auftragserteilung, Einheit der (Man)	unity of command
Auftragserteilung, zahlbar bei	cash with order
Auftragspooling	pooling of orders
Auftragsrückstand	backlog
Auftragsvergabe	award
Aufwand	cost(s)
Aufwand	expenses
Aufwand	expenditure
Aufwand, betriebsfremder	nonoperating expense
Aufwand, einmaliger, außerordentlicher	nonrecurring expenditure
Aufwand, erfolgswirksamer	revenue expenditure
Aufwands- und Ertragskonto	impersonal account
Aufwands- und Ertragsrechnung, periodengerechte (RW)	accrual accounting
Aufwandskonto	expense account
Aufwandskonto	nominal account
Aufwärtsentwicklung	uptrend
Aufwärtstrend	uptrend
Aufwendungen	expenses
Aufwendungen	revenue expenditure
Aufwendungen, betriebliche	operating costs
Aufwendungen, laufende	current expenditure
Aufwendungen, Nutzwert von	cost effectiveness
Aufwendungen, vorausbezahlte	deferred charges
Aufwendungen, vorausbezahlte	prepaid expense(s)
Aufwendungen, vorausgezahlte	expenses prepaid
Aufwertung	revaluation
Aufwertung (Währung)	appreciation
Aufzeichnung	record
Aufzeichnungen	records
Aufzinsung	accumulation
Auktion	auction
Auktion	public sale
Auktion	sale by auction
Auktion (Holländische)	Dutch auction
Auktionsmarkt	auction market
Ausbeuterbetrieb	sweatshop (sweat shop)
Ausbeutung	depletion
Ausbeutung	exploitation
Ausbildung	background
Ausbildung	education
Ausbildung	training
Ausbildung am Arbeitsplatz	on-(the-)job-training
Ausbildung durch Anleitung bei der Arbeit	coaching
Ausbildung von Führungskräften	management training
Ausbildung, (inner)betriebliche	industrial training
Ausbildung, Abschluß einer	qualification
Ausbildung, auffrischende	booster training
Ausbildung, auffrischende	updating training
Ausbildungsform, duale (an einer Hochschule und in der Industrie)	sandwich course
Ausbildungshandbuch	training manual

Ausbildungsleiter	training officer
Ausbildungsversicherung	education endowment (insurance)
Ausbringung	output
Ausbringung bei Vollbeschäftigung	full employment output
Ausbuchung	writeoff
Ausdruck	term
Ausdrucksmittel	vehicle
Ausdrucksweise, umgangssprachliche, ungepflegte	jargon
Ausfall	failure
Ausfallbürgschaft	guaranty (guarantee) of collection
Ausfertigung	copy
Ausfertigung, fünfte	quintuplicate (quint)
Ausfertigung, vierte	quadruplicate
Ausfuhr-Einfuhr-Bank (USA)	Export-Import Bank
Ausfuhragent	export agent
Ausfuhranmeldung	entry out(wards)
Ausfuhrdeklaration	export declaration
Ausfuhren, unsichtbare (Dienstleistungen)	invisibles
Ausfuhren, vorübergehende	temporary exports
Ausfuhrerklärung	specification
Ausfuhrfinanzierung	export finance
Ausfuhrgenehmigung	export licence
Ausfuhrkommissionär	export commission agent
Ausfuhrkontingent	export quota
Ausfuhrkreditversicherung	export credit insurance
Ausfuhrquote	export quota
Ausfuhrrechnung	export invoice
Ausfuhrüberschuß	export surplus
Ausführung	workmanship
Ausführung, Auftrag zur sofortigen (Bö)	fill-or-kill (order)
Ausführungsanzeige (Bö)	contract note
Ausführungsverzögerung	implementation lag
Ausführungsverzögerung, betriebliche	inside lag
Ausfuhrzölle	customs
Ausgabe	copy
Ausgabe	disbursement
Ausgabe	edition
Ausgabe(n)	expenses
Ausgabe(n)	expenditure
Ausgabekurs	coming out price
Ausgabekurs	issue price
Ausgabekurs bei Fondsanteilen	selling price
Ausgaben	outgoings
Ausgaben, autonome	autonomous spending
Ausgaben, investive	capital expenditure
Ausgaben, laufende	current expenditure
Ausgaben, öffentliche	government expenditure
Ausgaben, öffentliche	public expenditure
Ausgabenkürzung	abatement
Ausgabenstreichung	abatement
Ausgabenverpflichtung	capital commitment
Ausgänge (Geld)	outgoings
Ausgangsfracht	carriage outward(s)
Ausgangspost	outgoing mail
Ausgangsrechnung	outgoing invoice

ausgesetzt	deferred
ausgezeichnet	A 1
Ausgleich (AuW)	matching
Ausgleich voller	full settlement
Ausgleichsabgabe (AuW)	countervailing duty
ausgleichen	balance
Ausgleichsfonds (Bö)	Compensation Fund
Ausgleichslager	buffer stock
Ausgleichsposten	balancing item
Ausgleichszahlung	compensating payment
Ausgleichszoll	countervailing duty
Ausgliederung	divestment
Ausgliederung eines Unternehmens	spinoff (spin-off)
Aushilfspersonal	temporary personnel
Aushöhlungseffekt	backwash effect
Auskunftei	credit reference agency
ausladen	discharge
Auslage	disbursement
Auslagekasten	display cabinet
Auslagen, kleine	petties
Auslagenbehälter	display bin
Auslagenkiste	display bin
Auslagepackung	display pack
Ausland, im	offshore
Ausland, im ... Lebende(r)	expatriate
Ausländerkonto	nonresident account
Auslandsanleihe	external loan
Auslandsanleihe	foreign bond
Auslandsanleihe, in Pfund-Sterling	bulldog
Auslandsauftrag	indent
Auslandsauftrag mit Herstellerspezifizierung durch Käufer	closed indent
Auslandsauftrag mit Herstellerspezifizierung (durch Kommissionär)	open indent
Auslandsbank	foreign bank
Auslandsbanken, Guthaben in fremder Währung bei	foreign exchange
Auslandsbond	currency bond
Auslandsbörse	foreign exchange
Auslandshilfe	foreign aid
Auslandsinvestition	foreign investment
Auslandskonkurrenz	foreign competition
Auslandsnachfrage	external demand
Auslandspostanweisung	foreign money order
Auslandspostanweisung	international money order
Auslandsschulden	external debt(s)
Auslandssektor	foreign sector
Auslandsverschuldung	external debt(s)
Auslandsvertreter	overseas agent
Auslandswährung, Reiseschecks in	foreign currency travellers' cheques
Auslandswechsel	foreign bill of exchange
Auslandszahlung	foreign payment
Auslegung (Re)	construction
Auslieferer	distributor
Auslieferung	delivery
Auslieferung, Kauf zur späteren	forward purchase
Auslieferungsauftrag	delivery order

Auslieferungsschein	delivery order
Auslosung, inklusive (Bö)	cum drawing
ausrichten	justify
Ausruf, offener (Bö)	open outcry
Ausrüstung	equipment
Ausscheiden	retirement
Ausschließen/Ausschluß durch Abwählen	exhaustive voting
ausschließlich	ex
ausschließlich aller Rechte (Bö)	ex all
Ausschluß	disclaimer
Ausschlußkauf	preclusive buying
Ausschreibungsgarantie	bid bond
Ausschüttung	dividend
Ausschüttung	distribution
Ausschüttungspolitik	dividend policy
Ausschuß	committee
Ausschuß	commission
Ausschuß	spoilage
Ausschuß, ständiger	standing committee
Ausschußteil	reject
Ausschußware	defective goods
aussieben	screening
aussortieren	screening
Aussperrung	lockout
Ausstattung	equipment
Ausstattung, feste	fixture
Ausstellen und Zusenden von Rechnungen	billing
Aussteller	drawer
Aussteller (z.B. eines Wechsels)	maker
Ausstellung	exhibition
Ausstellung	fair
Ausstellung	show
Ausstellungsraum	showroom (show room)
Ausstellungstag	date of issue
Ausstellungsvitrine	display case
Aussteuerversicherung	children's assurance
ausstreichen	delete
Austausch	exchange
Austauschbeziehung	tradeoff
Austauschrelationen (AuW)	terms of trade
Austragungsort	venue
Austritt (eines Gesellschafters)	withdrawal
Ausverkauf	bargain sale
Ausverkauf	closeout
Ausverkauf	sale
Ausverkauf	sell out (sellout)
Ausverkauf wegen Geschäftsaufgabe	closing-down sale
Ausverkaufswaren	sales goods
ausverkauft	out of stock
Auswahl	range
Auswahl (Stat)	sample
Auswahlvertrieb	selective selling
Auswanderer	migrant
Auswanderung	emigration
Ausweichnachfrage	alternate demand
Ausweichplan	contingency plan
Ausweis	statement

Auswertung, sekundärstatistische	desk research
Auszahler	payer
Auszahlung	disbursement
Auszahlung	payout
Auszahlung	payment
Auszahlung (Finanzierung)	net proceeds
Auszahlung, briefliche	mail transfer
Auszahlung, telegrafische	cable transfer
Auszahlungsakkreditiv mit aufgeschobener Zahlung	deferred payment (letter of) credit
Auszahlungsschreiben (Vers)	discharge form
Auszeichnung mit gebrochenen Preisen	odd pricing
Auszubildende(r)	apprentice
Auszug	abstract
Autarkie	autarchy
Autarkie	self sufficiency
Automatenverkauf	automatic vending
Automation	automation
Automatisierung	automation
Autorenhonorar	royalty
Autoschalter (Bank)	drive-in bank
Außendienstmitarbeiter	field staff
Außendienstmitarbeiter	sales force
Außenfinanzierung	external financing
Außenhandel	foreign trade
Außenhandel	trade
Außenhandel, Gewährung gegenseitig gleicher Bedingungen im	fair trade
Außenhandel, Preisangebote im	foreign trade - price quotations
Außenhandel, Zahlungsweisen im	payment methods in international trade
Außenhandelsbilanz	visible balance
Außenhandelsbilanzdefizit	trade deficit
Außenhandelsdokumente	documents in foreign trade
Außenhandelsdokumente	foreign trade documents
Außenhandelsmultiplikator	foreign trade multiplier
Außenhandelspolitik	trade policy
Außenhandelsüberschuß	trade surplus
Außenhandelswechsel	trade acceptance
Außenpier	jetty
Außenstände	account(s) receivable
Außenstände	amounts outstanding
Außenstände	outstanding debts
Außenwerbung	outdoor advertising
Außenwirtschaftspolitik (USA)	commercial policy
Außenzoll, gemeinsamer	common external tariff
Außerbetriebnahme	abandonment
Außerkraftsetzung eines Gesetzes	abrogation
Aval	aval
Aval	guarantee given by banks
Avis, gemäß	as per advice

B

Baby Bond	baby bond
Bagatellklausel (Vers)	franchise clause
Bagatellsteuer	nuisance tax

Bahn	railway
Bahnavis	railway advice
Bahnfrachtbrief	railroad bill of lading
Bahnfrachtbrief	railway consignment note
Bahnhof	depot
Bahnhof, ab	ex rail
Bahnmitteilung über Frachtankunft	railway advice
Baissemanöver (Bö)	bear raid
Baissemarkt	bear market
Baissespekulant (Bö)	bear
Baissetendenz	bearishness
Baissier (Bö)	bear
Baissierangriff (Bö)	bear raid
Bakkalaureus	BSC
Balkencode	bar code
Ballen (Warenmenge)	bale
Baltic, Warenbörse in London	Baltic Exchange
Band (Buch)	volume
Bandbreitenabweichung	spread
Banderolenpackung	banded pack
Bank	bank
Bank der Banken	bankers' bank
Bank für internationalen Zahlungsausgleich	Bank for International Settlements
Bank mit einer Konzession eines Bundesstaates (USA)	state-chartered bank
Bank von England	Old Lady of Threadneedle Street
Bank von England (Zentralbank)	Bank of England
Bank von England, Notenemissions-Abteilung der	Issue Department
Bank, Aktivgeschäft einer	earning assets
Bank, anerkannte	recognized bank
Bank, auszahlende	paying bank(er)
Bank, avisierende	advising bank
Bank, bestätigende (AuW)	confirming bank
Bank, filiallose	unit banking
Bank, krediteröffnende (AuW)	issuing bank
Bank, multinationale	multi-national bank
Bank, von der Bundesregierung zugelassene (USA)	National Bank
Bankabhebung	withdrawal
Bankabwicklung vom privaten Haushalt	home banking
Bankakzept	bank bill
Bankakzept	bank(er's) acceptance
Bankantrag zur Akkreditiverteilung	bank lodgement form
Bankauftrag	bank(er's) order
Bankauskunft	bank reference
Bankausweis (Zentralbank) (GB)	bank return
Bankausweis der Bank von England	weekly return
Bankauszug	bank statement
Bankauszug	statement
Bankautomat	cash point
Bankautomat	cash dispenser
Bankautomat (multifunktionaler)	automated teller machine
Bankaval	bank guarantee
Bankbürgschaft	bank guarantee
Bankbürgschaft	guarantee given by banks

Bankdarlehen	bank loan
Bankdarlehen	bank advance
Bankdienstleistungen	banking services
Bankdiskont	bank(er's) discount
Bankeinlagen	bank deposits
Bankeinlagen bis zu zwei Jahren Laufzeit	eligible liabilities
Bankeinlagengrenze	deposit ceiling
Banken, Aufgaben von	functions of banks
Banken, die Wechsel bei der Bank von England rediskontieren können	eligible banks
Banken, Niederlassung ausländischer in den USA (nur Auslandsgeschäfte)	Edge (Act) corporation
Bankenkonsortium	consortium
Bankenkonsortium	syndicate
Bankensystem mit begrenzter Reservehaltung	fractional reserve banking
Bankenverband, USA	American Bankers Association
Bankenviertel in London	Lombard Street
Bankfeiertag	bank holiday
Bankgarantie	guarantee given by banks
Bankgebühren	bank(ing) charges
Bankgiro	bank giro
Bankguthaben	bank balance
Bankguthaben	bank credit
Bankguthaben	cash balance
Bankguthaben	cash at (in) bank
Bankguthaben	credit balance
Bankier	financier
Bankkarte	debit card
Bankkonto	account
Bankkonto	bank account
Bankkonto	current account
Bankkonto, Abhebung vom	bank withdrawal
Bankkontoabhebung	bank withdrawal
Bankkredit	bank advance
Bankkredit	bank loan
Bankkredit	bank credit
Banknote	bank bill
Banknote	banknote
Banknote	bill
Banknote	note
Banknoten	soft money
Banknoten, Ausgabe von	issue of banknotes
Banknoten, ausländische	foreign currency notes
Banknoten, in Umlauf befindliche	bank paper
Banknotenausgabe	note issue
Banknotenumlauf	active circulation (of bank notes)
Banknotenumlauf	note circulation
Bankomat	cash dispenser
Bankomat	cash point
Bankomat	service till (servicetill)
Bankrott	bankruptcy
Bankschalter, automatischer	automated teller machine
Bankschalterbeamter	cashier
Bankscheck	bank cheque
Bankscheck	bank(er's) draft
Bankschließfach	deposit box

Bankschließfach	lock box
Bankspesen	bank(ing) charges
Banktratte	bank(er's) draft
Banküberweisung	ban(ker's) order
Banküberweisung	bank giro
Banküberweisung	bank(er's) transfer
Banküberweisung	credit transfer
Banküberweisung	giro (credit) transfer
Bankvorlage der Exportdokumente	bank presentation of export documents
Bankwechsel	bank(er's) acceptance
Bankwechsel	bank paper
Bankwechsel	bank(er's) draft
Bankwechsel	bank bill
Bankwechsel, erstklassiger	fine bill
Bankzinsen	bank interest
Bannware	contraband
Baratterie	barratry
Barausschüttung	cash dividend
Barbestand	balance in hand
Bardividende	cash dividend
Bardividende	cash bonus
Bareboatcharter	bareboat charter
Bareboatcharter	demise charter
Bareinkauf	cash purchase
Bareinnahme	cash receipt
Bareinnahmen	takings
Bareinschuß (Bö)	margin
Bargeld	cash
Bargeld	money
Bargeld einer Bank	till money
Bargeld und leicht realisierbare Aktiva	quick assets
Bargeld, Flucht aus	flight from cash
Bargeldumlauf	currency
Bargeschäft	cash sale
Barkasse	barge
Barkredit	cash credit
Barmittel	spot cash
Barometer-Aktie	barometer stock
Barpreis	cash price
Barrel (Hohlmaß)	barrel
Barren	ingot
Barreserve (BaW)	legal reserve(s)
Barreserve (BaW)	vault cash
Barreservesatz (BaW)	cash ratio
Barscheck	open cheque
Bartergeschäft	barter
Barverkauf	cash sale
Barwert	actual cash value
Barwert	present value
Barwert aller künftiger Einnahmen und Ausgaben einer Unternehmung/Investition	discounted cash flow
Barzahlung	cash
Barzahlung bei Auftragserteilung	cash with order
Barzahlung bei Lieferung	cash on delivery
Barzahlung bei Versand	cash on shipment
Barzahlung bei Verschiffung	cash on shipment
Barzahlung vor Lieferung	cash before delivery

Barzahlung, Frist für	discount period
Barzahlungs(kassen)beleg	petty cash voucher
Barzahlungs-Händler-Rabatt	discount
Barzahlungspreis	cash price
Barzahlungsrabatt	cash discount
Barzahlungsrabatt	purchase discount
Barzahlungsrabatt	sales discount
Barzahlungsrabatt	settlement discount
Basic (DV)	Basic
Basis, monetäre	cash base
Basis, monetäre	monetary base
Basisexporte	basic exports
Basisjahr	base year
Basispreis	basic price
Basispreis	basic rate
Basispreis (Bö)	exercise price
Basispreis (Bö)	strike price
Basiszinssatz	base rate
Batch-Verarbeitung	batch proccessing
Bau	construction
Baud-Rate	baud
Baueinheit	unit
Baum der Alternativen	decision tree
Bausparkasse	building society
Bausparkasse (USA)	savings and loan association
Bauunternehmer	contractor
Bayessche Regel	Bayes' rule
Be- und Entladen, Zuschlag für besonders sorgfältiges	primage
Beamter/Beamtin	officer
Beamter/Beamtin	servant
Beamter /Beamtin	civil servant
Bearbeitung	processing
Bearbeitungsgebühr	arrangement fee
Bearbeitungsgebühr	service charge
Bearbeitungsstempel	date stamp
Bearbeitungszeit	lead time
Beauftragte(r)	agent
Bedarf	demand
Bedarf	need
Bedarf	requirements
Bedarf, aggregierter	aggregate demand
Bedarfs(deckungs)wirtschaft	subsistence economy
Bedarfsanalyse	demand analysis
Bedarfsmeldung	purchase requisition
Bedauxsystem (Prämienlohnsystem)	Bedaux system
Bedienstete(r), öffentlich	civil servant
Bediensteter(r), öffentlich	public servant
Bedienungsanleitung	operating manual
Bedienungsgeld	service charge
Bedienungstheorie	queu(e)ing theory
Bedienungstheorie	waiting line theory
Bedingung	condition
Bedingung, auflösende	condition subsequent
Bedingung, aufschiebende	condition precedent
Bedingung, ausdrücklich festgelegte	express condition
Bedingung, gegenseitige	condition concurrent

Bedingung, vertragliche	proviso
Bedingung, Zug-um-Zug	condition concurrent
Bedingungen	terms
Bedingungen der englischen Seeversicherer	Institute Cargo Clauses
Bedingungen, stillschweigende	implied terms
Bedürfnis	need
Bedürfnisbefriedigung	satisfaction of wants
Bedürfnishierarchie	hierarchy of wants
Bedürfnishierarchie	need hierarchy
Bedürfnisse	wants
Bedürfnisse, Hierarchie der	scale of preferences
Bedürfnisse, immaterielle	immaterial wants
Bedürfnisse, materielle	material wants
Bedürftigkeitsnachweis	means test
Bedürftigkeitsprüfung	means test
Befähigung	capacity
Befähigung	qualification
Befehl	command
Befehlsweg	line of command
befördern	forward
befördern	freight
Beförderung	advance
Beförderung	advancement
Beförderung	carriage
Beförderung	conveyance
Beförderung	transport
Beförderung (Güter)	haulage
Beförderung (PW)	promotion
Beförderungskosten	freight
Beförderungsmittel	conveyance
Beförderungsmittel	vehicle
Beförderungspapier	transport document
Beförderungsunternehmen	carrier
Beförderungsunternehmer	private carrier
befrachten	freight
Befrachter	charterer
Befrachter	freighter
Befrachtung	loading
Befrachtungsagent	chartering agent
Befrachtungsvertrag	affreightment
Befragter	respondent
Befragung	interview
Befragung	poll
Befragung, telephonische	telephone survey
befreit	exempt
Befriedigung, berufliche	job satisfaction
Befriedigung, bevorzugte	preferential payment
Befugnis	competence
Befugnis	power
Befugnisse, innerhalb der rechtlichen (einer juristischen Person)	intra vires
Begabungstest	intelligence test
Begebbarkeit	negotiability
Begebung	negotiation
Beggar-my-neighbour-Politik	beggar-my-neighbour policy
Beglaubigung	attestation

Beglaubigung	verification
Begleichung	discharge
Begleichung	settlement
Begleitpapiere	shipping documents
Begleitschreiben	covering letter
Begriff	term
Begrüßung	greeting
Begünstigte(r)	beneficiary
Behälter	bin
Behälter	container
Behauptung	claim
Beherrschung	command
Behinderte(r)	handicapped person
Behörde	agency
Behörde für Zölle und Verbrauchssteuern (GB)	Customs and Excise
Beihilfe	benefit
Beihilfe	grant
Beihilfe	subsidy
Beilage, lose (Mk)	loose insert
Beilegzettel mit Firmenaufdruck	compliments slip
Beitrag	contribution
Beitrag	premium
Beiträge	dues
Beitragspflichtige(r)	contributory
Bekanntgabe	disclosure
Bekanntgabe	publication
Bekanntmachung	bulletin
Bekanntsein	publicity
Beklagte(r)	defendant
Beklagte(r)	respondent
beladen	freight
beladen	loading
belasten	debit
Belastung	burden
Belastung	charge
Belastung	debit
Belastung, feste	fixed charge
Belastung, hypothekarische	mortgage
Belastung, schwebende	floating charge
Belastungsanzeige	debit note
Belastungsgrenze, steuerliche	taxable capacity
Beleg	coupon
Beleg	document
Beleg	slip
Beleg	voucher
Belegbuch für Anrufe	telephone calls record book
Belegregister	voucher register
Belegschaft	labour force
Belegschaft	manpower
Belegschaft	personnel
Belegschaft	staff
Belegseite (Mk)	tear sheet (tearsheet)
Beleihungswert	loan value
Belieferung	supply
Belohnung	payment
Benachteiligung	discrimination

Benutzerhandbuch	user's guide
Benutzungsgebühr	user charge
Berater	consultant
Beratung	advice
berechnen, zu viel	overcharge
Berechnung, zu hohe	overcharge
Berechnungsverfahren, effektives	algorithm
Berechtigte(r)	beneficiary
Berechtigungsschein	scrib certificate
Bereich	field
Bereich	range
Bereich	sector
Bereicherung, ungerechtfertigte	unjust enrichment
Bereitschaftsdienst	waiting time
Bereitschaftskreditabkommen (IWF)	standby agreement (IMF)
Bereitstellung	appropriation
Bereitstellungsgebühr	arrangement fee
Berg	mountain
Bergelohn	salvage
bergen	salvage
Bergung	salvage
Bericht	account
Bericht	return
Bericht	report
Bericht	statement
Bericht (nach außen)	external report
Bericht des (Vorstands-)Vorsitzenden	chairman's statement
Bericht des Vorstandsvorsitzenden	Statement by the Chairman
Berichterstattung über Teilbereiche	segmental reporting
Berichtigung	adjustment
Berichtigung	rectification
Berichtigungsaktien, Ausgabe von	free issue
Berichtigungsaktien, Emission von	capitalization issue
Berichtigungsaktien, ex, ohne	ex capitalization
Berichtigungsbuchung	correcting entry
Berichtigungsfaktor bei Wechselkursänderungen	currency adjustment factor
Berichtsform (RW)	narrative form
Berichtsjahr	year under review
Berner Verband	Berne Union
Beruf	business
Beruf	job
Beruf	occupation
Beruf	profession
Beruf	trade
Beruf ohne Aufstiegsmöglichkeiten	blind alley
Berufsanalyse	job analysis
Berufsausbildung	vocational training
Berufsausbildungsvertrag	contract of apprenticeship
Berufsberatung	vocational counsel(l)ing
Berufsbewertung	job evaluation
Berufsgewerkschaft	craft union
Berufshaftpflichtversicherung	professional indemnity insurance
Berufsleben	working life
Berufssystematik	occupational classification
Berufsunfähigkeits- und Krankenversicherung, private	permanent health insurance

Berufsverband	professional association
Berufungskläger	appellant
Beschädigung (Vers)	average
Beschädigung	damage
Beschaffenheit	quality
Beschaffenheit und Güte, handelsübliche	good merchantable quality and condition
Beschaffung	procurement
Beschaffung	purchasing
Beschaffung, beständelose	stockless buying
Beschaffung, fertigungssynchrone	stockless buying
Beschaffungskosten	ordering cost(s)
Beschaffungskredit	buyer credit
Beschaffungspreis	purchase price
Beschaffungswesen	purchasing
Beschaffungszeit	lead time
Beschäftigte eines Unternehmens	payroll
Beschäftigte in einem Wirtschaftszweig	labour force
Beschäftigte(r)	employee
Beschäftigte(r), unter Niveau	underemployed person
Beschäftigung	business
Beschäftigung	job
Beschäftigung	occupation
Beschäftigung	usance
Beschäftigungsbeendigung	termination of employment
Beschäftigungsfunktion	employment function
Beschäftigungsgesetz	Employment Act
Beschäftigungsgrad	activity rate
Beschäftigungshilfen	employment subsidies
Beschäftigungspolitik	employment policy
Beschäftigungspolitik	manpower policy
Beschäftigungsprogramm	job creation program(me)
Beschäftigungsquote	employment rate
Beschäftigungstheorie	employment theory
Bescheinigung	certificate
Bescheinigung über die Eintragung einer Grundstücksbelastung	certificate of charge
Bescheinigung über zuviel gezahlte Zollgebühren	over-entry certificate
Bescheinigung, die einer AG die Aufnahme der Geschäftstätigkeit erlaubt (GB)	trading certificate
Beschlagnahme	attachment
Beschlagnahme	confiscation
Beschlagnahme	distraint
Beschlagnahme	seizure
Beschlagnahme	sequestration
Beschlagnahmeverfügung	charging order
Beschlagnahmeverfügung	warrant of attachment
Beschleunigungsprinzip	acceleration principle
Beschluß	resolution
Beschluß auf einer Hauptversammlung mit Dreiviertelmehrheit	extraordinary resolution
Beschluß mit einfacher Mehrheit	ordinary resolution
Beschreibung	specification
Beschwerde	complaint
Beschwerdeverfahren	grievance procedure
Besetztzeichen (Telefon)	engaged tone
Besitz	estate

Besitz	possession
Besitz	property
Besitzeinkommen	unearned income
Besitzer	holder
Besitzwechsel	bill(s) receivable
Besitzwechsel	note(s) receivable
Besoldungsgruppe	salary scale
Besprechung	interview
Bestand, eiserner	base stock
Bestand, eiserner	minimum stock level
Bestand, maximaler	maximum stock level
Bestände	inventory
Bestandsaufnahme	stocktaking
Bestandsaufnahme, körperliche	physical inventory
Bestandsbewertung	inventory valuation
Bestandsbewertung	stock valuation
Bestandsbewertung	valuation of stock
Bestandsermittlung	stocktaking
Bestandsfehlmenge	stock shortage
Bestandskarte	stock card
Bestandskonto	asset account
Bestandskonto	real account
Bestandskontrolle	inventory control
Bestandsobergrenze	maximum stock level
Bestandsveränderung	inventory change
bestätigen	endorse (indorse)
Bestätigung	acknowledg(e)ment
Bestätigung	attestation
Bestätigung	certificate
Bestätigung	endorsement (indorsement)
Bestätigung	ratification
Bestätigung	validation
Bestätigung	verification
Bestätigung der guten Herkunft	blacklist certificate
Bestätigungsschreiben	confirmation note
Bestätigungsschreiben	letter of acknowledg(e)ment
Bestätigungsvermerk, uneingeschränkter eines Wirtschaftsprüfers	unqualified opinion
Bestechung	bribery
Bestechungsgeld	bribe
Bestechungsgeld	graft
Bestellbestand	reorder quantity
Bestellerkredit (AuW)	buyer credit
Bestellformular	order form
Bestellkosten	ordering cost(s)
Bestellmenge, optimale	economic order quantity
Bestellmenge, optimale	optimum order quantity
bestellt	on order
Bestellung	order
Bestellung	purchase order
Bestellung, auf	against order
Bestellung, feste	firm order
bestens	at best
Bestens-Auftrag (Bö)	market order
Besteuerung	assessment
Besteuerung	taxation
Bestimmtheit	certainty

Bestimmung	provision
Bestimmungen	terms
Bestimmungshafen	port of destination
Bestimmungsort	destination
Bestimmungsort, Fracht bezahlbar am	freight forward
bestreiken	black
Besuch, kurzer	call
Besuch, unangemeldeter (Mk)	cold call
Besucher	audience
Besucher	caller
Besucherbuch	visitors' book
Besucherfluß	traffic
Betafaktor	beta coefficient
Beteiligung	holding
Beteiligung	interest
Beteiligung	investment
Beteiligung	share
Beteiligung	stake
Beteiligung	trade investment
Beteiligung der Arbeitnehmer	copartnership
Beteiligung, anonyme	warehousing
Beteiligung, gegenseitige	cross holding
Beteiligung, wesentliche	substantial shareholding
Beteiligungsgesellschaft	associated company
Beteiligungsinvestition	direct investment
Beteiligungskapital	equity capital
Betrag, fälliger	amount due
Betrag, gerundeter, runder	round figure
Betrag, gut für den ... von	good for
Betrag, steuerlich absetzbarer	allowable deduction
Betrag, zu niedrig berechneter	undercharge
Betrieb	firm
Betrieb	shop floor (shopfloor)
Betrieb	undertaking
Betrieb	unit
Betrieb	works
Betrieb mit Kundenauftragsfertigung	job shop
Betrieb, der auch Nicht-Gewerkschaftsmitglieder beschäftigt	open shop
Betrieb, der Gewerkschaftsmitglieder bevorzugt einstellt	preferential (union) shop
Betrieb, der Hungerlohn zahlt	sweatshop (sweat shop)
Betrieb, der nach Einstellung den Eintritt in eine Gewerkschaft verlangt	post-entry closed shop
Betrieb, der nur gewerkschaftlich organisierte Arbeitnehmer beschäftigt	union shop
Betrieb, der nur Gewerkschaftsangehörige einstellt	pre-entry-closed shop
Betrieb, kostendeckender	self-supporting enterprise
Betriebsabteilung für die Eigenproduktion	captive shop
Betriebsanlage	plant
Betriebsausstattung	equipment
Betriebseinrichtung	plant
Betriebsergebnisrechnung	trading account
Betriebsführung per Komitee	consultative management
Betriebsführung, paternalistische	paternalism

Betriebsgeheimnis	trade secret
Betriebsgewerkschaft	company union
Betriebsgewerkschaft	house union
Betriebsgewinn	earnings from operations
Betriebsgewinn	operating profit
Betriebsgewinn	trading profit
Betriebsgröße, optimale (ökonomische)	optimum size
Betriebskapazität	plant capacity
Betriebskapital	circulating capital
Betriebskapital	working capital
Betriebskonto	trading account
Betriebskosten	running cost(s)
Betriebskosten	working expenses
Betriebsoptimum	ideal capacity
Betriebsoptimum	practical capacity
Betriebsplanspiel	management game
Betriebspsychologie	industrial psychology
Betriebsrat	works committee
Betriebsrente, die beim Ausscheiden aus dem Betrieb nicht erlischt	portable pension
Betriebsschließung	shutdown
Betriebssystem DOS	disk operating system
Betriebsunfall	industrial injury
Betriebsunfallversicherung	workers compensation insurance
Betriebsunterbrechungsversicherung	consequential loss insurance
Betriebsunterbrechungsversicherung	business interruption insurance
Betriebsunterbrechungsversicherung	loss of profits insurance
Betriebsverlust	operating loss
Betriebsvermögen, Umwandlung von ... in Geldkapital	conversion
Betriebswirtschaft(slehre)	business administration
Betrug	deceit
Betrug	fraud
Bett	berth
Beurkundungsvermerk	attestation
Beurteilung	judg(e)ment
Beurteilung (PW)	appraisal
Beutel	bag
Bevölkerung, alternde	aging population
Bevölkerung, nicht erwerbstätige	dependent population
Bevölkerung, rückläufige	declining population
Bevölkerungsstatistik	demography
Bevölkerungszahl, optimale	optimum population
Bevollmächtigte(r)	agent
Bevollmächtigte(r)	proxy
Bevollmächtigung	delegation
Bevorschussung von Rechungen	invoice discounting
Bewegungs-Zeit-Studie	time and motion study
Bewegungsstudie	motion study
Beweis	proof
Beweise (und Tatsachen)	case
Beweislast	onus of proof
Bewerber/in	applicant
Bewerbung	application
Bewerbungsformular	application form
Bewerbungsschreiben	letter of application
Bewertung	assessment

Bewertung	appraisement
Bewertung	appraisal
Bewertung	valuation
Bewertung	value
Bewertung von Aktivposten	valuation of assets
Bewertung von Vermögen	accounting valuation
Bewertung von Vorratsvermögen	valuation of stock
Bewertung von Wertpapieren	stock valuation
Bewertung, erstklassige ... eines Wertpapiers	premium rating
Bewertungsindex	weighted index
Bezahler	payer
Bezahlung	payment
Bezahlung	quittance
Bezahlung fälliger Zinsen	servicing
Bezahlung, gleiche	equal pay
Bezahlung, sofortige	spot cash
Bezahlung, volle	full settlement
Bezeichnung	term
Bezeichnung	title
Beziehungen	terms
Beziehungen zwischen den Sozialpartnern	industrial relations
Beziehungen, industrielle	labour relations
Beziehungen, zwischenmenschliche	human relations
Bezirksvertreter (Vers)	special agent
Bezogener	drawee
Bezogener	payer
Bezüge, steuerfreie	tax-free earnings
Bezugnahme (Schriftverkehr)	reference
Bezugskosten	carriage inward(s)
Bezugsquellennachweis	trade directory
Bezugsrecht	subscription privilege
Bezugsrecht auf neue Aktien	share option
Bezugsrecht auf neue Aktien	stock option
Bezugsrecht(e), mit (einschließlich)	cum rights
Bezugsrecht(sschein)	warrant
Bezugsrecht, ex, ohne	ex new
Bezugsrecht, Verzicht auf die Ausübung des	letter of renunciation
Bezugsrechte, ex, ohne	XR (ex rights)
Bezugsrechtsemission	rights issue
Bezugsrechtsangebot	letter of rights
Bezugsrechtsangebot (Bö)	rights offer
Bezugsrechtsausgabe (Bö)	rights issue
Bezugsrechtskurs	subscription price
Bezugsrechtsschein	subscription warrant
Bezugsvertrag	open-end contract
Bezugswährung	base currency
Bezugszeitraum	base year
Bias	bias
Bietungsgarantie	bid bond
Bietungsgarantie	tender bond
Big Bang (Bö)	May Day (Mayday)
Big Bang (Londoner Börse)	Big Bang
Bilanz	asset and liability statement
Bilanz	balance sheet

Bilanz der laufenden Posten	balance on current account
Bilanz der laufenden Posten	current account
Bilanz des Warenhandels	visible balance
Bilanz in Kontoform	horizontal balance sheet
Bilanz in Staffelform	vertical balance sheet
Bilanz und Gewinn- und Verlustrechnung	financial statement
Bilanz, die den tatsächlichen Verhältnissen entsprechendes Bild zeigt	true and fair view
Bilanz, geprüfte	audited financial statement
Bilanz, horizontal gegliederte	horizontal balance sheet
Bilanz, konsolidierte	consolidated balance sheet
Bilanz, passive	adverse balance
Bilanzfrisur	window dressing
Bilanzgerade	budget line
Bilanzgleichung	accounting equation
bilanzieren	balance
Bilanzierung, inflationsbereinigte	current cost accounting
Bilanzierung, inflationsneutrale	inflation accounting
Bilanzierung, periodengerechte	accrual concept
Bilanzierungsgrundsätze	principles of accounting
Bilanzkennzahlen	balance sheet ratios
Bilanzkontinuität, Grundsatz der	consistency convention
Bilanzkonto	real account
Bilanzkosmetik	window dressing
Bilanzprüfung	audit
Bilanzstichtag	accounting date
Bilanzsumme	balance sheet total
Bilanzsumme	total assets
Bilanzverlust	net loss
Bilanzvolumen	balance sheet total
Bild, das tatsächlichen Verhältnissen entspricht	true and fair view
Bildschirmanzeige	display
Bildschirmarbeitsplatz	work station
Bildschirmgerät	visual display unit
Bildschirmtelefon	video phone
Bildschirmtext	videotex
Bildschirmtext (Btx)	teletext
Bildschirmtext (GB)	Ceefax
Billigflagge	flag of convenience
Billigkeitsrecht	equity
Billigpreisgeschäft	bargain store
billigst	at best
Billigung	approval
Billion	billion
Billion (USA)	trillion
Binär (DV)	binary
Binärziffer (DV)	bit
bindend	firm
Binnenhandel	home trade
Binnenhandel, Zahlungsweisen im	payment methods in home trade
Binnenmarkt	local market
Bit (DV)	bit
Blankoabtretung	blank transfer
Blankoauftrag	blanket order
Blankoindossament	blank endorsement
Blankokredit	blank credit

Blankokredit	open credit
Blankoscheck	blank cheque
Blankoverkauf	selling short
Blankowechsel	blank bill
Blankozession	blank transfer
Blatt	folio
Blindtest	blind test
Block	block
Blockabstimmung	block voting
Blockade	blockade
Blockform, Briefe in	fully blocked letters
blockieren	freeze
Board of Directors	board of directors
Board of Directors (GB)	directorate
Board of Directors, Mitglied des	company director
Board of Directors, Mitglied des (GB)	director
Board of Directors, Mitglied des (gehört nicht gleichzeitig zur Geschäftsleitung)	outside director
Boden	land
Bodenarbeitslosigkeit	hardcore unemployment
Bodenrente	ground rent
Bodmereibrief	bottomry bond
Bon	voucher
Bonität	creditworthiness
Bonitätsanfrage	credit inquiry
Bonitätsbeurteilung	credit rating
Bonitätsbewertung	rating
Bonus	bonus
Boom	boom
Bordempfangsschein	mate's receipt
Bordkarte	boarding card
Bordkonnossement	onboard bill of lading
Bordkonnossement	shipped bill of lading
Börse	bourse
Börse	change
Börse	market
Börse für Finanz-Termin-Kontrakte, London	London International Financial Futures Exchange
Börse in New York	Wall Street
Börse, an die ... gehen	going public
Börse, feste	firm market
Börse, feste	strong market
Börse, New Yorker	Big Board
Börse, schwarze	black bourse
Börse, Zulassung an der	permission for quotation
Börsenabschlüsse	bargains
Börsenaufsichtsbehörde der USA	Securities and Exchange Commission
Börsenauftrag über weniger als 100 Aktien	broken amount
Börsenauftrag über weniger als 100 Aktien	odd lot
Börsenauftrag, bei Erreichen eines bestimmten Kurses zu kaufen/verkaufen	market if touched order
Börsenauftrag, bestimmte Wertpapiere zu bestimmten Limits zu kaufen/verkaufen	scale order
Börsenauftrag, der bis zu seiner ausdrücklichen Annullierung gültig ist	good till cancel(led) order

Börseneinführung	introduction
Börseneinführung	stock exchange introduction
Börseneinführung, Antrag auf	application for quotation
Börseneröffnung, bei	at the opening
börsenfähig, nicht	nonmarketable
Börsengeschäft	bargain
Börsengeschäft zu einem besseren Kurs als dem vorherigen	upstick (up stick)
Börsengeschäfte	bargains
Börsengeschäfte, Abrechnungstermin bei	value
Börsenhandel	trading
Börsenhandel rund um die Uhr	twenty-four-hour trading
Börsenhandel, computergesteuerter	automated screen trading
Börsenhandel, zugelassen zum	admitted to dealings
Börsenindex	share index
Börsenkapitalisierung	market capitalisation
Börsenkurs	market price
Börsenkursblatt, amtliches (GB)	Daily Official List
Börsenmakler	jobber
Börsenmakler	stockbroker
Börsenmakler auf eigene Rechnung	floor trader
Börsenmakler, der Geschäfte für andere abwickelt	floor broker
Börsenmitglied	floor member
Börsenmitgliedschaft	seat on the exchange
Börsenname (von Aktien)	nickname
Börsennotierung	stock exchange quotation
Börsenparkett	floor
Börsenparkett	trading floor
Börsensaal	floor
Börsensaal	ring
Börsensaal	trading floor
Börsenschluß	close
Börsenschluß	lot
Börsenschluß	trading unit
Börsenschluß	unit of trading
Börsenschluß (Mindestbetrag eines Wertpapierabschlusses)	unit
Börsenschluß, amtlicher	close
Börsenschluß, amtlicher	official close
Börsenschluß, bei	at the close
Börsenschluß, gebrochener	odd lot
Börsenschluß, voller	round lot
Börsensitz	seat on the exchange
Börsensitzung	session
Börsenspekulant	punter
Börsenspekulant, zahlungsunfähiger	lame duck
Börsenspekulation	gamble
Börsenstand	trading post
Börsenstimmung	undertone
Börsensymbol	stock symbol
Börsentag	market day
Börsenticker	ticker
Börsenumsatz	turnover
Börsenumsatzsteuer	ad valorem stamp duty
Börsenumsatzsteuer	stamp duty
Börsenumsatzsteuer	transfer stamp

Börsenumsatzsteuer	transfer duty
Börsenumsatzsteuer, frei von	free of stamp
börsenumsatzsteuerfrei	free of stamp
Börsenvorstand	stock exchange council
Börsenvorstand (GB)	council of the stock exchange
Börsenwert	market capitalisation
Börsenwert	market value
Börsenwerte, Spitzengruppe der	AAA
Börsenzeitung für Investoren	tip sheet
Bote	messenger
Both-to-Blame-Collision-Klausel (Vers)	both to blame collision clause
Botschafter/in	ambassador /ambassadress
Boutique	boutique
Boykott	boycott
Boykott (Arbeitskampf)	blacking
Brainstorming	brainstorming
Branche	business
Branche	trade
Branchenadressbuch	classified (telephone) directory
Branchenfernsprechbuch	Yellow Pages
Branchenklassifikation (GB)	Standard Industrial Classification
Branchenverzeichnis	classified (telephone) directory
Branchenverzeichnis	directory
Branchenverzeichnis	trade directory
Branchenverzeichnis	Yellow Pages
Brauch	custom
Break-Even-Analyse	breakeven analysis
Breakeven-Menge	breakeven quantity
Breakeven-Preis	breakeven price
Breakeven-Punkt	breakeven point
Brett, schwarzes	bulletin board
Brett, schwarzes	noticeboard
Bretton Woods System	Bretton Woods System
Brief (Bö)	asked price
Brief, eingeschriebener	registered letter
Brief, kurzer	note
Brief, unzustellbarer	dead letter
Brief, vertraulicher	personal letter
Briefdatum	date on letters
Briefform	letter style
Brief in Blockform	fully blocked letter
Briefkasten	mail box
Briefkasten	post
Briefkastenfirma	bubble company
Briefkastenfirma	letterbox company
Briefkopf	heading
Briefkopf	letterhead
Briefkurs	selling rate
Briefkurs (Bö)	asked price
Briefkurs (Bö)	offer(ed) price
Briefkuvert	envelope
Brieföffner	letter opener
Briefstil	letter style
Briefumschlag	cover
Briefumschlag	envelope
Briefumschlag mit Fenster	window envelope
Briefumschlag mit Sichtfenster	aperture envelope

Briefumschlag, großer	gusset envelope
Briefverkehr, elektronischer	electronic mail
Britische Woche	British Week
Broker	broker
Broker, der im Auftrag der Regierung Staatspapiere kauft und verkauft	government broker
Broschüre	brochure
Broschüre	leaflet
Broschüre	pamphlet
Bruchschaden, Entschädigung für	breakage
Bruchschluß (Bö)	broken amount
Bruchschluß (Bö)	odd lot
brutto	gross
Brutto(anlagen)investitionen	gross investment
Brutto-Cashflow	gross cash flow
Bruttoallphasenumsatzsteuer	turnover tax
Bruttoausgaben (VGR)	gross national expenditure
Bruttoeinkommen	gross pay
Bruttoeinkommen	income
Bruttoeinkünfte	gross income
Bruttoeinkünfte	total gross income
Bruttoeinnahmen	gross receipts
Bruttoerlös	gross income
Bruttogehalt	gross income
Bruttogewicht	gross weight
Bruttogewinn	gross profit
Bruttogewinn	margin
Bruttogewinnprozentsatz	gross profit percentage
Bruttoinlandsausgaben	gross domestic expenditure
Bruttoinlandsinvestitionen	gross domestic capital formation
Bruttoinlandsprodukt (BIP)	gross domestic product
Bruttoproduktion	gross output
Bruttorendite	gross yield
Bruttosozialprodukt (BSP)	gross national product
Bruttosozialprodukt, nominales	nominal gross national product
Bruttosozialprodukt-Lücke	gross national product gap
Bruttotonnage	gross tonnage
Bruttoumsatz	gross sales
Bruttoumsatzerlös	return
Bruttoverdienst	gross pay
Bruttoverdienst	gross income
Bruttoverlust	gross loss
Bruttozins	gross interest
Buch	volume
buchen	post
Bücher, gesetzlich vorgeschriebene	statutory books (of a company)
Bücherfälschung (RW)	falsification of accounts
Buchführung	bookkeeping
Buchführung, doppelte	double entry bookkeeping
Buchführung, einfache	single entry bookkeeping
Buchführungsrichtlinien	accounting principles
Buchführungsrichtlinien	principles of accounting
Buchgeld	bank money
Buchgeld	deposit money
Buchgeld	primary deposits
Buchgewinn	accounting profit
Buchgewinn	book profit

Buchgewinn	paper profit
Buchhaltung	accounting
Buchhaltung	account
Buchhaltung	bookkeeping
Buchhülle	dust cover
Buchinventur	book inventory
Buchkredit, offener	charge account
Buchprüfung	audit
Buchprüfung, gesetzlich vorgeschriebene	statutory audit
Büchse	can
Buchstabiertafel	telephone alphabet
Buchung	entry
Buchung	reservation
Buchung ohne Beschreibung des Geschäftsvorfalles	blind entry
Buchungsanzeige	advice note
Buchungsbeleg	voucher
Buchungsdurchlauf	accounting cycle
Buchungsfehler	accounting error
Buchungsfehler, sich gegenseitig aufhebender	compensating error
Buchungsmaschine	accounting machine
Buchungsvorfall	accounting event
Buchverlust	paper loss
Buchwert	book value
Buchwert	cost
Buchwert	going value
Buchwert	net book value
Buchwert eines Unternehmens	going concern value
Bude	booth
Budget	budget
Budget, ausgeglichenes	balanced budget
Budget, flexibles	flexible budget
Budget, rollendes	rolling budget
Budget, starres	fixed budget
Budget-Finanz-Kontrolle	budgetary control
Budgetgerade	budget line
Budgetüberschuß	budget surplus
Bulletin	bulletin
Bummelstreik	go-slow
Bummelstreik	slowdown strike
Bund	bundle
Bündel	bundle
Bundeskartellamt (Deutschland)	Federal Cartel Office
Bürge	guarantor
Bürge	sponsor
Bürge	surety
Bürgerberatungsbüro	Citizens Advice Bureau
Bürgschaft	bond
Bürgschaft	guarantee (guaranty)
Bürgschaft	security
Bürgschaft	surety
Bürgschaft	warrant
Bürgschaft, bedingte, zweckgebundene	specific guarantee
Bürgschaft, gesamtschuldnerische	joint and several guarantee
Bürgschaft, selbstschuldnerische	guaranty (guarantee) of payment
Bürgschaft, uneingeschränkte (AuW)	unconditional bond

Büro	bureau
Büro	office
Büro, elektronisches	electronic office
Büroarbeiten	paperwork
Bürobedarf	office supplies
Bürobedarf	stationery
Büroklammer	paper clip
Bürokratismus	red tape
Büromaterial	office supplies
Büromaterial	stationery
Büromöbel	furniture
Bürostunden	office hours
Bushel (Hohlmaß)	bushel
Bußgeld	penalty
Byte	byte (bite)

C

CAD	computer-aided design
CAM	computer-aided manufacturing
Cambridge Gleichung	Cambridge equation
Carnet	carnet
Carnet TIR	TIR Carnet
Cash und Carry - Geschäft	cash and carry
Cash, electronic	electronic funds transfer at the POS
Cashflow	cash flow
Catering	catering
Centstück (USA)	penny
Cesser-Klausel (Vers)	cesser clause
Chairman	chairman
Charakter	character
Charisma	charisma
Chart-Analyst	chartist
Charter(vertrag)	charter
Charter-Ausdrücke	chartering terms
Charterer	charterer
Chartervertrag	charter party
Chartervertrag	contract of affreightment
Chartervertrags-Konnossement	charter party bill of lading
Chartismus (Bö)	chartism
Chartist	chartist
Checkliste	checklist
Chefsekretärin	personal secretary
Chief Executive Officer	chief executive officer
Chiffreanzeige	blind ad
Chiffreanzeige	keyed advertisement
Chiffrenummer	box number
Chip (DV)	chip
Chip (Spielbank)	chip
CIF-Linienschiffahrts-Frachtbedingungen	cif liner terms
CIM	computer-integrated manufacturing
City von London	City
Clearing	clearing
Clearing-Bank	clearing bank
Clearing-House	clearing house
Clearingstelle (BaW)	clearing house

CMR-Konditionen	CMR conditions
Cobol	Cobol
Cobweb Theorem	cobweb theorem
Code	code
Codierung	coding
COM (DV)	computer output on microfilm
COMECON	COMECON
Commercial Paper	commercial paper
Compiler	compiler
Computer	computer
Computer-Komponenten	computer components
Computerausdruck	computer printout
Computerprogramm	computer program(me)
Computersprache	computer language
Container	container
Container, Entladen eines	unstuffing
Container, zylindrischer	drum
Container-Frachtbrief	combined transport bill of lading
Container-Frachtbrief	container bill of lading
Containerverkehr	containerization
Containerverkehr, Umstellung auf	containerization
Contango (Bö)	contango
Copyright	copyright
Corporate Identity	corporate identity
Coupon	counterfoil
Coupon	coupon
Couponbogen	coupon sheet
Couponwerbung	admail
Couponwerbung	enquiry follow-up
Courtage	brokerage
Courtage	courtage
CPM-Methode	critical path method
Crash	crash
Crowding Out	crowding-out
Cursor	cursor

D

Dachgesellschaft	holding company
Dachgesellschaft	parent company
Dachorganisation	umbrella organisation
Dachverband	federation
Damnum	discount
Darbietung	presentation
Darlehen	advance
Darlehen	credit
Darlehen	loan
Darlehen, das unter dem Wert der geleisteten Sicherheit liegt	haircut finance
Darlehen, gesichertes	secured loan
Darlehen, jederzeit kündbares	call loan
Darlehen, täglich kündbares	call
Darlehen, ungesichertes	fiduciary loan
Darlehen, ungesichertes	unsecured loan
Darlehen, zweifelhaftes	slow loan
Darlehensgewährung	extension of credit

Darlehensgrenze	credit line
Darlehenskonto	credit account
Darlehenskonto	loan account
Darlehenskosten	loan charges
Darlehensnehmer	borrower
Darlehensnehmer	debtor
Darlehensvertrag	loan agreement
Darstellung	account
Darstellung, falsche	misrepresentation
Darstellung, grafische	graph
Daten	data
Daten(erfassungs)kasse	point of sale system
Daten, statistische	statistics
Daten-Matrix	data matrix
Datenbank	data bank
Datenblatt	data sheet
Datenblock	block
Dateneingabe	data entry
Datenerfassung	data capture
Datenschutz	data protection
Datenschutzgesetz	Data Protection Act
Datensicherung	data protection
Datensicherungskopie	backup copy
Datenspeicher	data storage
Datenträger	data carrier
Datenübermittler	common carrier
Datenübertragung	data transmission
Datenverarbeitung	data processing
Datenverarbeitung, automatische	automatic data processing
Datenverarbeitung, elektronische	electronic data processing
datieren	dating
Datierung	dating
Datowechsel	after-date bill of exchange
Datowechsel	term bill
Datumsbedingungen	date terms
Datumsspeicherung	dating
Datumsstempel	date stamp
Datumswechsel	day bill
Datumswechsel	term bill
Dauer	term
Dauerauftrag	bank(er's) order
Dauerauftrag	standing order
Dauerauftrag, langfristiger	blanket order
Dauerinflation	persistent inflation
Dauernachfrage	repeat demand
Deal-in	deal-in
Deal-out	deal-out
Debetsaldo	debit balance
Debetseite	debit
Debitnote	debit note
Debitor	debtor
Debitor(en)	account(s) receivable
Debitoren	receivables
Debitoren	trade debtors
Debitorenbuch	sales journal
Debitorenverkauf	factoring
Decke	cover

Deckladung	deck cargo
Deckung	cover
Deckung (Vers)	protection
Deckung einer Dividendenausschüttung durch die Gewinne des Unternehmens	time(s) covered
Deckung, keine (BaW)	no funds
Deckung, offene (Vers)	open cover
Deckung, ungenügende (Vermerk auf Schecks und Wechseln)	insufficient funds
Deckung, volle	comprehensive cover(age)
Deckungsbeitrag	contribution margin
Deckungsbeitrag	margin
Deckungsbeitrag (KoR)	contribution
Deckungsbeitrag pro Ausbringungseinheit	unit contribution margin
Deckungsbeitragsrechnung	contribution costing
Deckungsbeitragsrechnung	direct costing
Deckungsgeschäft, Abschluß eines	hedging
Deckungsgrad	liquidity ratio
Deckungsguthaben (BaW)	compensating balance
Deckungskauf vornehmen (Bö)	buying in
Deckungskauf zum Ausgleich eines Leerverkaufs (Bö)	short covering
Deckungsrückstellung (Vers)	unearned premium reserve
Deckungssumme (Vers)	sum insured
Deckungszusage (Vers)	cover note
Deckungszusage (Vers)	slip
Deckungszusage, vorläufige (Vers)	binder
Decoder	decoder
Deficit Spending	deficit spending
Defizit	adverse balance
Defizit	deficiency
Defizit	shortage
Defizitfinanzierung	deficit financing
Defizitfinanzierung	deficit spending
Deflation	deflation
Deflations- und Inflationspolitik	stop go policy
Deklarationswert (AuW)	declared value
Dekodierer	decoder
Delegation	delegation
Delikt	offence (offense)
Delkredere	del credere
Delkredereagent	del credere agent
Demo	demonstration
Demographie	demography
Denkfabrik	think tank
Deport (Bö)	backwardation
Deport (Bö)	forward discount
Deport- und Reportspesen, ohne Berechnung von (Bö)	even
Depositenkonto	deposit account
Depositenschein	deposit(s) receipt
Depositenzertifikat	certificate of deposit
Depositor	bailee
Depot	depot
Depotaufbewahrung	safe custody
Depotkonto	deposit
Depression	depression

Depression	slump
Design	design
Desinflation	disinflation
Desinvestition	disinvestment
Destinator	consignee
Deutsche Mark	mark
Devaluation	currency depreciation
Devisen	currency
Devisen	exchange
Devisen	foreign currency
Devisen	foreign exchange
Devisen-Terminkurs	forward rate
Devisenarbitrage	arbitration of exchange
Devisenbewirtschaftung	exchange control
Devisenbewirtschaftung	foreign exchange control
Devisenbewirtschaftung	rationing
Devisenerlöse	foreign exchange earnings
Devisengeschäft	foreign exchange
Devisenhändler	cambist
Devisenkassakurs	spot price
Devisenkassakurs	spot exchange rate
Devisenkaufkurs	selling rate
Devisenkonto	currency account
Devisenkontrolle	exchange control
Devisenkontrolle	foreign exchange control
Devisenkurs	exchange rate
Devisenkurs	foreign exchange rate
Devisenkurs, gespaltener	two-tier foreign exchange rate
Devisenkurs, künstlich gestützter	adjustable peg (system)
Devisenmakler	cambist
Devisenmakler	exchange broker
Devisenmakler	foreign exchange broker
Devisenmarkt	foreign exchange market
Devisenmarkt, Intervention am	exchange intervention
Devisenreportgeschäft	swap
Devisenspekulation	currency speculation
Devisentauschgeschäft	swap
Devisentermingeschäft	forward exchange contract
Devisenterminhandel	forward exchange contract
Devisenterminvertrag	forward exchange contract
Devisenumtauschquote	foreign currency allowance
Devisenverlust	foreign exchange loss
Dezentralisation	decentralisation
Dezentralisierung	decentralisation
Dezimalsystem	decimal system
Diagonal-Zusamamenschluß	diagonal amalgamation
Diagramm	chart
Diagramm	graph
Diebstahl, geringfügiger	pilferage
Diebstahlversicherung	theft insurance
Diener	servant
Dienst nach Vorschrift	work to rule
Dienste und Güter, bezahlte, aber noch nicht gelieferte	dead horse
Dienste, geleistete	services rendered
Dienstleistungen	services
Dienstleistungen, erbrachte	services rendered

Dienstleistungsbilanz	invisible balance
Dienstleistungsindustrie	service industry
Dienstleistungssektor	tertiary sector
Dienstleistungsverkehr	invisible trade
Dienstprämie	gratuity
Dienststelle	bureau
Dienstvertrag	contract of service
Dienstvertrag	service agreement
Dienstzeit	office hours
Diffamierung	libel
Differentiallohnsystem	differential piece-rate system
Differentialzoll	differential duty
Differenz	difference
Differenz zwischen Schlußkurs einer Aktie an best. Tag und dem des Vortages	net change
Diktatzeichen	identification initials
Diktiergerät	dictaphone
Diners' Club (Kreditkarte)	Diners' Club
DIPADA	DIPADA
Diplom	diploma
Direktabsatz	direct marketing
Direktbesteuerung	direct taxes
direktbezogen (Wareneinkauf)	first hand
Direktdienste	direct services
Direkteinkauf	buying round
Direktimport	direct import
Direktinkasso	direct collection
Direktinvestition	direct investment
Direktinvestition, ausländische	foreign direct investment
Direktion	directorate
Direktmarketingunternehmen	direct mail house
Direktor	director
Direktor (GB)	vice president
Direktor, geschäftsführender	executive director
Direktor, geschäftsführender	managing director
Direktor, kaufmännischer	commercial director
Direktorentantieme	directors' emoluments
Direktorenvergütung	directors' emoluments
Direktorium	board of directors
Direktorium	directorate
Direktorium	directory
Direktorium	executive
Direktorium des US-Zentralbankensystems	Board of Governors of the Federal Reserve System
Direktverkauf	direct marketing
Direktverkauf (an Verbraucher)	house-to-house selling
Direktversandwerbung	direct mail advertising
Direktwählverkehr, internationaler	international direct dialling
Direktwerber	canvasser
Direktwerbung durch die Post	direct mail advertising
Disagio	discount
Discounter	discount house
Discounter	discounter
Disintegration	disintegration
Diskette	disk (disc)
Diskette	floppy disk (disc)
Diskettenbetriebssystem (DOS)	disk operating system

Diskont(satz)	discount
Diskontbank	discount house
Diskontbank	merchant bank
Diskonterträge	discount(s) received
Diskontgeschäft	discount house
diskontieren	discount
Diskontierung eines Wechsels	negotiation
Diskontierung von Forderungen en bloc	block discounting
Diskontmarkt	discount market
Diskontsatz	discount rate
Diskontsatz (GB)	bank rate
Diskontsatz der Bank von England	minimum lending rate
Diskontsatz, niedrigster	finest rate of discount
Diskontspesen	discount charge(s)
Diskontwarenhaus	discounter
Diskriminierung	discrimination
Diskussionsrunde	panel
Dispacheur	average adjustor
Dispatcher	dispatcher
Dispokredit	running account credit
Disponent	chaser
Disponibilität, berufliche	mobility of labour
Dispositionskredit	overdraft
Dispositionskredit	running account credit
Dispostionspapier	document of title
Distanzfracht	pro rata freight
Distribution	distribution
Distributions-Mix	distribution mix
Distributionstheorie	theory of distribution
Diversifikation	diversification
diversifizieren	branch out
Diversifizierung	diversification
Dividende	dividend
Dividende, aufgelaufene	accumulated dividend
Dividende, ausgefallene	passed dividend
Dividende, ausgeschüttete, aber noch nicht ausbezahlte	unpaid dividend
Dividende, ex	ex dividend
Dividende, ex, ausschließlich	Xd (ex dividend)
Dividende, mit (einschließlich)	cum dividend
Dividende, nicht ausgeschüttete auf kumulierte Vorzugsaktien	accumulated dividend
Dividende, rückständige	unpaid dividend
Dividende, zur Ausschüttung vorgesehene	proposed dividend
Dividendenausschüttung, Deckung durch die Gewinne des Unternehmens	time(s) covered
Dividendenbeschluß	declaration of dividend
Dividendenbogen	coupon sheet
Dividendendeckung(sverhältnis)	dividend cover
Dividendenerträge nach Steuern	franked income
Dividendenfestsetzung	declaration of dividend
Dividendenfestsetzung	declaration
Dividendenkürzung	dividend cut
Dividendenpapiere	equities
Dividendenpolitik	dividend policy
Dividendenrendite	dividend yield
Dividendensatz	payout ratio

Dividendenschein	coupon
Dividendenschein	counterfoil
Dividendenschein	dividend warrant
Dividendenschein, ohne	ex coupon
Dividendenschnitt	dividend cut
Dividendenzahlung	payout
Divisionskalkulation	process costing
Dock	wharf
Dock, Lieferung frei	delivered docks
Dockempfangsschein	dock warrant
Docklagerschein	dock warrant
Dokument	deed
Dokument	document
Dokument	instrument
Dokument des kombinierten Transports	combined transport document
Dokument über einen Rechtsanspruch	document of title
Dokumente gegen (Wechsel)Akzept (AuW)	documents against acceptance
Dokumente gegen Zahlung (AuW)	documents against payment
Dokumente, handelsübliche, kaufmännische	commercial documents
Dokumenten-Set	aligned documents
Dokumentenakkreditiv	documentary (letter of) credit
Dokumentenakkreditive, einheitliche Richtlinien für (AuW)	Uniform Customs and Practice for Documentary Credits
Dokumententratte	documentary bill
Dollar	dollar
Dollar, 100 US	yard
Domizil	domicil(e)
Domizilwechsel	domiciled bill
Doppel	duplicate
Doppelbesteuerung	double taxation
Doppelbesteuerungsabkommen, Steuerrückerstattung aufgrund eines (DBA)	double taxation relief
Doppelpackung	twin pack
Doppelversicherung	double insurance
Dos-à-dos-Akkreditiv	back-to-back credit
Dose	can
Dow-Jones Aktienindex	Dow Jones Index
Drahtanschrift	telegraphic address
Draufgabe	earnest (money)
Draufgabe	token payment
Draufgeld	earnest (money)
Draufgeld	token payment
Dreischichtler	three-shift worker
Dreispaltenkonto	three column account
Dritter	third party
Drittleser	tertiary reader
Drittschuldner	garnishee
Drittverzug	cross default
Druckfehler	literal (error)
Dubiose	doubtful debts
Duldung	tolerance
Dumping	dumping
Dumping, negatives, umgekehrtes	reverse dumping
Dumping, räuberisches	predatory pricing
Duopol	duopoly
Duopson	duopsony

Duplikat	counterpart
Duplikat	duplicate
Durch(fracht)konnossement	through bill of lading
Durchfahrberechtigungsschein	transit permit
Durchflußwirtschaft	throughput economy
Durchführbarkeitsstudie	feasibility study
Durchführung	prosecution
Durchführungsverzögerung	administration lag
Durchführungsverzögerung	implementation lag
Durchführungsverzögerung, betriebliche	inside lag
Durchgangszoll	transit tariff
Durchsatz	throughput
Durchschlag	carbon copy
Durchschlagpapier	carbon paper
Durchschlagpapier	flimsy (paper)
Durchschnitt	mean
Durchschnitts...	average
Durchschnittserlös	average revenue
Durchschnittskosten	average costs
Durchschnittskosten, variable	average variable cost
Durchschnittskurs (Bö)	average
durchstreichen	delete

E

ECGD-gesicherter Lieferantenkredit (GB)	ECGD-guaranteed supplier credit
Ecklohn	base rate
Ecklohn	basic pay
Eckplatzanzeige auf der Titelseite einer Zeitung	title corner
Eckplatzanzeige auf der Titelseite einer Zeitung	ear
ECU	ECU
Edelmetallbarren	bullion
EDV-Überweisungsverkehr	electronic funds transfer
Effekte, negative, externe	external diseconomies
Effekte, positive, externe	external economies
Effekten	stocks and shares
Effektenbörse	exchange
Effektenkaufabrechnung	contract note
Effektenkredit	security loan
Effektenorder	stock order
Effektenspekulation	agiotage
Effektenübertragung	transfer of securities
Effektenverkaufsabrechnung	contract note
Effektivitätszuwachs	economies of scale
Effektivrendite	dividend yield
Effektivverzinsung	effective rate (of interest)
Effektivverzinsung	net yield
Effektivverzinsung	redemption yield
Effektivverzinsung	yield
Effektivzins(satz)	annual percentage rate
Effizienz, ökonomische	economic efficiency
EG-Ministerrat	Council of Ministers
ehemalig	ex
Ehrenakzept	acceptance for honour
Ehrenbankett	testimonial

Ehrenzahlung (Wechsel)	payment for honour
Ehrenzahlung nach Protest (Wechsel)	payment for honour supra protest
Eid	oath
Eigenfinanzierung	equity financing
Eigenkapital	equity
Eigenkapital	equity capital
Eigenkapital	invested capital
Eigenkapital	net worth
Eigenkapital	owners' equity
Eigenkapital	proprietorship
Eigenkapital	shareholders' equity
Eigenkapital (Grund-, Stamm-, gezeichnetes Kapital)	capital
Eigenkapital (haftendes)	risk capital
Eigenkapital (Reinvermögen)	capital
Eigenkapital, Umschlagshäufigkeit des	equity turnover
Eigenkapitalrendite	equity return
Eigenkapitalrendite	return on equity
Eigenkapitalrentabilität	equity return
Eigenleistung (AuW)	offset
Eigenmittel	funds
Eigenproduktion	direct production
Eigenschaft	quality
Eigentum	estate
Eigentum	ownership
Eigentum	property
Eigentum	proprietorship
Eigentum, bewegliches	chattel(s)
Eigentum, gemeinsames	common ownership
Eigentum, gemeinschaftliches	common ownership
Eigentum, Mangel im	title defect
Eigentum, persönliches, privates	personal property
Eigentum, uneingeschränktes	absolute title
Eigentümer	owner
Eigentümer	proprietor
Eigentümer, wirtschaftlicher	beneficial owner
Eigentümer-Unternehmer	owner-manager
Eigentümerrisiko	owner's risk
Eigentumsbescheinigung	certificate of title
Eigentumsnachweis (Urkunde)	abstract of title
Eigentumsrecht, alleiniges	sole proprietorship
Eigentumsrecht, unbeschränktes	fee simple
Eigentumsübergabe	delivery
Eigentumsübergang	passing title
Eigentumsübergang	transfer
Eigentumsübertragung	alienation
Eigentumsübertragung	passing of property
Eigentumsurkunde	document of title
Eigentumsurkunde	title
Eigentumsurkunde	title deed
Eigentumsvorbehalt	retention of ownership
Eigentumsvorbehaltsklausel in Teilzahlungsverträgen	add-on clause
Eigentumswohnung	condominium
Eigenversicherung	self insurance
Eigenwechsel	note
Eigenwechsel	promissory note

Eignung	capacity
Eignung	competence
Eignung	qualification
Eignungsstudie	feasibility study
Eignungstest	aptitude test
Eilauftrag	pressing order
Eilauftrag	rush order
Eilgeld	despatch money
Eilpost	express post
Eilzustellung	express post
Eilzustellung	express delivery
Eilzustellung	special delivery
Ein- und Ausfuhren, sichtbare	visibles
Ein- und Verkaufsabteilung, Leiter der	merchandise manager
Einangsstempel	date stamp
Einarbeitung am Arbeitsplatz	training on the job
Einband	cover
Einbauten in gemietete Gebäude	leasehold improvements
Einbehaltung	deduction
Einbehaltung	retention
Einbringung	contribution
Einbruchdiebstahl-Versicherung	burglary insurance
Einer (Math)	unit
einfrieren	freeze
Einfuhr, direkte	direct import
Einfuhr, zollfreie	free entry
Einfuhragent	import agent
Einfuhranmeldung	entry in(wards)
Einfuhrbeschränkungen	import restrictions
Einfuhrdeklaration	entry in(wards)
Einfuhrdeklaration für Waren für den Inlandsverbrauch	prime entry
Einfuhrdokumente	import documents
Einfuhren, unsichtbare (Dienstleistungen)	invisibles
Einfuhrhinterlegungssumme	import deposit
Einfuhrkontingent	import quota
Einfuhrliste	import list
Einfuhrlizenz	import licence
Einfuhrlizenz, unbeschränkte	open general licence
Einfuhrmakler	import broker
Einfuhrquote	import quota
Einfuhrrestriktionen	import restrictions
Einführung	introduction
Einführung eines neuen Mitarbeiters	induction
Einführungsrabatt	get-acquainted discount
Einführungstest (Mk)	product placement test
Einfuhrverfahren	import procedure
Einfuhrzoll	import duty
Einfuhrzölle	customs
Eingabe, automatische (DV)	default
Eingang	receipt
Eingangsanzeige	advice of arrival
Eingangsfracht	carriage inward(s)
Eingangsfracht und Ausgangsfracht	freight in and out
Eingangspost	incoming mail
Eingangsrechnung	purchase(s) invoice

Eingangssteuersatz	basic rate of income tax
Eingangszollschein	jerque note
eingefroren	frozen
Eingeweihter	insider
Einheit	unit
Einheit der Auftragserteilung (Man)	unity of command
Einheitliche Richtlinien für Dokumentenakkreditive (AuW)	Uniform Customs and Practice for Documentary Credits
Einheitliche Richtlinien für Inkassi, ERI (AuW)	Uniform Rules for Collections
Einheitlichkeitsprinzip (RW)	consistency convention
Einheitsbesteuerung	unitary tax(ation)
Einheitsgewerkschaft	general union
Einheitskurs (Bö)	middle price
Einheitsladung	unitised cargo
Einheitsladung	unit load
Einheitsnotierung (Bö)	middle price
Einheitsprämie (Vers)	flat rate
Einheitssatz (Vers)	flat rate
Einheitswert	assessed value
Einheitswert	rateable value
Einheitswert, Ermittlung des	valuation
Einigung	mutual consent
Einigung, außergerichtliche	compromise
Einigung, gütliche	compromise
Einigung, vergleichsweise	composition
Einkauf	procurement
Einkauf	purchasing
Einkauf alles unter einem Dach	one-stop shopping
Einkauf, zentraler	central(ised) buying
Einkäufe	purchases
Einkäufe	shopping
Einkaufen	marketing
Einkaufen	shopping
Einkäufer	buying agent
Einkäufer	buyer
Einkäufer	purchasing agent
Einkäufer	shopper
Einkaufsabrechnung des Kommissionärs	account purchase
Einkaufsagent	purchasing agent
Einkaufskommissionär	buying agent
Einkaufsleiter	buyer
Einkaufsort	point-of-purchase
Einkaufskonto	purchase discount
Einkaufsstraße	shopping mall
Einkaufsverhalten	buying behaviour
Einkaufsviertel	shopping precinct
Einkaufszentrum	trading estate
Einkaufszentrum (regionales)	shopping centre
Einkommen	competence
Einkommen	earnings
Einkommen	income
Einkommen	revenue
Einkommen aus Erwerbstätigkeit	earned income
Einkommen aus selbständiger Arbeit	earned income
Einkommen aus unselbständiger Arbeit	earned income
Einkommen aus Unternehmertätigkeit	earned income

Einkommen aus Vermögen	unearned income
Einkommen vor Steuerabzug	pretax income
Einkommen, (frei) verfügbares	spendable earnings
Einkommen, effektives	real income
Einkommen, individuelles, persönliches	personal income
Einkommen, laufendes	current income
Einkommen, laufendes, konstantes	permanent income
Einkommen, persönlich verfügbares	personal disposable income
Einkommen, pro Kopf	per capita income
Einkommen, steuerpflichtiges	taxable income
Einkommen, verfügbares	disposable income
Einkommen, verfügbares, persönliches	disposable personal income
Einkommen-Hypothese, permanente	permanent-income hypothesis
Einkommenseffekt durch Preisänderung	income effect of a price change
Einkommenselastizität der Nachfrage	income elasticity (of demand)
Einkommensgefälle	income differential
Einkommenshypothese, absolute	absolute income hypothesis
Einkommenshypothese, relative	relative income hypothesis
Einkommenskreislaufgeschwindigkeit des Geldes	income velocity of circulation
Einkommensmultiplikator	income multiplier
Einkommenspolitik	incomes policy
Einkommenspolitik, steuerorientierte (USA)	tax-based income policy
Einkommensteuer, negative	negative income tax
Einkommensteuer	income tax
Einkommensteuererhebung, System der	pay-as-you-earn
Einkommensteuerfreibetrag	income tax allowance
Einkommenstheorie	theory of income determination
Einkommensübertragungen	transfer payments
Einkommensumverteilung	redistribution of income
Einkommensverteilung	income distribution
Einkünfte	earnings
Einkünfte aus Grundbesitz	land revenue
Einkünfte aus selbständiger und unselbständiger Arbeit	earned income
Einkünfte, feste, feststehende	fixed income
Einkünfte, sonstige (St)	earned income
Einkünfte, Summe der ... vor Steuern	personal income
Einladung	invitation
Einlage	contribution
Einlage	deposit
Einlage	share
Einlage	stake
Einlagen (BaW)	funds
Einlagen der öffentlichen Hand bei der Zentralbank	public deposits
Einlagen, mindestreserveähnliche bei der Bank von England (Zentralbank)	special deposits
Einlagen, mindestreservepflichtige	eligible liabilities
Einlagen-Kontobuch (BaW)	passbook
Einlagen-Kontobuch (BaW)	bank book
Einlagengrenze (BaW)	deposit ceiling
Einlagenkonto	deposit account
Einlagensicherungsfonds	deposit protection fund
Einlagenzertifikat	certificate of deposit
Einleitung	introduction

Einlieferung	delivery
Einlieferungsschein	certificate of posting
Einliniensystem	unity of command
Einmalprämienpolice (Vers)	single premium (life) insurance
Einmanngesellschaft	one-man company
Einnahme	income
Einnahmen	gate money
Einnahmen	receipts
Einnahmen	revenue
Einnahmen	takings
Einnahmen, öffentliche	government revenue(s)
Einnahmen, öffentliche	public revenue
Einnahmen-Ausgaben-Plan (einer Gesellschaft)	cash budget
Einnahmen-Ausgaben-Rechnung	receipts and payments account
Einnahmen-Ausgaben-Rechnung	revenue account
Einnahmeunterdeckung	negative cash flow
Einordnung	filing
Einreichungsschluß	closing date
Einrichtekosten	setup cost
Einrichtung, wohltätige	charity
einrücken	indent
Einsatzprüfung	field test
Einschaltquote	share of audience
Einschaltquote	viewer rating
Einschiffungshafen	port of embarkation
Einschleusungspreis (EG)	threshold price
Einschluß (Bö)	margin
Einschreiben	registered letter
Einschreibesendung	registered post
Einsendeabschnitt (Werbung)	coupon
Einsendeschluß	deadline
Einsparungen, betriebsinterne	internal economies
Einspruch	protest
Einspruch, kein	nem con (nemine contradicente)
Einstandsgeld	footing
Einstandskosten der verkauften Ware	cost of goods sold
Einstandspreis der verkauften Ware	cost of goods sold
einstellen (PW)	hire
Einstellung	attitude
Einstellungsbeihilfe	recruitment subsidy
Einstellungsgespräch	interview
Einstellungsgespräch	job interview
Einstellungstest	employment test
Eintagesgeld	day-to-day money
Eintausch	exchange
Eintragung	registry
Eintritt	footing
Eintrittsgelder	gate money
Eintrittskarte	ticket
Eintrittskarte	voucher
Eintrittssperrenpreis (Mk)	limit price
Einwegartikel	one-way goods
Einwegverpackung	nonreturnable packing
Einweisung eines neuen Mitarbeiters	induction
Einwilligung	approval
Einzahlung	deposit

Einzahlung	payment
Einzahlung auf Aktien	call
Einzahlungsbeleg	deposit(s) receipt
Einzahlungsbuch (BaW)	paying-in book
Einzahlungsquittung	deposit(s) receipt
Einzahlungsschein	credit slip
Einzahlungsschein	paying-in slip
Einzahlungsschein (BaW)	deposit slip
Einzelanfertigung	job production
Einzelfertigung	one-off production
Einzelfertigung	unit production
Einzelfirma	one-man business
Einzelfirma	sole proprietorship
Einzelhaftung	several liability
Einzelhandel	retail market
Einzelhandels(preis)index	index of retail prices
Einzelhandels-Einkaufsgenossenschaft	retail(er) cooperative
Einzelhandelsbetrieb	trading business
Einzelhandelsdiscountgeschäft	retail discount house
Einzelhandelsgeschäft	outlet
Einzelhandelsgeschäft	retail outlet
Einzelhandelskette	multiple
Einzelhandelspreis	retail price
Einzelhandelspreisindex	General Retail Price Index
Einzelhandelspreisindex	retail price index
Einzelhändler	merchant
Einzelhändler	retailer
Einzelhändler, der seine Ware vermietet	hire retailer
Einzelhändler, selbständiger	independent retailer
Einzelhändler, Zusammenschluß von	voluntary chain
Einzelheiten	particulars
Einzelkaufmann	sole proprietorship
Einzelkosten	prime cost
Einzelunternehmen	one-man company
Einzelunternehmen	one-man business
Einzelunternehmen	proprietorship
Einzelunternehmen	sole proprietorship
Einzelunternehmen	single proprietorship
Einzelverpackung	unit pack(ing)
Einzelversicherer bei Lloyd's	Lloyd's underwriter
Einzelwechsel	sola bill
Einziehung von Forderungen	debt collection
Einzug	collection
Einzugsbank	collecting bank(er)
Einzugsbereich	catchment area
Einzugsermächtigung, Abbuchung aufgrund einer	direct debit
Einzugsgebühr	collection charge
Einzugsstelle	collecting agency
Eisberg-Prinzip	iceberg principle
Eisenbahn	railway
Eisenbahn-Übernahmebescheinigung	railway receipt
Eisenbahngüterverkehr, Übereinkommen über den internationalen	Convention on International Merchandise carriage
Eisenbahnwagen	
Eisenwaren	hardware
Elastizität	elasticity

Elastizität = 1 (Nachfrage)	unitary elasticity (demand)
Elastizität der Nachfrage	elasticity of demand
Elastizität des Angebots	elasticity of supply
Element	unit
Embargo	embargo
Emigration	emigration
Emission (Bö)	offering
Emission auf dem Submissionsweg	tender
Emission, heiße (Bö)	hot issue
Emission, öffentliche	public issue
Emission, Übernahme einer	underwriting
Emissionsagio	bond premium
Emissionsagio	share premium
Emissionsanzeige	tombstone advertising
Emissionsbank	accepting bank
Emissionsbank	bank of issue
Emissionsbank	issuing bank
Emissionsbank	issuing house
Emissionsbank	investment bank
Emissionsbank	underwriter
Emissionsgewinn	underwriting profit
Emissionshaus	issuing house
Emissionskonsortium	loan syndicate
Emissionskurs	coming out price
Emissionskurs	issue price
Emissionskurs	offering price
Emissionskurs	subscription price
Emissionsmarkt	primary market
Emissionspreis (Bö)	strike price
Emissionsprospekt	prospectus
Emissionsprospekt, vorläufiger	red herring (prospectus)
Emissionssteuer	capital duty
Emissionstag	date of issue
Emittent	issuer
Emmissionskosten	flo(a)tation expenses
Empfang	reception
Empfang	receipt
Empfang(sbüro)	reception office
Empfänger	addressee
Empfänger	receiver
Empfänger	recipient
Empfänger (von Waren)	consignee
Empfänger, Gebühr bezahlt ...	freepost
Empfangsbestätigung	confirmation note
Empfangsbestätigung, vorbehaltlose	clean receipt
Empfangschef	receptionist
Empfangsdame	receptionist
Empfangsquittung	counterfoil
Empfangsschein	advice of receipt
Empfehlungen als Briefschluß	greetings
Empfehlungsschreiben	letter of introduction
Empfehlungsschreiben	testimonial
Empfehlungszettel	compliments slip
empirisch	empirical
Endbestand	closing balance
Ende	expiry
Enderzeugnis	final product

Endgewinn	bottom line
Endkapital	closing capital
Endlosformulare	continuous stationery
Endlosvordrucke	continuous stationery
Endprodukt	final product
Endstation	terminal
Endverbraucher	consumer
Endverbraucher	ultimate user
Endverlust	bottom line
Engagement, ungedecktes (Bö)	open position
Engelsches Gesetz	Engel's law
Engrosbezug	bulk buying
Enteignung (gegen Entschädigung)	compulsory purchase
Entflechtung (Monopol)	divestment
Entgelt	consideration
Entgelt	wage(s)
enthorten	dishoarding
Entladehafen	port of discharge
entladen	discharge
entladen	unloading
Entladen eines Containers	unstuffing
Entlassung	dismissal
Entlassung	discharge
Entlassung	redundancy
Entlassung (fristlose)	sack
Entlassung, fristlose	instant dismissal
Entlassung, grundlose	unfair dismissal
Entlassung, unbegründete	wrongful dismissal
Entlassung, vorübergehende (PW)	layoff (lay off)
Entlassungsabfindung	redundancy payment
Entlastung (einer Schuld/Verpflichtung)	quittance
Entlastungsabstimmung	approval voting
Entlohnung in Naturalien	truck system
Entnahme	drawing
Entnahmekarte	outcard
Entnahmeliste	picking list
Entschädigung	compensation
Entschädigung	damages
Entschädigung	general damages
Entschädigung	reimbursement
Entschädigung	restitution
Entschädigung (Vers)	indemnity
Entschädigung für Bruchschaden	breakage
Entschädigungsfonds (Bö)	Compensation Fund
Entschädigungsleistung (Vers)	adjustment
Entscheidung, außergerichtliche	award
Entscheidung, einstimmige	unanimous decision
Entscheidung, versteckte	hidden decision
Entscheidungsbaum	decision tree
Entscheidungsfindung	decision making
Entscheidungsinstanz	decision-making unit
Entscheidungsprozeß	decision-making process
Entscheidungstabelle	decision table
Entscheidungstheorie	decision theory
Entscheidungsträger	decision-making unit
Entscheidungsverzögerung	decision lag
Entsparen	dissaving

Entstaatlichung	denationalisation
Entwicklungs-Fördergebiet	development area
Entwicklungsaufwand	development cost(s)
Entwicklungsgebiet, besonderes	special development area
Entwicklungshilfe in Form von Waren	commodity aid
Entwicklungshilfe, gebundene	tied aid
Entwicklungshilfe, technische	technical aid
Entwicklungskosten	development cost(s)
Entwicklungsland	less developed country
Entwicklungsland	developing country
Entwicklungsorganisation, Internationale	International Development Association
Entwurf	design
Entwurf	draft
Entwurf, erster	rough draft
Entzugseffekt	withdrawal
Erbe / Erbin	heir / heiress
Erblasser(in)	testator
Erbmasse	estate
Erbschaft	inheritance
Erbschaftssteuer	capital transfer tax
Erbschaftssteuer (GB)	death duty
Erbschaftssteuer (GB)	estate duty
Erbschaftssteuer (USA)	estate tax
Erbschaftssteuer (USA)	inheritance tax
Erbschaftssteuer und Schenkungssteuer, einheitliche (USA)	unified transfer tax
Ereignis, durch Werbung finanziertes	sponsored event
Ereignis, wesentliches	material fact
Erfolg	profit
Erfolg, neutraler	nonoperating income
Erfolgshonorar	incentive fee
Erfolgskonto	impersonal account
Erfolgskonto	nominal account
Erfolgskontrolle (Mk)	rating
Erfolgsrechnung	income statement
Erfüllung	completion
Erfüllung	discharge
Erfüllung	fulfilment
Erfüllung	take-down
Erfüllung, vergleichsweise	accord and satisfaction
Erfüllung, Zug-um-Zug	condition concurrent
Erfüllungsangebot	tender of performance
Erfüllungsgarantie	contract guarantee
Erfüllungsgarantie (AuW)	performance bond
Erfüllungsort	place of fulfil(l)ment
Erfüllungsrangfolge	order of performance
Erfüllungstag	due date
Erfüllungstermin ist der übernächste Arbeitstag	spot
Ergebniseinheit	profit center (centre)
Ergebnislohn	payment by results
Ergonomie	ergonomics
Erhaltungsinvestition	replacement investment
Erhebung (Stat)	census
Erhebung (Stat)	survey
Erhebungsbogen	questionnaire
Erhöhung, allgemeine	across-the-board-increase

Erholung	rally
Erholung	recovery
Erholung, markttechnische	technical rally
Erholungszuschlag (PW)	fatique allowance
Erinnerungswerbung	reminder advertising
Erkennungsverzögerung	recognition lag
Erklärung	disclosure
Erklärung	declaration
Erklärung der Zahlungsfähigkeit	declaration of solvency
Erklärung über die Einhaltung der Gründungsvorschriften (einer Kapitalgesellschaft)	declaration of compliance
Erklärung, eidesstattliche	affidavit
Erklärung, schriftliche eidesstattliche	statutory declaration
Erkundigung	query
erlaubt	free
Erlebensfallversicherung	endowment assurance (insurance)
Erlebensversicherung, reine	pure endowment insurance
Erlebnisfallversicherung	pure endowment insurance
Erledigungsrangfolge	order of performance
Erlös	proceeds
Erlöschen	expiry
Erlöschen	lapse
Erneuerung	renewal
Erneuerungsschein	talon
Eröffnungsbestand (RW)	opening balance
Eröffnungsbilanz	opening balance sheet
Eröffnungsbilanz	opening balance
Eröffnungsbuchungen	opening entries
Eröffnungskurs	opening price
Eröffnungsnotierung	opening price
Eröffungskurs, kaufen zum (Bö)	buy on opening
Erpressung, organisierte	ramp
Erpressung, organisierte	racket
Errichtung	construction
Ersatz	compensation
Ersatz für persönliche Nachteile	general damages
Ersatzansprüche, Übergang von	subrogation
Ersatzbedarf	replacement demand
Ersatzinvestition	asset replacement
Ersatzinvestition	plant replacement
Ersatzinvestition	reinvestment
Ersatzinvestition	replacement investment
Erscheinungsbild, einheitliches (eines Unternehmes)	corporate identity
Erschließungskosten	development cost(s)
Ersparnis, negative	dissaving
Ersparnisbildung des privaten Haushalts	personal saving
Ersparnisse	savings
Ersparnisse, positive externe	external economies
Erstausgabe-Aufschlag (Aktien)	first-day premium
Ersterwerber	first-time buyer
erstklassig	A 1
Erstrisikoversicherung	first loss insurance
Erstverkauf	initial sale
Erstversicherer	leading insurer
erteilen	grant

Ertrag	earnings
Ertrag	gain
Ertrag	return
Ertrag	yield
Ertrag aus investiertem Kapital	return on capital (employed)
Ertrag, außerordentlicher	extraordinary income
Ertrag, betriebsfremder	nonoperating revenue
Ertrag, durchschnittlicher	average revenue
Ertrag, einmaliger, außerordentlicher	nonrecurring income
Erträge, abgegrenzte	deferred credit
Erträge, außerordentliche	extraordinary income
Erträge, betriebsfremde, -neutrale	nonoperating income
Erträge, laufende	current income
Erträge, sonstige	other income
Erträge, vereinnahmte, aber noch nicht verdiente	deferred credit
Erträge, zunehmende	increasing returns
Ertragsgesetz	Diminishing returns (law of)
Ertragsgesetz	law of diminishing returns
Ertragskonto	nominal account
Ertragskonto	revenue account
Ertragsrücklage	revenue reserves
Ertragsschwelle	breakeven point
erwähnt, unten	undermentioned
Erwartung	anticipation
Erwerb	acquisition
Erwerb von Mehrheitsbeteiligungen an Holdings	pyramiding
Erwerb, gutgläubiger	bona fide purchase
Erwerber/in	acquirer
Erwerber/in	purchaser
Erwerber/in, gutgläubige(r)	innocent purchaser
Erwerber/in	vendee
Erwerbsbevölkerung	labour force
Erwerbsbevölkerung	working population
Erwerbseinkommen	earned income
Erwerbsquote	activity rate
Erwerbsquote	employment rate
Erwerbsquote	participation rate
Erwerbstätige, Zahl der	working population
Erwerbstätigkeit, Einkommen aus	earned income
Erwerbsunfähigkeit, dauernde	permanent disablement
Erzeuger	manufacturer
Erzeugerpreisindex	producer price index
Erzeugnis, artverwandtes	related product
Erzeugnisse, unfertige	partly manufactured goods (products)
Erzeugnisse, unfertige	work in process
Erzeugnisse, unfertige (halbfertige)	semi-finished products
Essensmarke	luncheon voucher
Etat	budget
Etikett	docket
Etikett	label
Etikett	tag
Etikett	ticket
Eträge	proceeds
Euro-Anleihemarkt	Eurobond market
Euro-Geldmarkt	Eurocurrency market

Euro-Währung	Eurocurrency
Euroanleihe	Eurobond
Eurobond	Eurobond
Eurobondmarkt	Eurobond market
Eurocheque	Eurocheque
Eurodollar	Eurodollar
Europäische Freihandelszone	European Free Trade Association
Europäische Gemeinschaft (EG)	Common Market
Europäische Gemeinschaft (EG)	European Community
Europäische Investitionsbank	European Investment Bank
Europäische Währungseinheit (ECU)	European Currency Unit
Europäischer Gerichtshof	European Court of Justice
Europäischer Wechselkursverbund	currency snake
Europäisches Parlament	European Parliament
Europäisches Währungssystem (EWS)	European Monetary System
Euroscheck	Eurocheque
Eventualverbindlichkeit	contingent liability
Eventualverbindlichkeiten, Rückstellung für	reserve for contingencies
ex ante	ex ante
ex post	ex post
Exekutive	executive
Exemplar	copy
Eximbank (USA)	Export-Import Bank
Existenzfähigkeit, wirtschaftliche	viability
Existenzgründungskredit	business startup loan
Existenzminimum	subsistence level
Existenzminimumtheorie des Lohnes	subsistence theory of wages
Exoten	exotics
Expansion	expansion
Expansionsrate	growth rate
Expedient	dispatcher
Expedition	despatch (dispatch)
Expedition	forwarding
Expedition	mailroom
Exploitation	exploitation
Export	export
Export Manager	export manager
Export ohne Gegenleistung	unrequited exports
Export-Anreize	export incentives
Export-Bezahlung	export payment
Export-Factoring	export factoring
Export-Kaufvertrag	export sales contract
Export-Kredite, Gewährung von gegen Vorlage von Wechseln und durch Bürgschaften gesichert	bills scheme
Export-Kreditversicherungsbehörde, staatliche (GB)	Export Credits Guarantee Department
Export-Leasing	export leasing
Export-Preisbildung	export pricing
Export-Preisstrategie	export pricing strategy
Export-Zahlung	export payment
Exportabteilung	export department
Exportauftrag	export order
Exportbeschränkung, freiwillige	voluntary export restraint
Exportbürgschaft	export guarantee (guaranty)
Exportdeklaration	entry out(wards)

Exportdokument (T 2 L)	T 2 L form
Exportdokumente	export documents
Exporterklärung	export declaration
Exporterklärung	specification
Exporteur-Garantie, Nebenleistungen zu erfüllen gegen Restzahl. durch Importeur	release of retention monies bond
Exportfinanzierung	export finance
Exportfinanzierung, regreßlose	nonrecource (export) finance
Exportfinanzierungsgesellschaft	export finance house
Exportfinanzierungsinstitut, staatliches (USA)	Export-Import Bank
Exportfirma	export house
Exportförderung	export promotion
Exportförderungsbehörde (GB)	British Overseas Trade Board
Exportgarantie	export guarantee (guaranty)
Exportgenehmigung, legalisierte, validierte	validated export license
Exporthandelsgesellschaft (USA)	export trading company
Exporthaus	export house
Exportinformationsdienst	export intelligence service
Exportkommissionär	consignment agent
Exportkommissionär	export commission agent
Exportkommissionär	export agent
Exportkreditversicherung	export credit insurance
Exportkreditversicherung (GB)	comprehensive short-term guarantee
Exportleiter	export manager
Exportlizenz	export licence
Exportmultiplikator	export multiplier
Exportprämie	bounty
Exportpreisangebot, Vermerk: Ladung gelöscht	landed
Exportquote	export quota
Exportrechnung	export invoice
Exportschwierigkeiten	export difficulties
Exportsubvention	export subsidy
Exportüberschuß	export surplus
Exportunternehmen	export house
Exportvertreter	confirming house
Exportvertreter	export agent
Expressüberweisung	express (international money) transfer
Extra-Dividende	bonus
Extrarisiko (Vers)	special peril
Exzedent (Vers)	surplus

F

Fabrik	factory
Fabrik	plant
Fabrik	works
Fabrik unter Zollverschluß	bonded factory
Fabrikationsnummer	serial number
Facharbeiter	journeyman
Facharbeiter	skilled worker
Fachausstellung	trade fair
Fachgebietsleiter	line manager
Fachgeschäft	specialist shop

Fachhändler	stockist
Fachhändler mit größeren Auslieferungslagern	stockist agency
Fachmesse	trade fair
Fachsimpelei	shop-talk (shoptalk)
Fachsprache	jargon
Fachverband	trade association
Fachzeitschrift	journal
Fachzeitschrift	trade journal
Factor	factor
Factoring	credit factoring
Factoring	factoring
Factoring Gesellschaft	factor
Factoring mit Regreß	recourse factoring
Factoring ohne Delkredere-Übernahme	recourse factoring
Factoring, stilles, verdecktes	undisclosed factoring
Factoring-Institut	finance corporation
Factoringgeschäft	factoring
Fähigkeit	competence
Fahrkarte	ticket
Fahrkartenverkaufsstelle	ticket agency
Fahrlässigkeit	negligence
Fahrlässigkeit, grobe	gross negligence
Fahrplan	schedule
Fahrzeug	vehicle
Fahrzeugversicherung	vehicle insurance
Fairness	equity
Faksimile	facsimile
Faktor	factor
Faktor der Kostensenkung, innerbetrieblicher	internal economies
Faktor, dispositiver	entrepreneurship
Faktoreinkommen	factor income
Faktoreinkommen	rewards to factors (of production)
Faktorgrenzkosten	marginal factor cost
Faktormarkt	factor market
Faktorpreisausgleichs-Theorem	Heckscher-Ohlin law
Faktorproportionen-Theorem	Heckscher-Ohlin law
Faktum, wesentliches	material fact
Faktura	invoice
Fakturiermaschine	accounting machine
Fakturierung	sales invoicing
Fall	case
Fälligkeit	maturity
Fälligkeit, Klausel über die Vorverlegung (BaW)	acceleration clause
Fälligkeit, zahlbar bei	payable at maturity
Fälligkeitsdatum	maturity date
Fälligkeitsdatum	payment date
Fälligkeitsklausel (BaW)	acceleration clause
Fälligkeitsliste	tickler
Fälligkeitstag	due date
Fälligkeitstag	maturity date
Fälligkeitstermin	date of maturity
Fälligkeitstermin	maturity
Fälligkeitstermin, mittlerer	average due date
Fälligkeitstermin, mittlerer	equated time

Fälligkeitswert	maturity value
Fallmethode	case study
Fallstudie	case study
Fallunterlagen (Re)	brief
Falschbuchung	accounting error
Falschdarstellung	misrepresentation
Falschgeld	hot money
Fälschung	forgery
Falschwerbung	deceptive advertising
Faltmappe	expanding file
Faltordner	expanding file
Faltprospekt	leaflet
Familien, Unterstützungszahlung an einkommensschwache (GB)	familiy income supplement
Familienbudget	familiy budget
Familienrecht	familiy law
Familienstand	status
Familienvorsorge-Versicherung	familiy income policy
Faq-Qualität	fair average quality
Farbband	ribbon
Fassungsvermögen	capacity
Faustpfand	pledge
Faß	barrel
Faß	cask
Faß, großes	hogshead
Faß, kleines	keg
Fäßchen	keg
Federal Reserve System, Offenmarktausschuß des (USA)	Federal Open Market Committee
Federal Reserve System, eine der 12 regionalen Banken des ... (USA)	Federal Reserve Bank
Feedback	feedback
Fehlbestand	deficiency
Fehlbestand	stockout
Fehlbetrag	deficiency
Fehlbetrag	shortage
Fehlbeurteilung	miscalculation
Fehlende(r) (PW)	absentee
Fehler	error
Fehler	mistake
Fehler	slip
Fehler, kleiner	lapse
Fehler, systematischer (Stat.)	bias
Fehler, technischer	malfunction
Fehlerkorrektur	debugging
Fehlerkorrektur, automatische	automated error correction
Fehlersuche	debugging
Fehlersuche	troubleshooting
Fehlfracht	dead freight
Fehlkalkulation	miscalculation
Fehlkarte	outcard
Fehlmenge	shortage
Fehlstreuung (Mk)	waste circulation
Feiertag, gesetzlicher	public holiday
Feilschen	haggling
Feingehalt	fineness
Feingehaltsstempel	hall mark (hallmark)

Feldarbeit	fieldwork
Feldforschung	fieldwork
Fenster(brief)umschlag	window envelope
Fensteraufkleber	window banner
Fensterkuvert	window envelope
Ferienversicherung	holiday insurance
Ferngespräch	national call
Ferngespräch	trunk call
Fernkopierer	telecopier
Fernschreiben	telex
Fernseh- und Rundfunkfinanzierung, Übernahme durch Nichtwerbeträger	underwriting
Fernseh-/Radiosendung, kurze Absage am Ende	tag
Fernseheinschaltquote	television rating
Fernseheinschaltquote	viewer rating
Fernsehen, durch Werbung finanziertes	sponsored television
Fernsehprogramm mit Geschenken/Preisen	giveaway (give-away)
Fernsehwerbung, lokale, regionale	spot advertising
Fernsehzuschauer	viewer
Fernsprechamt	exchange
Fernsprechamt	telephone exchange
Fernsprechauskunft	directory enquiries
Fernsprechgebühr	toll
Fernsprechgebühren	telephone rates
Fertigerzeugnisse	finished goods
Fertigfabrikate	finished goods
Fertiggericht	instant
Fertigkeit	workmanship
Fertigmahlzeiten, Lieferung von	catering
Fertigprodukt	final product
Fertigstellung	completion
Fertigung	manufacturing
Fertigung	production
Fertigung, computerintegrierte	computer-integrated manufacturing
Fertigung, rechnergestützte	computer-aided manufacturing
Fertigungsablaufplan	process chart
Fertigungsabteilung	production department
Fertigungsauftrag	manufacturing order
Fertigungsauftrag	shop order
Fertigungseinheit	unit of production
Fertigungseinzelkosten	prime cost
Fertigungsgemeinkosten	factory overheads
Fertigungsgemeinkosten	manufacturing overhead
Fertigungskapazität	production capacity
Fertigungskosten	cost(s) of production
Fertigungskosten	manufacturing cost
Fertigungslohn	direct labour (wages)
Fertigungslohn	productive labour
Fertigungsmenge, optimale	economic batch quantity
Fertigungsplanung	production planning
Fertigungspotential	productive potential
Fertigungsstätte	factory
Fertigungsstätte	production plant
Fertigungssteuerung	progress control
Fertigungsstraße	production line
Fertigungsüberwachung	progress control

Fertigungsverfahren	process
Fertigungswirtschaft	manufacturing industry
Fertigungszeit	production cycle
fest	firm
Festangebot	firm offer
Festauftrag	firm order
Festbankett	testimonial
Festgeld	fixed deposit
Festgeld	fixed-term deposit
Festgeld	term deposit
Festgeldanlage	fixed-term deposit
Festgeldeinlage	fixed deposit
festigen, sich (Bö)	firm
Festkursplazierung (Bö)	bought deal
Festlegung der Reihenfolge einzelner Arbeitsgänge	routing
Festsetzung des Goldpreises	gold fixing
Festsetzung von Prestigepreisen	premium pricing
Festverzinsliche	fixed-interest securities
Festverzinsliche, Zins für	coupon rate
Festwertversicherung	agreed value insurance
Festzinskredit	fixed-rate loan
Festzinssatz	fixed interest (rate)
Fettdruck	bold face
Feuerversicherung	fire insurance
Fifo-Methode	first-in, first-out
Fifty-fifty (50:50) Plan	fifty-fifty (50:50) plan
Filialbanksystem	branch banking
Filialkette	chain store
Filialleiter	branch manager
Financial Times	Financial Times
Finanz- und Rechnungswesen, Leiter des	controller
Finanz- und Wirtschaftszeitung, brit.	Financial Times
Finanz-Boutique	boutique
Finanzabteilung, Leiter der	treasurer
Finanzanlageinvestition	trade investment
Finanzausweis	statement
Finanzbuchhaltung	financial accounting
Finanzdefizit der öffentlichen Hand	public sector financial deficit
Finanzdokument	financial document
Finanzen, öffentliche	public finance
Finanzflußrechnung	funds (flow) statement
Finanzhilfe	financial aid
Finanzhilfe	grant-in-aid
Finanzierung	finance
Finanzierung durch Staatsverschuldung	deficit financing
Finanzierung durch Wechsel	bill finance
Finanzierungs-Leasing	finance lease
Finanzierungsdefizit	financial deficit
Finanzierungsgesellschaft	finance corporation
Finanzierungsgesellschaft, Internationale	International Finance Corporation
Finanzierungsinstitut	secondary bank
Finanzierungsinstrument	financial instrument
Finanzierungsinstrument	financial document
Finanzierungsmittel, langfristige	long-term finance
Finanzinstitut, intermediares	financial intermediary

Finanzlage	status
Finanzleiter	treasurer
Finanzmanagement	financial management
Finanzmann	financier
Finanzmärkte	financial markets
Finanzminister (GB)	Chancellor of the Exchequer
Finanzministerium (GB)	Exchequer
Finanzministerium (GB)	Treasury
Finanzministerium, Anweisung des ... an die Banken (GB)	Treasury directive
Finanzmittel	finance
Finanzmittler	financial intermediary
Finanzpapier	financial instrument
Finanzpapier	financial document
Finanzplan	cash budget
Finanzplan (eines Unternehmens)	budget
Finanzplanung	financial management
Finanzrisikoversicherung	pecuniary insurance
Finanzstatus	statement
Finanzstatus (RW)	financial statement
Finanztermingeschäfte	financial futures
Finanzterminkontrakt	financial futures contract
Finanztitel	financial instrument
Finanztitel, Terminhandel mit	financial futures
Finanzverwaltung (GB)	Inland Revenue
Finanzwechsel	finance bill
Finanzwesen	finance
Finanzwirtschaft, öffentliche	public finance
Finanzwissenschaft	finance
Finanzwissenschaft	public finance
Finanzzoll	revenue duty
Fingerhut	finger cone
Finnmark	mark
FIO-Klausel	free in and out
Firma	business
Firma	firm
Firmengruppe	group
Firmenimagewerbung	corporate advertising
Firmenimagewerbung	prestige advertising
Firmenkundengeschäft (BaW)	wholesale banking
Firmenname	business name
Firmenname	company name
Firmenname	tradename
Firmenreferenz	trade reference
Firmenschild	facia
Firmensiegel	company seal
Firmensitz	domicil(e)
Firmenstempel	company seal
Firmenübernahme	acquisition
Firmenübernahme, freundliche	friendly takeover
Firmenübernahme, unfreundliche	hostile takeover
Firmenübernahme, Versuch der (durch Aktienaufkauf)	raid
Firmenvorstand	board of directors
Firmenwagen	company car
Firmenwert (immaterieller)	goodwill
Fisher-Effekt	Fisher effect

Fishersche (Verkehrs)Gleichung	equation of exchange
Fishersche (Verkehrs)Gleichung	Fisher equation
Fiskalist	fiscalist
Fiskalpolitik	fiscal policy
Fiskalpolitik, antizyklische	countercyclical (fiscal) policy
Fiskalpolitik, kompensatorische	compensatory fiscal policy
Fixkosten	fixed cost(s)
Fixkosten	unavoidable costs
Fixkosten, durchschnittliche	average fixed cost
Flagge, billige	flag of convenience
Flaggen, unterschiedliche Behandlung von (im Schiffsverkehr)	flag discrimination
Flaggendiskriminierung	flag discrimination
Flaute	depression
Flaute	downswing
Flaute	slackness of business
Flaute	stagnation
Fließband	assembly line
Fließbandfertigung	continuous production
Fließbandmontage	flow (line) production
Fließbandproduktion	flow (line) production
Fließfertigung	continuous production
Fließfertigung	flow (line) production
Floaten (von Wechselkursen)	float
Floaten, gemanagtes, schmutziges	managed float(ing)
Floaten, sauberes	clean float(ing)
Floaten, schmutziges	dirty float(ing)
Floaten, schmutziges	managed float(ing)
Flucht aus Bargeld	flight from cash
Fluchtgeld	hot money
Fluchtgeld	refugee capital
Flüchtigkeitsfehler	slip
Fluchtkapital	capital movements
Fluchtkapital	flight of capital
Flugblatt	giveaway (give-away)
Flugblatt	handbill
Flugblatt	leaflet
Fluggesellschaft	carrier
Flughafen, frei, FOB	free on board at airport
Flugplan	schedule
Flugticket	ticket
Flugzeug-Chartervertrag	air charter party
Fluktuation	fluctuation
Fluktuationsarbeitslosigkeit	casual unemployment
Fluktuationsarbeitslosigkeit	frictional unemployment
Fluktuationsarbeitslosigkeit	transitional unemployment
Flüssigkeitsverlust	ullage
Fluß	flow
FOB Flughafen	free on board at airport
Folge, arithmetische	arithmetic(al) progression
Folge, geometrische	geometric progression
Folgerückversicherung	retrocession
Folgeschaden	indirect damage
Folgeschadenversicherung	consequential loss insurance
Folgeschädenversicherung	loss of profits insurance
Folie	foil

Folioblatt (einmal gefalteter Druckbogen)	folio
Foliospalte	folio
Fonds für unvorhergesehene Ausgaben	contingency fund
Fondsanteil	unit
Förderband	conveyor
Fördergebiet	special development area
Forderung	claim
Forderung	demand
Forderung(srecht)	chose in action
Forderung, bevorrechtigte	preferential debt
Forderung, bevorrechtigte	prior charge
Forderung, gesicherte	secured debt
Forderung, nicht bevorrechtigte	ordinary debt
Forderung, uneinbringliche	bad debt
Forderung, verjährte	statute-barred debt
Forderung, vom Schuldner bestätigte	account stated
Forderungen	account(s) receivable
Forderungen	receivables
Forderungen (aus Lieferungen und Leistungen)	book debts
Forderungen (aus Lieferungen und Leistungen), Ankauf und Bevorschussung	factoring
von Forderungen aus Lieferungen und Leistungen	trade debtors
Forderungen, Ankauf und Bevorschussung von	debt factoring
Forderungen, ausstehende	arrears
Forderungen, ausstehende	outstanding debts
Forderungen, dubiose, zweifelhafte	doubtful debts
Forderungen, Einziehung von	debt collection
Forderungen, sonstige	sundry debtors
Forderungen, Wertberichtigung auf zweifelhafte	reserve for bad debts
Forderungsabtretung	assignment of debt
Forderungsberechtigte(r)	claimant
Forderungseinzug	debt collection
Forderungserlaß	release
Forderungsinkasso	debt collection
Forderungsübernehmer	cessionary
Forderungsverzicht	release
Forfaitierung	forfaiting
Forfaitierung	nonrecource (export) finance
Formalstruktur der Organisation	formal organisation relationship
Format	format
Formbrief	form letter
Formkarte	form card
Formularvertrag	standard form contract
Forschung und Entwicklung	research and development
Fort Knox	Fort Knox
Fortbildung	further education
fortgeschritten	forward
Fortran (DV)	fortran
Fortschritt, technischer	technical progress
Fortschrittszahlung	progress payment
Fortsetzung der Arbeit als Protest, wenn Stillegung droht (Werksbesetzung)	work-in

Fortsetzungsblatt (Schriftverkehr)	continuation sheet
Fortsetzungsklausel (Vers)	continuation clause
Fracht	freight
Fracht bezahlt	carriage paid
Fracht gegen/per Nachnahme	freight forward
Fracht vorausbezahlt	freight prepaid
Fracht zahlbar am Bestimmungsort	freight forward
Fracht zahlt Empfänger	carriage forward
Fracht(gut)	cargo
Frachtbrief	bill of lading
Frachtbrief	consignment note
Frachtbrief	waybill
Frachtbrief (Bahn)	bill
Frachtbrief (Straßentransport)	road waybill
Frachtenbörse	freight market
Frachter	freighter
Frachtflugzeug	freighter
frachtfrei	carriage paid
frachtfrei	carriage free
frachtfrei	freight prepaid
frachtfrei (bis) Grenze	carriage paid to frontier
frachtfrei (Incoterm)	carriage paid to
frachtfrei versichert (Incoterm)	carriage and insurance paid to
Frachtfreigabe-Bescheinigung	freight release
Frachtfüher, Risiko des	carrier's risk
Frachtführer	carrier
Frachtführer, privater	private carrier
Frachtkahn	barge
Frachtkosten	carriage
Frachtkosten	freight
Frachtkosten (Bahn/LKW)	truckage
Frachtkostenversicherung	freight insurance
Frachtliste	manifest
Frachtraten (nach den Bedingungen des Linienverkehrs)	liner rates
Frachtraum	space
Frachtraum (Schiff)	tonnage
Frachtrechnung	freight note
Frachtschiff	freighter
Frachttarif	freight rate
Frachtunterbietung	rate cutting
Frachtversicherung	cargo insurance
Frachtversicherung	freight insurance
Frachtvorauszahlung	advance feight
Frage	query
Fragebogen	aide-memoire
Fragebogen	questionnaire
Fragebogen zum Selbstausfüllen	self-completion questionnaire
Franchiseklausel (Vers)	franchise clause
Franchising (Art von Filialsystem)	franchising
Frankiermaschine	franking machine
frankiert	post paid
franko	carriage free
franko	charges prepaid
Frau, sehr geehrte	Madam
frei	franco
frei (auf) Kai	free on quay

frei an Bord (Incoterm FOB)	free on board
frei an Bord und gestaut (Lieferklausel)	free on board stowed
frei Dock	free dock
frei ein und aus	free in and out
frei Flughafen	free on board at airport
frei Frachtführer (Incoterm FCA)	free carrier
frei Haus	franco domicile
frei laden und löschen (Lieferklausel)	free in and out
frei Längsseite Seeschiff (Incoterm FAS)	free alongside ship
frei von	exempt
frei, franko Waggon	free on rail / free on truck
Freiberufler	freelancer
Freibetrag (Steuerfreibetrag)	allowable deduction
Freibetrag, persönlicher (Steuerrecht)	personal allowance
freibleibend	without engagement
freigemacht	post paid
Freihafen	free port
Freihandel	free trade
Freihandelsgebiet	free trade area
Freihandelsgemeinschaft	free trade association
Freihandelszone	free trade area
Freihandelszone, europäische	European Free Trade Association
Freijahre	grace period
Freiliste (Zoll)	free list
Freistempler	franking machine
Freiteilklausel (Vers)	franchise clause
Freiumschlag	business reply envelope
Freiumschlag	reply-paid envelope
Freiverkehr (Bö)	kerb market
Freiverkehr (Bö)	off-board market
Freiverkehr (Bö)	over-the-counter (market)
Freiverkehr (Bö)	street market
Freiverkehr, ungeregelter (Bö)	third market
Freiverkehrskurs (Bö)	wholesale price
Freiverkehrswert (Bö)	unlisted security
Freizeichnungsklausel (Vers)	average clause
Freizeit, bezahlte	time off (with) pay
Fremd- und Eigenkapital, Verhältnis zwischen	leverage
Fremdfinanzierung	debt finance
Fremdfinanzierung	external financing
Fremdkapital	debt capital
Fremdkapital	external debt(s)
Fremdkapital (langfristiges)	loan capital
Fremdmittel, Aufnahme von	borrowing
Fremdwährung	foreign currency
Fremdwährung, Umrechnung von	foreign currency translation
Fremdwährungsanleihe	currency bond
Fremdwährungsanleihe	foreign bond
Fremdwährungsklausel	currency clause
Fremdwährungskonto	currency account
Fremdwährungskonto	foreign currency account
Fremdwährungskredit	foreign currency loan
Fremdwährungsrisiko	foreign currency exposure
Fremdwährungsverpflichtung	foreign currency commitment
Fremdwährungswechsel	foreign bill of exchange
Freundschaftsvertrag	sweetheart contract

Frischhaltedatum	pull date
Frist	time limit
Frist für Barzahlung	discount period
Fristablauf	lapse of time
Fristigkeit	maturity
Fristigkeitspriorität (RW)	order of permanence
früher	ex
Frühindikator	leader
Frühschicht	morning shift
Führer	leader
Fuhrparktarif	fleet rating
Führung	leadership
Führung	management
Führungsebene, mittlere	middle management
Führungskraft	executive
Führungskraft	manager (manageress)
Führungskräfte, Jagd auf, Suche nach	head hunt(ing)
Führungskräfte, obere	top management
Führungskräfte, Weiterbildung von	management development
Führungsprinzipien	management principles
Führungsqualitäten	management skills
Führungsspitze	top management
Führungsstil	leadership style
Führungsstil	management style
Führungsstil, aufgabenorientierter	task-oriented leadership style
Führungsstil, autokratischer	autocratic management style
Führungsstil, demokratischer	democratic leadership
Führungsstil, diktatorischer	dictatorial leadership
Führungsstil, laissez-faire	laissez-faire (laisser-faire)
Führungstheorien	theories of leadership
Führungszeugnis	testimonial
Fuhrunternehmer	haulier
Fuhrunternehmer	haulage contractor
Fundierung	funding
Fünfer-Gruppe (G 5)	Group of Five
Fungibilien	fungibles
Funkmedienkontakter	time buyer
Funktion	capacity
Funktion	function (within an organization)
Funktion (Math)	function
Funktionalorganisation	functional organization
Funktionalsystem der Leitung	functional organization
Funktionenbudget	functional budget
Funktionsrabatt	functional discount
Funktionsstörung	malfunction
Fürsorge (soziale)	welfare
Fusion	merger
Fusion(ierung)	amalgamation
Fusion, gegenläufige	reverse takeover
Fuß	foot
Fußgängerzone	pedestrian precinct
Fußnote	footnote
Fußnote	note

G

Gabelungspunkt	splitoff point
Gallone	gallon
Ganzbeschäftigung	full-time work
Garantie	bond
Garantie	guarantee (guaranty)
Garantie	security
Garantie	surety
Garantie	warrant
Garantie des Expoteurs, Nebenleistungen zu erfüllen gegen Restzahlung durch Importeur	release of retention monies bond
Garantie für Vertragserfüllung	contract guarantee
Garantie(erklärung)	warranty
Garantie, bedingte (AuW)	conditional bond
Garantie, uneingeschränkte (AuW)	unconditional bond
Garantieakkreditiv	standby letter of credit
Garantieerklärung	bond
Garantieerklärung	guarantee (guaranty)
Garantiefonds	guarantee fund
Garantiegeber	guarantor
Garantiegeber	surety
Garantielohn	guaranteed minimum wage
Garantievertreter	del credere agent
Garderobenschein	check
Gastarbeiter	migrant
Gattungsbezeichnung	generic term
Gattungskauf	sale by description
Gattungssachen	unacertained goods
Gattungsware	unacertained goods
Gauß'sche Normalverteilung	normal (Gaussian) distribution
Gebäude, Einbauten in gemietete	leasehold improvements
Gebäudeversicherung	buildings insurance
Gebiet	field
Gebiet	zone
Gebiet mit hoher Arbeitslosigkeit	distressed area
Gebietsleiter	territory manager
Gebot	bid
Gebot, erstes (Versteigerung)	opening bid
Gebot, letztes (Versteigerung)	closing bid
Gebrauchsgüter	consumer(s') goods
Gebrauchsgüter (langlebige)	durables
Gebrauchsmuster, eingetragenes	registered design
Gebrauchswert	value in use
Gebrauchswert	value
Gebrauchtwarenhändler	secondhand dealer
Gebühr	charge
Gebühr	fee
Gebühr bezahlt Empfänger	freepost
Gebühr für vorzeitige Tilgung	prepayment penalty
Gebühren	dues
Gebühren	tariff
Gebühren	terms
Gebührenanzeiger	call-charge indicator
Gebührenrechnung	bill of charges
Geburtenrate	birth rate

Gedächtnistest, reiner (Mk)	unaided recall test
Gefahr	hazard
Gefahr	risk
Gefährdungshaftung	absolute liability
Gefährdungshaftung	strict liability
Gefahrenübergang	passing of risk
Gefahrenzulage	danger money
Gefahrgut	hazardous cargo
Gefälligkeitsflagge	flag of convenience
Gefälligkeitspolice (Vers)	honour policy
Gefälligkeitswechsel	accomodation bill
Gefälligkeitswechsel	kite
Gefälligkeitswechsel	windbill
Gefeilsche	haggling
gegen jemanden stimmen	black ball(ing)
Gegenakkreditiv	back-to-back credit
Gegenakkreditiv	countervailing credit
Gegenangebot	counter offer
Gegenanspruch	counterclaim
Gegenbuchung	contra
Gegenbuchung	corresponding entry
Gegenbuchung	offset
Gegenbuchung	per contra
Gegenbuchung, Verweis auf	cross reference
Gegenforderung	counterclaim
Gegengebot	counter offer
Gegengeschäft (AuW)	counterpurchase
Gegengeschäft, langfristiges (AuW)	buy-back-deal
Gegenkauf (AuW)	counterpurchase
Gegenkonto(spalte)	folio
Gegenleistung	consideration
Gegenleistung	quid pro quo
Gegenleistung, geldwerte	valuable consideration
Gegenmacht	countervailing power
Gegenofferte	counter offer
Gegenposten	offset
Gegenseitigkeit	reciprocity
Gegenstand des Anlagevermögens	fixed asset
Gegenstand, in Zahlung gegebener	trade-in
Gegenstand, versicherter	risk
Gegenstand, versicherter	subject matter of insurance
Gegenstück	counterpart
Gegenüber	counterpart
Gegenwartswert	discounted value
Gegenwartswert	present value
Gegenzeichnung	countersignature
Gehalt	earnings
Gehalt	remuneration
Gehalt	salary
Gehalts- und Lohnabzüge	deductions from salaries and wages
Gehaltsabrechnung	payslip
Gehaltsabzüge	payroll deductions
Gehaltsabzüge	salary deductions
Gehaltsabzüge, freiwillige	voluntary deductions
Gehaltsgruppe	salary scale
Gehaltsliste	payroll
Gehaltssteigerung, leistungsbezogene	merit increase

Gehaltssteuerbescheinigung	certificate of pay and tax deducted
Gehaltsstreifen	payslip
Gehaltsstreifen	wage slip
Gehaltsvorauszahlung	advance pay
Gehaltsvorschuß	advance
Gehaltszahltag	pay day (payday)
Gehaltszulage	bonus pay
Geheimhaltungsabkommen	secrecy agreement
Geld	money
Geld "waschen"	laundering money
Geld (Bö)	bid
Geld (Bö)	bid price
Geld (Bö)	demand price
Geld als Wertaufbewahrungsmittel	store of value
Geld ohne Deckung	fiat money
Geld und Brief (Bö)	bid and asked
Geld, vagabundierendes	refugee capital
Geld, aktives, arbeitendes	active money
Geld, billiges	cheap money
Geld, brachliegendes	idle money
Geld, brachliegendes	unemployed funds
Geld, gehortetes zirkulieren lassen	dishoarding
Geld, gestohlenes	hot money
Geld, heißes, vagabundierendes	hot money
Geld, heißes, vagabundierendes	refugee capital
Geld, investiertes und schnell flüssig zu machendes	quick money
Geld, knappes, teures	tight money
Geld, mehr Brief als (Bö)	sellers over
Geld, täglich fälliges	day-to-day money
Geld, täglich fälliges	money at call
Geld, tägliches	call money
Geld, tägliches	overnight money
Geld, teures	dear money
Geld, Umlaufgeschwindigkeit des	velocity of circulation
Geld- und Briefkurs	two-way price
Geld- und Kreditpolitik	monetary policy
Geld- und Kredittheorie	monetary theory
Geldabhebung	draft
Geldabhebung	withdrawal
Geldangebot	supply of money
Geldanlage über Banken oder sonstige Finanzinsitute	intermediation
Geldanlage, langfristige	capital investment
Geldausgabe(n)	expenses
Geldausgabeautomat	cash dispenser
Geldausgabeautomat	service till (servicetill)
Geldautomat	automated teller machine
Geldautomat	cash dispenser
Geldautomatenkarte	cash card
Geldbasis	cash base
Geldbasis	monetary base
Geldbesitz	money
Geldbetrag, einbehaltener	retention money
Gelddeckung (BaW)	cover
Geldeigenschaften	qualities of money
Geldeinkommen	money income

Gelder	means
Gelder freigeben	release
Gelder, ausstehende	amounts outstanding
Gelder, kurzfristig kündbare	money at short notice
Gelder, zweckgebundene	earmarked funds
Geldfunktionen	functions of money
Geldgeber	financier
Geldgeber	lender
Geldgeber	moneylender
Geldgeber	sponsor
Geldgeber der letzten Instanz	lender of last resort
Geldinstitut	finance house
Geldinstitut, finanziell schwaches, unzuverlässiges	wildcat bank
Geldkassette	cash box
Geldkassette	strongbox
Geldkurs	buying rate
Geldkurs (Bö)	bid price
Geldkurs (Bö)	bid
Geldkurs (Bö)	demand price
Geldkurs, vom Käufer geboten (Bö)	bid
Geldlohn	money wage
Geldmarkt	money market
Geldmarkt, Londoner	Lombard Street
Geldmarkt, Steuerung des	control of the money market
Geldmarktpapier	paper
Geldmarktpapier, kurzfristiges	commercial paper
Geldmarktsatz	money rate
Geldmenge	money supply
Geldmenge	supply of money
Geldmenge M 1	M 1
Geldmengenkontrolle	monetary control
Geldmengensteuerung	monetary control
Geldmengenwachstum	monetary growth
Geldmittelbewegung	flow of funds
Geldnachfrage	demand for money
Geldpolitik, restriktive	credit control
Geldpolitik, restriktive	tight monetary policy
Geldsammlung	collection
Geldschein	note
Geldschein (USA)	greenback
Geldschöpfung	money creation
Geldschöpfungsmultiplikator	credit creation multiplier
Geldstrafe	fine
Geldstrafe	penalty
Geldstrom	flow of funds
Geldstück	coin
Geldsubstitut	near money
Geldsurrogat	near money
Geldsurrogat	substitute money
Geldtransportversicherung	cash in transit insurance
Geldüberweisung	money transfer
Geldüberweisung, internationale	international money transfer
Geldumlauf	money in circulation
Geldverbindlichkeiten	monetary liabilities
Geldverdiener	money-maker (moneymaker)
Geldvermögen	monetary assets

Geldversorgung der Wirtschaft	supply of money
Geldwechsler	moneychanger
Geldwert	money value
Geldwert	value of money
Geldwert	value
Geldwertstabilität, Sicherung der	stabilisation policy
Gelegenheitsarbeit	casual employment
Gelegenheitsarbeit	job
Gelegenheitsarbeit	odd job
Gelegenheitsarbeit, Abschaffung von	decasualitzation
Gelegenheitsarbeiter	floater
Gelegenheitsarbeiter	jobber
Gelegenheitskauf	bargain
geliefert ab Kai (verzollt) (benannter Bestimmungshafen) (Incoterm)	delivered ex quay (duty paid)
geliefert ab Schiff (benannter Bestimmungshafen) (Incoterm)	delivered ex ship
geliefert Grenze (benannter Lieferort) (Incoterm)	delivered at frontier
geliefert unverzollt (benannter Ort) (Incoterm)	delivered duty unpaid
geliefert verzollt (benannter Bestimmungsort) (Incoterm)	delivered duty paid
Gelieferte, das	delivery
gemäß	as per
Gemeindegrundsteuern	rates
Gemeinkosten	burden
Gemeinkosten	common cost(s)
Gemeinkosten	indirect cost(s)
Gemeinkosten	overhead
Gemeinkosten, fixe	fixed overhead(s)
Gemeinkosten, variable	variable overhead (cost)
Gemeinkostenumlage	allocation of overhead
Gemeinkostenunterdeckung	underapplied overhead
Gemeinnutzen	social benefits
Gemeinschaft, Europäische (EG)	European Community
Gemeinschaftskonto	joint account
Gemeinschaftspraxis	partnership
Gemeinschaftspraxis	professional partnership
Gemeinschaftsrente	joint annuity
Gemeinschaftsunternehmen	joint venture
Gemeinschaftswerbung	cooperative advertising
Gemeinschuldner, Entlastung des	discharge of (in) bankruptcy
Gemeinschuldner, Freistellung des	discharge of (in) bankruptcy
Gemeinschuldner, Konkurseröffnung des	voluntary bankruptcy
Gemeinschuldner, nicht entlasteter	undischarged bankrupt
Gemischtwarenhandel	scrambled merchandising
Genehmigung	approval
Genehmigung	licence
Genehmigung	ratification
Genehmigung	sanction
Genehmigung (behördliche)	concession
Generalbevollmächtigte(r)	universal agent
Generaldirektor	chief executive officer
Generaldirektor	general manager
Generalpolice (Vers)	open cover

Generalpolice (Vers)	blanket policy
Generalpolice (Vers)	floating policy
Generalpolice (Vers)	general policy
Generalstreik	general strike
Generalvertreter(in)	general agent
Generalvertreter(in)	universal agent
Genossenschaft	cooperative society
Genossenschaftsbank	credit union
Gentleman's Agreement	gentleman's agreement
Gentlemanvereinbarung	gentleman's agreement
Gepäckabfertigung	parcel(s) office
Gepäckschein	check
Geräte	equipment
Gerechtigkeit	equity
Gericht, Nichterscheinen vor	default
Gerichtsdiener	bailiff
Gerichtsferien	vacation
Gerichtshof, Europäischer	European Court of Justice
Gerichtskosten	legal charges
Gerichtsstand	venue
Gerichtsurteil	judg(e)ment
Gerichtsverfahren	case
Gerichtsverhandlung	trial
Gerichtsvollzieher	bailiff
Gesamtabschreibung	aggregate depreciation
Gesamtangebot	aggregate supply
Gesamtangebot	composite supply
Gesamtangebotskurve	aggregate supply curve
Gesamtausgaben, volkswirtschaftliche	national expenditure
Gesamtbelastung, jährliche	annual percentage rate
Gesamtbetrag	total
Gesamtgeldbedarf	aggregate monetary demand
Gesamthaftung	joint and several liability
Gesamthandschuld	joint liability
Gesamtheit der Passiva	equities
Gesamthypothek	blanket mortgage
Gesamtkapitalrendite	return on assets (employed)
Gesamtkosten	total cost(s)
Gesamtnachfrage	aggregate demand
Gesamtnachfrage	composite demand
Gesamtnachfrage	market demand
Gesamtnachfrage, monetäre	aggregate monetary demand
Gesamtnachfragekurve	aggregate demand curve
Gesamtnutzen	total utility
Gesamtpreis	all-in-price
Gesamtpreis	total price
Gesamtproduktion	aggregate production
Gesamtproduktion (in Tonnen)	tonnage
Gesamtrechnung, volkswirtschaftliche	social accounting
Gesamtschaden	total loss
Gesamtschaden-Exzedentenversicherung	stop loss insurance
Gesamtschiffsraum	tonnage
Gesamtsteueraufkommen	total revenue
Gesamtsumme	total
Gesamtumsatzerlös	total revenue
Gesamtverlust	total loss
Gesamtverschuldung, staatliche	national debt

Gesamtversicherung	all-risk insurance
Gesamtversicherung	comprehensive cover(age)
Gesamtversicherung	global policy
Gesamtversicherungssumme	aggregate liability
Gesandtschaft	legation
Geschädigte(r)	injured party
Geschäft	bargain
Geschäft	business
Geschäft	business transaction
Geschäft	store
Geschäft	trade
Geschäft	transaction
Geschäft auf Gegenseitigkeit	reciprocity
Geschäft in einem Geschäft	in-store shop
Geschäft mit Bindung an eine Lieferfirma	tied shop
Geschäft unter Freunden	sweetheart contract
Geschäft, kleines	shop
Geschäft, schlechtes	bad bargain
Geschäft, unredliches, unsittliches	unconscionable bargain
Geschäfte, schwebende	pending business (transactions)
Geschäftsabschluß	commercial transaction
Geschäftsabschluß ohne Gewinn und Verlust	breakeven
Geschäftsanteil	share
Geschäftsaufgabe, Verkauf wegen	forced sale
Geschäftsausstattung	equipment
Geschäftsausstattung	fixtures and fittings
Geschäftsbank	clearing bank
Geschäftsbank	commercial bank
Geschäftsbank (GB)	joint stock bank
Geschäftsbank, kleine	industrial bank
Geschäftsbereich	unit
Geschäftsbericht	annual report
Geschäftsbericht	directors' report
Geschäftsbeziehung	account
Geschäftsbrief	business letter
Geschäftsbücher, gesetzlich vorgeschriebene	statutory books (of a company)
Geschäftsdokumente	business documents
Geschäftseinlage	capital investment
Geschäftsfähigkeit	capacity
Geschäftsfähigkeit	competence
Geschäftsflaute	slackness of business
Geschäftsfreund (ausländischer)	correspondent
Geschäftsführer	director
Geschäftsführer	executive
Geschäftsführer	general manager
Geschäftsführer, ehrenamtlicher	honorary secretary
Geschäftsführung	administration
Geschäftsführung, Arbeitnehmervertretung in der	worker representative on the board
Geschäftsgeheimnis	trade secret
Geschäftsgrundlage, Wegfall der	frustration of contract
Geschäftsjahr	financial year
Geschäftsjahr	period of account
Geschäftskarte	business card
Geschäftskosten, feste	fixed charge
Geschäftsleitung	management

Geschäftsmann	trader
Geschäftsordnung	standing order
Geschäftspolitik	business policy
Geschäftspolitik	company policy
Geschäftsrisiko	corporate risk
Geschäftsstellenleiter	branch manager
Geschäftsstraße	shopping mall
Geschäftstätigkeit, Einstellung der	cessation of business
Geschäftstätigkeitsaufnahmebescheinigung (für eine AG) (GB)	certificate of trading
Geschäftsviertel	shopping precinct
Geschäftsviertel	trading estate
Geschäftsvorfall	accounting event
Geschäftsvorfall	business transaction
Geschäftsvorfall	transaction
Geschäftsvorfälle, Erfassung von	recording (of business) transactions
Geschäftswert	goodwill
Geschäftszeit	business hours
Geschäftszeit	office hours
Geschäftszeit einer Bank	bank(ing) hours
Geschäftszweig	business
Geschenk	gift
Geschenkgutschein	gift voucher
Geschicklichkeit	workmanship
Geselle	journeyman
Gesellschaft	company
Gesellschaft	statutory company
Gesellschaft mit beschränkter Gesellschafterzahl	close company
Gesellschaft mit beschränkter Nachschußpflicht	company limited by guarantee
Gesellschaft mit beschränkter Haftung	proprietary company
Gesellschaft mit beschränkter Haftung (GmbH)	limited (liability) company
Gesellschaft mit beschränkter Haftung, GmbH (GB)	private limited company
Gesellschaft mit beschränkter Haftung, GmbH (GB)	private company
Gesellschaft, aufgelöste, erloschene	defunct company
Gesellschaft, eingetragener Sitz einer	registered office
Gesellschaft, GmbH-ähnliche (USA)	joint stock company
Gesellschaft, Gründer einer	floater
Gesellschaft, Gründung einer	floatation
Gesellschaft mit Elementen aus Kapital- und Personengesellschaft	joint stock company
Gesellschaft, transnationale	transnational corporation
Gesellschaft, Übernahme einer größeren ... durch eine kleinere	reverse takeover
Gesellschaft, übernehmende	acquiring company
Gesellschaft, verbundene	associated company
Gesellschaften, Liste der 500 größten in den USA	Fortune 500
Gesellschafter	member
Gesellschafter	partner
Gesellschafter einer GmbH	shareholder
Gesellschafter, aktiver	working partner
Gesellschafter, ausscheidender	outgoing partner

Gesellschafter, geschäftsführender	active partner
Gesellschafter, geschäftsführender	acting partner
Gesellschafter, nachschußpflichtiger	contributory
Gesellschafter, neueintretender	incoming partner
Gesellschafter, persönlich (unbeschränkt) haftender	general partner
Gesellschafter, stiller	dormant partner
Gesellschafter, stiller	secret partner
Gesellschafter, stiller	sleeping partner
Gesellschafter, stiller	silent partner
Gesellschafterkapital	partnership capital
Gesellschafterversammlung	company meeting
Gesellschaftsanteile, bei Umwandlung in Kapitalgesellschaft als Kaufpreis übernommene	vendor's shares
Gesellschaftsanteilsübertragung bei der GmbH	share transfer
Gesellschaftsgründer	company promotor
Gesellschaftskapital	partnership capital
Gesellschaftsrecht	company law
Gesellschaftsregister	Register of Companies
Gesellschaftssystem	social system
Gesellschaftsvertrag	partnership agreement
Gesellschaftsvertrag (AG)	articles of association
Gesellschaftsvertrag (einer Personengesellschaft)	deed of partnership
Gesellschaftsvertrag (OHG, KG)	articles of partnership
Gesetz	law
Gesetz	statute
Gesetz der steigenden (Grenz-)Erträge	law of increasing returns
Gesetz des komparativen Vorteils	law of comparative advantage
Gesetz des komparativen Vorteils	theory of comparative advantage
Gesetz gegen Gefahren für Verbraucher (GB)	Consumer Safety Act
Gesetz gegen Wettbewerbsbeschränkungen (GB)	Fair Trading Act
Gesetz über Gesundheit und Sicherheit am Arbeitsplatz (GB)	Health and Safety at Work Act
Gesetz über Personengesellschaften	Partnership Act
Gesetz über Warenbeschreibung (GB)	Trade Description Act
Gesetz vom abnehmenden Ertrag	Diminishing returns (law of)
Gesetz vom abnehmenden Ertragszuwachs	law of diminishing returns
Gesetz vom abnehmenden Grenznutzen	law of diminishing marginal utility
Gesetz von Angebot und Nachfrage	law of supply and demand
Gesetz, Greshamsches	Gresham's Law
Gesetz, ökonomisches	economic law
Gesetzblatt	gazette
Gesetze über den Warenverkauf (GB)	Sale of Goods Acts
Gesetze, Gossensche	Gossen's laws
Gesetzentwurf	bill
Gesetzesrecht	statute law
Gesetzesvorlage	bill
Gesetzmäßigkeit	law
gesetzwidrig	illegal
gesperrt	frozen
Gespräche zwischen Arbeitgeber- und Arbeitnehmervertretern	joint consultation
Gestaltung	design

Gestell	rack
Gestell	shelf
Gesundheitsattest, negatives	dirty bill
Gesundheitsdienst, staatlicher (GB)	National Health Service
Gesundheitspaß	bill of health
Gesundheitspaß	health certificate
Gesundheitsversicherung	health insurance
Gesundheitszeugnis	certificate of health
Gesundheitszeugnis	health certificate
Gesundschrumpfung	shakeout
gewähren	grant
Gewährleistung	guarantee (guaranty)
Gewährleistung	warranty
Gewährleistungsausschluß	caveat emptor
Gewahrsam	bailment
Gewalt, höhere	Act of God
Gewalt, höhere	force majeure
Gewaltenteilung	separation of powers
Gewebe	material
Gewerkschaft	labor union
Gewerkschaft	trade union
Gewerkschaft	union
Gewerkschaft mit begrenzter Mitgliederzahl	closed union
Gewerkschaft ohne Mitgliedssperre	open union
Gewerkschaft, neue - losgelöst von der alten Gewerkschaft	breakaway union
Gewerkschaft, unabhängige	unaffiliated union
Gewerkschaftsbeitrag	contribution
Gewerkschaftsbeiträge	trade union dues
Gewerkschaftsbeiträge	union dues
Gewerkschaftsbeiträge, automatischer Abzug vom Lohn durch den Arbeitgeber	checkoff
Gewerkschaftsdachverband (CIO) (USA)	Congress of Industrial Organisations (CIO)
Gewerkschaftsdachverband (TUC) (GB)	Trades Union Congress (TUC)
Gewerkschaftsverband (AFL) (USA)	American Federation of Labour (AFL)
Gewichtsbescheinigung	weight note
Gewichtsliste	weight list
Gewichtszoll	specific duty
Gewinn	earnings
Gewinn	gain
Gewinn	income
Gewinn	profit
Gewinn	surplus
Gewinn	usance
Gewinn	yield
Gewinn eines Jobbers	jobber's turn
Gewinn in % des investierten Kapitals	rate of return on investment
Gewinn je Aktie	earnings per share
Gewinn nach Steuern	after tax profit
Gewinn nach Steuern	profit after tax
Gewinn vor Steuerabzug	pretax profit
Gewinn vor Steuern	profit before tax
Gewinn(e), einbehaltene(r)	business saving(s)
Gewinn, ausgeschütteter	distributed profit
Gewinn, ausschüttungsfähiger, verteilungsfähiger	distributable profit

Gewinn, imaginärer	anticipated profit
Gewinn, imaginärer	imaginary profit
Gewinn, kapitalertragssteuerpflichtiger	chargeable gain
Gewinn, mit ... arbeiten	in the black
Gewinn, nicht realisierter	anticipated profit
Gewinn, nicht realisierter	paper profit
Gewinn, nicht realisierter	unrealized profit
Gewinn, realisierter	realized profit
Gewinn, realisierter, verdienter	earned income
Gewinn, rechnerischer	accounting profit
Gewinn, unverteilter	earned surplus
Gewinn- und Verlustkonto	profit and loss account
Gewinn- und Verlustrechnung	income and expenditure account
Gewinn- und Verlustrechnung	income statement
Gewinn- und Verlustrechnung	profit and loss account
Gewinn- und Verlustrechnung	revenue account
Gewinn- und Verlustrechnung, konsolidierte	consolidated profit and loss account
Gewinn-/Dividendenverhältnis	cover
Gewinnabführung	repatriation
Gewinnanteil, ausgezahlter (Vers)	cash bonus
Gewinnanteilschein	coupon
Gewinnanteilschein	dividend warrant
Gewinnaufschlag (in %)	markup
Gewinnausschüttung	dividend
Gewinnberechnung	calculation of profit(s)
Gewinnbeteiligung	profit sharing
Gewinnbeteiligung (Vers)	bonus
Gewinnbeteiligung der Arbeitnehmer	copartnership
Gewinndruck	profit squeeze
Gewinne, einbehaltene	company reserves
Gewinne, einbehaltene, nicht ausgeschüttete, thesaurierte	retained profit(s)
Gewinne, einbehaltene, nicht ausgeschüttete	profits retained
Gewinne, einbehaltene, nicht ausgeschüttete	undistributed profits
Gewinne, einbehaltene, nicht ausgeschüttete, thesaurierte	retention
Gewinne, einbehaltene, reinvestierte	ploughed-back profits
Gewinne, kleine - schnelle Umsätze	small profits, quick returns
Gewinne, nicht entnommene	undrawn profits
Gewinne, Nichtausschüttung von	retention of profits
Gewinne, Thesaurierung von	retention of profits
Gewinne, unerwartete	windfall gains
Gewinne, Zuweisung thesaurierter an Rücklagen	accumulation
Gewinnermittlung	calculation of profit(s)
Gewinnkennzahl Gewinn: Dividende	cover
Gewinnmaximierung	profit maximization
Gewinnmitnahme	profit taking
Gewinnmitnahme, kleine	scalp
Gewinnobligation	income bond
Gewinnrendite	earnings yield
Gewinnschuldverschreibung	income bond
Gewinnschwelle	breakeven point
Gewinnschwellenanalyse	breakeven analysis

Gewinnspanne	margin
Gewinnspanne	profit margin
Gewinnsteigerung, spekulieren auf (Bö)	buy earnings
Gewinnung	exploitation
Gewinnverteilung	profit distribution
Gewinnverteilung, buchmäßige	appropriation
Gewinnverteilungskonto	appropriation account
Gewinnvortrag, nicht ausschüttungsfähiger	restricted surplus
Gewinnzielkalkulation	target pricing
Gewissen, nach bestem	bona fide
Gewißheit	certainty
Gewohnheit	habit
Gewohnheiten, ausländische	foreign customs
Gewohnheitsrecht	custom
gezeichnet, vollständig (Bö)	fully subscribed
Ghostshopper	ghost shopper
Giffen Güter	Giffen goods
Gilde	guild
Giralgeld	bank money
Giralgeld	deposit money
Giralgeld	primary deposits
Giralgeldschöpfung	credit creation
Girant	endorser (indorser)
Girat	endorsee (indorsee)
girieren	endorse (indorse)
Girokonto	account current
Girokonto	checking account
Girokonto	current account
Gironetz	giro system
Giroverkehr	clearing
Giroverkehr	credit transfer system
Giroverkehr	giro system
Glas(bruch)versicherung	glass (breakage) insurance
Glasversicherung	plate glass insurance
Glattstellungsverkauf (Bö)	sell off
Glaube, guter	bona fide
Glaube, guter	good faith
Glaube, höchster, guter (Vers)	utmost good faith
Gläubiger	account(s) payable
Gläubiger	creditor
Gläubiger	debtee
Gläubiger mit vollstreckbarem Titel	judg(e)ment creditor
Gläubiger, abgesicherter	secured creditor
Gläubiger, bevorrechtigter	secured creditor
Gläubiger, bevorrechtigter, bevorzugter	preferred creditor
Gläubiger, nachrangiger	junior creditor
Gläubiger, nicht bevorrechtigter	ordinary creditor
Gläubigerausschuß (bei Konkurs)	committee of inspection
Gläubigerbegünstigung	fraudulent preference
Gläubigerland	creditor nation
Gläubigerland	creditor
Gläubigerversammlung	creditors' meeting
Gläubigervorrecht	absolute priority
Glaubwürdigkeit	credit
Gleichbehandlung	equity
Gleichgewicht	balance

Gleichgewicht	equilibrium
Gleichgewicht, allgemeines/totales (ökonomisches)	general (economic) equilibrium
Gleichgewicht, außenwirtschaftliches	external equilibrium
Gleichgewicht, außenwirtschaftliches	external balance
Gleichgewicht, binnenwirtschaftliches	internal balance
Gleichgewicht, gestörtes	disequilibrium
Gleichgewichtsmenge	equilibrium output
Gleichgewichtspreis	equilibrium price
Gleichgewichtsproduktion	equilibrium output
Gleichgewichtspunkt	equilibrium point
Gleichheit (Math)	identity
Gleichheit von Sparen und Investition	equality of saving and investment
gleichrangig	pari passu
Gleichschaltung	coordination
gleichwertig	pari passu
Gleichwertigkeit	indifference
Gleisanschluß, privater	private siding
Gleitparität	crawling peg (exchange rate)
Gleitzeit	flexitime
Gleitzoll (AuW)	sliding scale tariff
Glied (Math)	term
Glied eines Produkts (Math)	factor
Globalversicherung	all-risk insurance
Globalversicherung	global policy
Glücksspiel	gamble
Glücksspiel	hazard
GmbH-Gesellschafter	shareholder
Gold	gold
Goldbarren	bullion
Goldbestände	gold reserves
Golddevisenwährung	gold exchange standard
Goldfixing	gold fixing
Goldpreis, Festsetzung des	gold fixing
Goldreserven	gold reserves
Goldstandard	gold standard
Goldwährung	gold standard
Goodwill	goodwill
Gossensche Gesetze	Gossen's laws
Grad, niedrigster akademischer	BSC
Grafik	chart
Grafik	graph
Gramm	gramme
Graph	graph
Gratifikation	gratuity
Gratisaktie	bonus share
Gratisaktien, Ausgabe von	scrib issue
Gratisaktien, Ausgabe von	bonus issue
Gratisaktien, Ausgabe von	capitalization issue
Gratisaktien, Ausgabe von	capitalization
Gratisaktien, Ausgabe von	free issue
Gratisaktien, Ausgabe von	stock split
Gratisaktien, ex, ohne	ex capitalization
Gratisaktien, ex, ohne	XC (ex capitalization)
Gratismuster	free sample
Green Card (USA)	green card
Grenzbetrieb	marginal firm

Grenze	frontier
Grenze	margin
Grenze, untere	floor
Grenzerlös	marginal revenue
Grenzerlös	marginal profit
Grenzerlösprodukt	marginal revenue product
Grenzkäufer	marginal buyer
Grenzkonsumneigung	marginal propensity to consume
Grenzkosten	direct cost(s)
Grenzkosten	incremental cost
Grenzkosten	marginal cost
Grenzkosten, fallende	decreasing marginal cost
Grenzkosten, steigende	increasing marginal cost
Grenzleistungsfähigkeit des Kapitals	marginal efficiency of capital
Grenznachfrager	marginal buyer
Grenzneigung zum Sparen	marginal propensity to save
Grenznutzen	marginal utility
Grenznutzen des Geldes	marginal utility of money
Grenznutzen, abnehmender, sinkender	diminishing marginal utility
Grenznutzen, Gesetz vom abnehmenden	law of diminishing marginal utility
Grenzplankostenrechnung	differential costing
Grenzprodukt	marginal product
Grenzprodukt der Arbeit	marginal product of labour
Grenzprodukt, physisches	marginal physical product
Grenzproduktivität	marginal productivity
Grenzproduktivität der Arbeit	marginal productivity of labour
Grenzproduzent	marginal firm
Grenzrate der Substitution	marginal rate of substitution
Grenzsteuersatz	marginal rate of taxation
Grenzverkäufer	marginal seller
Grenzvorteil	marginal benefit
Grenzwert	margin
Grenzwertanalyse	marginal analysis
Greshamsches Gesetz	Gresham's Law
Gros	gross
Grossist	distributor
Großaktionär	major shareholder
Großaktionär	principal shareholder (stockholder)
Großanzeige	display advertising
Großanzeigenwerbung	display advertising
Großbank, amerikanische	Chase Manhatten Bank
Großbank, amerikanische	Citibank
Großbanken, vier in GB	Big Four
Großbuchstabe	capital
Großbuchstabe(n)	uppercase
Große (gemeinschaftliche) Havarie	general average
Großeinkauf	bulk buying
Großeinkaufsgenossenschaft	cooperative wholesale society
Größendegression	economies of scale
Größennachteile	diseconomies of scale
Größenvorteile	economies of scale
Größenvorteile, betriebsinterne	internal economies
Großfertigung	large-scale production
Großfusion	megamerger
Großhandel	wholesaling
Großhandelspreis	trade price
Großhandelspreis	wholesale price

Großhandelspreise, Index der	wholesale price index
Großhändler	distributor
Großhändler	jobber
Großhändler	merchant
Großhändler	wholesaler
Großindustrieller	magnate
Großkunde	key account
Großmarkt	hypermarket
Großpackung	bauded pack
Großpackung	economy size
Großpackung	jumbo pack
Großraumbüro	open office
Großschreibung	capitalization
Großschreibung	uppercase
Grund und Boden	land
Grund, ein ... sein für	justify
Grundbedürfnis	need
Grundbedürfnisse	basic needs
Grundbesitz	estate
Grundbesitz	real property
Grundbesitz, Einkünfte aus	land revenue
Grundbesitz, freier	freehold
Grundbesitz, staatlicher	public domain
Grundbesitzer	landlord
Grundbuch	day book
Grundbuch (RW)	journal
Grundbuchamt	Land Registry
Grundbuchauszug	land certificate
Grundeigentum, volles	freehold
Gründer (eines Unternehmens)	promoter
Gründer einer Gesellschaft	company promotor
Gründer einer Gesellschaft	floater
Gründeraktie	deferred (D.D.) share/stock
Gründeraktien	founders' shares
Grundgebühr	flat rate
Grundkapital	capital of a company
Grundkapital	capital stock
Grundkapital	nominal (share) capital
Grundkapital	registered capital
Grundkapital	stock
Grundkapital	stated capital
Grundkapital (AG)	share capital
Grundkapital, genehmigtes	authorized capital
Grundkapitalsenkung	decapitalization
Grundlohn	basic pay
Grundlohn	base rate
Grundlohn	wage floor
Grundprämie	basic rate
Grundpreis	basic rate
Grundpreis	basic price
Grundrente	economic rent
Grundrente	ground rent
Grundsatz der Periodenabgrenzung	matching
Grundsatz, uberrimae fidei	utmost good faith
Grundsätze ordnungsgemäßer Rechnungslegung	generally accepted accounting principles

Grundsätze ordnungsgemäßer Buchführung und Bilanzierung	accounting principles
Grundschuldurkunde	certificate of charge
Grundsteuer	land tax
Grundsteuerzahler	ratepayer
Grundstoffe	basic commodities
Grundstoffe	primary products
Grundstoffindustrie	extractive industry
Grundstoffindustrie	primary industry
Grundstück	land
Grundstück	lot
Grundstück, bebautes	premises
Grundstücks-Eigentumsurkunde	land certificate
Grundstücksbelastung, Bescheinigung über die Eintragung einer	certificate of charge
Grundstücksbestandteil	fixture
Grundstücksmakler	estate agent
Grundstücksmakler	house agent
Gründung	organisation (organization)
Gründung	promotion
Gründung einer juristischen Person	incorporation
Gründungsbescheinigung	certificate of incorporation
Gründungskapital	initial capital
Gründungskapital	seed capital
Gründungskosten	preliminary expenses
Gründungskosten	setup cost
Gründungsurkunde	certificate of incorporation
Gründungsurkunde (AG) (USA)	articles of incorporation
Gründungsurkunde (einer AG) (USA)	charter
Gründungsurkunde und Satzung (Außenverhältnis) (einer AG und GmbH)	memorandum of association
Gründungsversammlung	statutory meeting
Gruppe	group
Gruppe	unit
Gruppe, formale	formal group
Gruppe, informelle	informal group
Gruppen, sozioökonomische	socio-economic groups
Gruppenabschluß	consolidated accounts
Gruppenabschluß	group accounts
Gruppenabschreibung	group depreciation
Gruppenakkordsatz	group piece rate
Gruppenbearbeitung	group technology
Gruppenlebensversicherung	group life insurance
Gruppenleiter	group leader
Gruppennormen	group norms
Gruppenproduktion	cell production
Gruppentraining (Lehrmethode)	group training
Gruppenverhalten	group behaviour
Gruppenversicherung	group insurance
Gruppierung	group
Gruß	greeting
Grüße als Briefschluß	greetings
Grußformel (Schriftverkehr)	complimentary close
Grußformel (Schriftverkehr)	subscription
Guinee (1,05 Pfund)	Guinea
Gültigkeit	currency
Gültigkeitserklärung	validation

Gut	estate
Gut, homogenes	homogeneous commodity
Gut, meritorisches	merit good
Gut, substitutives	substitute good
Gutachten	report
Gutachten	survey
Gutachten eines Schadensregulierers (Vers)	certificate of survey
Gutachter	consultant
Güte	quality
Güte und Beschaffenheit, handelsübliche	good merchantable quality and condition
Güteklasseneinteilung	grading
Güter	goods
Güter des nicht täglichen Bedarfs	shopping goods
Güter des täglichen Bedarfs	necessaries
guter Glaube	good faith
Güter und Dienste, bezahlte, aber noch nicht gelieferte	dead horse
Güter(ladung), gefährliche	hazardous cargo
Güter, (auf-)gestaute	stowage
Güter, freie	free goods
Güter, heterogene	heterogeneous commodities
Güter, inferiore	inferior goods
Güter, komplementäre	complementary goods
Güter, lebensnotwendige	essential commodities
Güter, leicht verderbliche	perishables
Güter, nicht verladene	shut outs
Güter, öffentliche	collective goods
Güter, öffentliche	public goods
Güter, superiore	superior goods
Güter, verdorbene	perished goods
Güter, zollpflichtige, für die aber noch kein Zoll entrichtet wurde	uncustomed goods
Güter- und Geldströme, gegenläufige	bilateral flows
Güter- und Leistungsstrom	flow of goods and services
Güterfreigabe-Bescheinigung	freight release
Gütergemeinschaft, eheliche	community of property
Güterkraftverkehr	road transport
Güterkraftverkehrsunternehmer	road haulier
Gütermarkt	commodity market
Gütermarktpotential	product market potential
Güternahverkehr	short haul
Gütertarif	freight rate
Gütertransportversicherung	goods in transit insurance
Gütertransportversicherung	transit insurance
Gütertrennung	separation of property
Güterversicherung	cargo insurance
Gütesiegel (auf Produkten)	standard label
Gutgrenze	acceptable quality level
Guthaben	balance
Guthaben	credit
Guthaben	credit balance
Guthaben	deposit
Guthaben (BaW)	bank credit
Guthaben in Fremdwährung bei Auslandsbank(en)	foreign exchange

Gutschein	coupon
Gutschein	gift voucher
Gutschein	voucher
Gutschrift	credit
Gutschrift	credit advice
Gutschrift	credit note
Gutschrift	credit slip
Gutschriftsanzeige	advice note
Gutschriftsanzeige	credit slip
Gutschriftsanzeige	credit advice
Gutschriftsanzeige	credit note
Gutsverwalter	bailiff

H

Haager Abkommen, Konvention(en)	Hague Convention(s)
Haager Regeln	Hague Rules
Hab und Gut	chose in possession
Hab und Gut	goods and chattels
Haben(seite)	credit
Haben, buchen im	credit
Habensaldo	credit balance
Habensaldo	credit
Habenseite	credit side
Habenseite	creditor
Hafen-Strafgebühr	port surcharge
Hafenarbeiter	stevedore
Hafenbehörde	port authority
Hafendamm	jetty
Hafengebühr	groundage
Hafengebühren	dock dues
Hafengebühren	harbour dues
Hafengebühren	port charges
Hafengeld	harbour dues
Hafenkapitän	harbour master
Hafenkommissar	harbour master
Hafenkonnossement	port bill of lading
Hafenmeister	harbour master
Hafennutzungsgebühr	keelage
Hafentransportgebühr	porterage
Haftpflicht	liability
Haftpflicht, gesetzliche	legal liability
Haftpflicht, gesetzliche	statutory liability
Haftpflichtversicherung	liability insurance
Haftpflichtversicherung	third-party liability (insurance)
Haftpflichtversicherung, allgemeine	public liability insurance
Haftung	liability
Haftung für fremdes Verschulden	vicarious liability
Haftung, beschränkte, begrenzte	limited liability
Haftung, gesamtschuldnerische	joint and several liability
Haftung, gesetzliche	statutory liability
Haftung, unbeschränkte	unlimited liability
Haftung, verschuldensunabhängige	absolute liability
Haftung, verschuldensunabhängige	strict liability
Haftungsausschluß	exclusion of (from) liability
Haftungsgrenze	limit of liability

Haftungspflicht, vertragliche	contractual liability
Haftungsschäden	liability losses
Haftungsübernahme	assumption
Hagelversicherung	hail insurance
Halberzeugnisse	semi-finished products
Halberzeugnisse	work in process
Halbfabrikate	partly manufactured goods (products)
Halbfabrikate	semi-finished products
Halbfabrikate	work in process
Halbjahr, zweites	second half-year
Halbjahresbericht	interim report
Haltbarkeit	shelf life
Haltbarkeitsdatum	pull date
Haltestelle	stand
Hammer, unter den ... kommen	hammer
Hand(er)heben	show of hands
Handbuch	handbook
Handbuch	manual
Handel	trading
Handel	trade
Handel	traffic
Handel (Binnen- und Außen-)	commerce
Handel in Aktienpaketen	black trading
Handel nach Börsenschluß	after-hours dealings
Handel(sverkehr), unsichtbarer	invisible trade
Handel, bilateraler	bilateral trade
Handel, internationaler	international trade
Handel, multilateraler	multilateral trade
Handeln	bargaining
Handels- und Entwicklungskonferenz der Vereinten Nationen	United Nations Conference on Trade and Development
Handelsabkommen	commercial treaty
Handelsabkommen	trade agreement
Handelsagent	mercantile agent
Handelsattaché	commercial attaché
Handelsauskunft	trade reference
Handelsauskunftei	credit reference agency
Handelsbank	merchant bank
Handelsbedingungen	trade terms
Handelsbeschränkungen	restrictions on trade
Handelsbezeichnung	brand name
Handelsbilanz	balance of trade
Handelsbilanz	merchandise balance
Handelsbilanz	trade balance
Handelsbilanz	visible balance
Handelsbilanz, aktive	active trade balance
Handelsbilanz, aktive	favourable balance of trade
Handelsbilanz, passive	adverse trade balance
Handelsbilanz, passive	trade deficit
Handelsbilanz, passive	unfavourable balance of trade
Handelsbilanzdefizit	trade deficit
Handelsbilanzüberschuß	favourable balance of trade
Handelsblock	trading bloc
Handelsbrauch	custom
Handelsbrauch	trade usage
Handelsbrauch	usage of the market
Handelscode	commercial code

Handelsembargo	trade embargo
Handelsfaktura	commercial invoice
Handelsgeschäft	commercial transaction
Handelsgesellschaft, Offene (OHG)	general partnership
Handelsgewinn	turn
Handelsgut mittlerer Art und Güte	fair average quality
Handelshemmnisse, nichttarifäre, zollfremde	nontariff barriers
Handelshemmnisse, tarifäre	tariff barriers
Handelshemmnisse	barriers to trade
Handelskammer	Board of Trade
Handelskammer	Chamber of Commerce
Handelskammer, Internationale	International Chamber of Commerce
Handelskette, freiwillige	voluntary chain
Handelsklauseln im Außenhandel	Incoterms
Handelskredit (kurzfristiger)	commercial credit
Handelsmarke	trademark (trade mark)
Handelsministerium	Board of Trade
Handelsmission	trade mission
Handelsname	brand
Handelspanel	retail audit
Handelsplatz	market
Handelspolitik	commercial policy
Handelsrechnung	commercial invoice
Handelsrecht	commercial law
Handelsrecht	mercantile law
Handelsrestriktionen	barriers to trade
Handelsschiff	merchant ship
Handelsschiff	trader
Handelsspanne	margin
Handelsspanne	markup
Handelsspanne	spread
Handelsstreit	trade dispute
Handelsunternehmen	business enterprise
Handelsvertrag	treaty
Handelsvertreter	manufacturer's agent
Handelsvertreter	mercantile agent
Handelsware	merchandise
Handelsware	trade
Handelswaren, Bestand an	merchandise inventory
Handelswechsel	acceptance
Handelswechsel	business paper
Handelswechsel	commercial bill (of exchange)
Handelswechsel	trade acceptance
Handelswechsel	trade bill
Handelswechsel, erstklassiger	fine bill
Handelszentrum	entrepot
Händen, zu ... von	for the attention of
Handeslsabkommen, bilaterales	bilateral trade agreement
Handgeld	advance
Händler	dealer
Händler	distributor
Händler	merchant
Händler	trader
Händler, ambulanter	itinerant trader
Händler, ambulanter	pedlar
Händler, fliegender	hawker

Händleradresse, in Werbung eingedruckte	dealer imprint
Händlermarke	private brand
Händlerrabatt	trade discount
Händlerspanne (Bö)	jobber's turn
Händlerwerbung	trade advertising
Handlung, rechtswidrige	wrongful act
Handlung, strafbare	legal offence
Handlung, unerlaubte	tort
Handlung, unerlaubte, rechtswidrige	unlawful act
Handlungsbefugnis, Überschreitung der	breach of warranty of authority
Handlungsverzögerung	action lag
Handwerk	trade
Handwerker	craftsman
Handzeichen	show of hands
Handzettel	handbill
Handzettel (Mk)	throwaway
Handzettel, großformatiger	broadsheet
Hängeablage	suspension file
Hängeablage	vertical suspension file
Hardware (DV)	hardware
Harmonikaakte	expanding file
Harmonisierung	harmonization
Hartgeld	specie
Hartpapier	manil(l)a
Häufigkeitsverteilung	frequency distribution
Hauptaktionär	major shareholder
Hauptaktionär	principal shareholder (stockholder)
Hauptauftraggeber	key account
Hauptbuch (RW)	general ledger
Hauptbuch (RW)	ledger
Hauptbuchkonto	ledger account
Hauptgeschäftsführer	chief executive officer
Hauptgeschäftszeit	peak business hours
Haupthandelsplatz	primary market
Hauptsendezeit	peak time
Hauptsendezeit	prime time
Hauptsitz	headquarters
Hauptstadt	capital
Hauptversammlung	general meeting (of shareholders)
Hauptversammlung	ordinary (general) meeting
Hauptversammlung, außerordentliche	extraordinary general meeting
Hauptversammlung, außerordentliche	special meeting (of shareholders)
Hauptversammlung, Beschluß auf einer mit Dreiviertelmehrheit	extraordinary resolution
Hauptverwaltung	headquarters
Hauptzeiten, außerhalb der	offpeak
Haus, frei	franco domicile
Haus- und Wohnungs(bau)darlehen	home loan
Haus-zu-Haus-Lieferung	door-to-door
Hauseigentümerversicherung	house owner's building policy
Haushalt	household
Haushalt, ausgeglichener	balanced budget
Haushalt, Ersparnisbildung des privaten	personal saving
Haushaltsdefizit	budget(ary) deficit
Haushaltsfonds der Regierung (GB)	Consolidated Fund
Haushaltsjahr	tax year
Haushaltskonto	budget account

Haushaltspackung	bauded pack
Haushaltsplan	budget
Haushaltspolitik	budgetary policy
Haushaltsrechnung	familiy budget
Haushaltsüberschuß	budget surplus
Haushaltsüberschuß	surplus budget
Haushaltsversicherung	household insurance
Haushaltsvorlage (GB)	finance bill
Hausierer	hawker
Hausierer	itinerant trader
Hausierer	pedlar
Hausinstandsetzungsdarlehen	home improvement loan
Hausmarke	own-brand
Hausmarke	private brand
Hausmitteilungen	house magazine
Hausmitteilungen	staff magazine
Hauspersonal	servant
Hausratversicherung	contents insurance
Hausratversicherung	household insurance
Hausse (Bö)	boom
Hausse, auf eine hindeutend	bullish
Haussegeschäft (Bö)	accumulation
Haussemarkt	boom market
Haussemarkt	bull market
Haussespekulant	bull
Haussier	bull
haussieren (Wertpapiere)	rocket
haussierend	bullish
Haustürverkauf	door-to-door
Hauszeitschrift	house magazine
Havarie	average
Havarie, besondere	particular average
Havarie, mit (Vers)	with average
Havarie- (große) Verpflichtungsschein	average bond
Havarie-Große	general average
Havarieattest	Captain's protest
Havarieerklärung	Captain's protest
Havarieklausel	average clause
Havariekommissar	average adjustor
Havarieschein	average bond
Hawthorne Experimente	Hawthorne experiments
Hebelwirkung	leverage
Heckscher-Ohlin-Theorem	Heckscher-Ohlin law
Hedge-Geschäft	hedging
Hedging	hedging
Hedonismus	hedonism
Heftapparat	stapling machine
Heftklammer	bulldog clip
Heftklammer	staple
Heftmaschine	stapling machine
Hehler	receiver
Heimarbeit	outwork
Heimarbeit	work-at-home
Heimarbeit (industrielle)	cottage industry
Heimathafen	port of registry
Heimathafen	registry
Heimindustrie	cottage industry

Heimverkauf	party plan
Herabsetzung	abatement
Herkunftsbescheinigung	certificate of origin
Herkunftsland	country of origin
Herstell- /Verfalldatum, Kennzeichnung mit	date coding
herstellen	make
Hersteller	maker
Hersteller(firma)	manufacturer
Herstellergarantie	manufacturer's guarantee
Herstellkonto	manufacturing account
Herstellkosten	cost(s) of production
Herstellkosten	product cost(s)
Herstellung	make
Herstellung	manufacturing
Herstellung	production
Herstellungskosten	acquisition cost
Herstellungskosten	cost(s) of production
Herstellungskosten	cost of goods manufactured
Herstellungskosten	cost
Herstellungslizenz	manufacturing licence
Heuristik	heuristics
heute, von ... an	forward
Hilfe, technische (Entwicklungshilfe)	technical aid
Hilfs- und Betriebsstoffe	supplies
Hilfsindustrien	ancillary industries
hinausgeschoben	deferred
Hinterbliebenenrente	death benefit
Hintergrundspeicher (DV)	backing store
Hinterleger	bailor
Hinterlegung(svertrag)	bailment
Hinterlegungsstelle	depository
Hinterlegungsurkunde	memorandum of deposit
Hinweis	tip
Histogramm	bar chart
Histogramm	histogram
Hoch	high
Hochkonjunktur	boom
Hochkonjunktur	prosperity
Hochschulbildung	higher education
Höchst- und Tiefstkurve	highs and lows
Höchstbetrag	ceiling
Höchsteinlage (BaW)	deposit ceiling
Höchstgebot	closing bid
Höchstgrenze	ceiling
Höchstkurs	high
Höchstkurs	peak price
Höchstlohn	wage ceiling
Höchstpreis	maximum price
Höchstpreis	peak price
Höchstpreis	price plateau
Höchstpreis	price ceiling
Höchstpreisgestaltung	premium pricing
Höchststand	high
Höchstversicherungsbetrag	capacity
Hochtechnologie	high technology
Hochtechnologieindustrie	sunrise industry

hochverzinslich	high-coupon
Hogshead, Flüssigkeitsmaß (bes. für alkoholische Getränke)	hogshead
Hoheitsgewässer	territorial waters
Höhergruppierung (PW)	upgrading
Höherstufung (PW)	upgrading
Holding(gesellschaft)	holding company
Home Banking	home banking
Honorar	fee
Honorar	honarium
Honorar	professional fee
Honorar	remuneration
Honorar	terms
Hörer(schaft)	audience
Höreranalyse	audience measurement
horten	hoarding
Hortung	hoarding
Huckepackladung	piggyback (service)
Huckepacksystem (AuW)	piggyback export scheme
Huckepackverkehr	piggyback (service)
Hülle	cover
Hülle	envelope
Human Relations	human relations
Humankapital	human capital
Hundertstel	cent
Hundredweight (Gewichtseinheit)	hundredweight
Hyperinflation	hyperinflation
Hypermarkt	hypermarket
Hypothek	mortgage
Hypothek mit fester Laufzeit	term mortgage
Hypothek mit periodischer Neufestsetzung des Zinssatzes	rollover mortgage
Hypothek, abgelöste	closed mortgage
Hypothek, die an eine Lebensversicherung gekoppelt ist	endowment mortgage
Hypothek, erste, erstrangige	first mortgage
Hypothek, erststellige, vorrangige	prior mortgage
Hypothek, Löschen einer	release
Hypothek, nachrangige	puisne mortgage
Hypothek, offene	unlimited mortgage
Hypothek, variabel verzinsliche	adjustable rate mortgage
Hypothek, variabel verzinsliche	variable rate mortgage
Hypothek, vorrangige	underlying mortgage
Hypothek, zweite oder nachrangige	second mortgage
Hypothek, zweite, nachrangige	junior mortgage
Hypotheken-Lebensversicherung	mortgage protection policy
Hypotheken-Tilgungsversicherung	mortgage protection policy
Hypothekenbank	mortgage bank
Hypothekenbrief	mortgage deed
Hypothekendarlehen	mortgage loan
Hypothekendarlehen, langfristig festverzinsliches	permanent financing
Hypothekenpfandbrief	mortgage debenture
Hypothekenschuld	mortgage debt
Hypothekentilgungsversicherung	house purchase assurance (insurance)
Hypothekenurkunde	mortgage deed
Hypothekenzinssatz	mortgage rate

Hypothenuse	hypotenuse (hypothenuse)
Hypothese	hypothesis

I

Idealbestand	model stock
Ideenfindung	brainstorming
Identifikator	identifier
Identität(sgleichung) (Math)	identity
illegal	illegal
Illiquidität	illiquidity
Image	image
Immobilie(n)	estate
Immobilien	immovables
Immobilien	real property
Immobilienfinanzierung, langfristige	permanent financing
Immobilienfonds, Anteil an einem	property bond
Immobiliengesellschaft	property company
Immobilienmakler	estate agent
Immobilienmakler	house agent
Immobilität der Arbeitskräfte	immobility of labour
Import-Kaution	import deposit
Importabgabe	import surcharge
Importbeschränkungen	import restrictions
Importdeklaration	entry in(wards)
Importdokumente	import documents
Importe	imports
Importeur	import merchant
Importfinanzierung	import finance
Importkontrollen	import controls
Importlizenz	import licence
Importneigung	propensity to import
Importquote	import quota
Importquote	propensity to import
Importquote, durchschnittliche	average propensity to import
Importquote, marginale	marginal propensity to import
Importrestriktionen	import restrictions
Importsubstitution	import substitution
Importvertreter	import agent
Importzoll	import duty
Impulskauf	impulse buying
in die Höhe schnellen (Preise)	rocket
Incoterm FAS: frei Längsseite Seeschiff	free alongside ship
Incoterm FCA: frei Frachtführer	free carrier
Incoterm FOB: frei an Bord	free on board
Incoterm: frachtfrei	carriage paid to
Incoterm: frachtfrei versichert	carriage and insurance paid to
Incoterm: geliefert ab Kai (benannter Bestimmungshafen)	delivered ex quay (duty paid)
Incoterm: geliefert ab Schiff (benannter Bestimmungshafen)	delivered ex ship
Incoterm: geliefert Grenze (benannter Lieferort)	delivered at frontier

Incoterm: geliefert unverzollt (benannter Ort)	delivered duty unpaid
Incoterm: geliefert verzollt (benannter Bestimmungsort)	delivered duty paid
Incoterm: Kosten und Fracht	CFR (cost and freight)
Incoterm: Kosten und Fracht	cost and freight
Incoterm: Kosten, Versicherung, Fracht	CIF
Incoterm: Kosten, Versicherung, Fracht	cost, insurance and freight
Incoterms	Incoterms
Incoterms	trade terms
Indent, bei dem der Indentgeber dem Indent-Nehmer die Wahl der Lieferquelle überläßt (AuW)	open indent
Indentgeschäft	indent
Index	index
Index der Großhandelspreise	wholesale price index
Index der Industrieproduktion	index of industrial production
Index der Lebenhaltungskosten	index of retail prices
Index der Lebenshaltungskosten	cost-of-living-index
Index, gewogener	weighted index
Indexbindung	index linking
Indexierung	index linking
Indexklausel (PW)	escalator clause
Indexversicherung	index-linked insurance
Indexzahl, -ziffer	index number
Indifferenz	indifference
Indifferenzkurve	indifference curve
Indikator, volkswirtschaftlicher	social indicator
Individualhaftung	several liability
Indossament	endorsement (indorsement)
Indossament, bedingtes	conditional endorsement
Indossament, eingeschränktes	qualified endorsement (indorsement)
Indossant	endorser (indorser)
Indossatar	endorsee (indorsee)
Indossierbarkeit	negotiability
indossieren	endorse (indorse)
Industrialisierung	industrialization
Industrie	industry
Industrie, aufstrebende	sunrise industry
Industrie, junge, unterentwickelte	infant industry
Industrie, kapitalintensive	capital-intensive industry
Industrie, standortgebundene	tied industry
Industrie, verarbeitende	manufacturing industry
Industrie, verarbeitende	secondary industry
Industrie, verarbeitende	secondary sector
Industrie, verstaatlichte	nationalised industries
Industrie- und Handelskammer	Chamber of Commerce
Industrie-Unternehmer-Verband (GB)	Confederation of British Industry
Industrieaktien	industrial equities
Industrieerzeugnisse	manufactured goods
Industrieförderungsgebiet	enterprise zone
Industrieförderungsgebiet	intermediate area
Industriegelände	trading estate
Industriegewerkschaft	general union
Industriegewerkschaft	industrial union
Industriegüter	manufactured goods

Industrieland	advanced country
Industrielle Revolution	Industrial Revolution
Industriemagnat	tycoon
Industrienation	industrial nation
Industrienationen, die fünf wichtigsten (G 5)	Group of Five
Industrienationen, die zehn wichtigsten (G 10)	Group of Ten
Industrieproduktion	secondary production
Industrieproduktion, Index der	index of industrial production
Industriespionage	industrial espionage
Industriezweig	industry
Inelastizität	inelasticity
Inflation	inflation
Inflation durch Kreditaufnahme des Staates	government inflation
Inflation durch Nachfragestrukturveränderungen	demand-shift inflation
Inflation, angebotsinduzierte	supply push inflation
Inflation, dezelerierte	disinflation
Inflation, galoppierende	galloping inflation
Inflation, import-induzierte	import-push inflation
Inflation, importierte	import-push inflation
Inflation, in Kauf genommene	validated inflation
Inflation, kosteninduzierte	cost-push (inflation)
Inflation, nachfrageinduzierte	demand-pull inflation
Inflation, rasende	hyperinflation
Inflation, schleichende	creeping inflation
Inflation, schleichende	persistent inflation
Inflation, sich spiralenförmig nach oben bewegende	spiralling inflation
Inflation, strukturelle	structural inflation
Inflation, verdeckte, versteckte	hidden inflation
Inflation, zunehmende	accelerating inflation
Inflation, zurückgestaute	repressed inflation
Inflation, zurückgestaute	suppressed inflation
Inflationsrate	inflation rate
Inflationsrate	rate of inflation
Inflationsspirale	inflationary spiral
Information	notice
Information, entscheidungsverwertbare	actionable information
Informationen	data
Informationsblatt	newsletter
Informationsbrief	newsletter
Informationssitzung	briefing
Infrastruktur	infrastructure
Inhaber	bearer
Inhaber	holder
Inhaber eines Marktstandes	market stall-holder
Inhaber, gutgläubiger	holder in good faith
Inhaber, legitimierter, rechtmäßiger	holder in due course
Inhaber, zahlbar an	payable to bearer
Inhaberaktie, Urkunde über eine	share warrant
Inhaberobligation	bearer bond
Inhaberpapier	bearer instrument
Inhaberpapier (Wertpapier)	bearer security
Inhaberpapier, erstklassiges	floater

Inhaberscheck	bearer cheque
Inhaberscheck	negotiable cheque
Inhaberschuldverschreibung	bearer bond
Inhaberschuldverschreibung	coupon bond
Inhalt (wesentlicher)	tenor
Inhaltsverzeichnis	directory
Inkassi, einheitliche Richtlinien für (AuW)	Uniform Rules for Collections
Inkasso	collection
Inkasso	debt collection
Inkasso eines Wechsels	bill (for) collection
Inkasso, dokumentarisches	documentary collection
Inkasso, einfaches	clean collection
Inkassobank	collecting bank(er)
Inkassogebühr	collection charge
Inkassostelle	collecting agency
Inkonvertibilität	inconvertibility
Inlandsmarkt	local market
Inlandsverbrauch	home consumption
Inlandsware	home produce
Inlandswechsel	domestic bill
Inlandswechsel	inland bill (of exchange)
Innenfinanzierung	internal financing
Innenrevision	internal audit
Innovation	innovation
Innung	guild
Inselanzeige	solus advertisement
Inselfertigung	group technology
Inserat	insert
Inserent	space buyer
Insertionsanweisung (Mk)	insertion order
Insider	insider
Insiderhandel (Bö)	insider trading
Insolvent	bankrupt
Insolvent	defaulter
Insolvenz	bankruptcy
Insolvenz	failure
Instandhaltung	maintenance
Instandhaltung, laufende	running maintenance
Instanzenweg	line of command
Instruktionen	briefing
Instrument	instrument
Instrumente der Wirtschaftspolitik	economic instruments
Integration	integration
Integration, horizontale	horizontal integration
Integration, laterale	lateral integration
Intelligenztest	intelligence test
Intensivinterview	depth interview
Interbanken-Markt	inter-bank market
Interbankenmarkt, computergestützter für Wertpapiere	fourth market
Interbankenrate	interbank rate
Interesse	stake
Interesse, versicherbares	insurable interest
Interessengruppe	interest group
Interessengruppe	pressure group
Interessenkollision	conflict

Interessent	potential customer
Interessent	prospect
Interessenverband	association
Internationale Bank für Wiederaufbau und Entwicklung	World Bank
Internationale Bank für Wiederaufbau und Entwicklung	International Bank for Reconstruction and Development
Internationale Entwicklungsorganisation	International Development Association
Internationale Finanzierungsgesellschaft	International Finance Corporation
Internationale Handelskammer	International Chamber of Commerce
Internationale Regeln für die Auslegung von Handelsklauseln	Incoterms
Internationaler Währungsfonds (IWF)	International Monetary Fund
Interpretation	construction
Interunternehmen-Markt	intercompany market
Intervention	intervention
Intervention am Devisenmarkt	exchange intervention
Interventionspunkt	support point
Interventionswährung	intervention currency
Interview	interview
Interview, offenes	depth interview
Invalidenrente	disablement benefit
Inventar	inventory
Inventar am Ende des Geschäftsjahres	closing stock
Inventar, buchmäßiges	book inventory
Inventar, festes	fixture
Inventar, totes	dead stock
Inventarliste	inventory
Inventur	inventory
Inventur	physical inventory
Inventur, laufende	continuous stocktaking
Inventur, permanente	continuous stocktaking
Inventur, permanente, laufende	perpetual inventory
Investition	investment
Investition und Sparen, Gleichheit von	equality of saving and investment
Investition, autonome	autonomous investment
Investition, Einkommen u. Beschäftigung	investment, income and employment
Investition, geplante	desired investment
Investition, induzierte	induced investment
Investitionen, Subventionierung von	investment grant
Investitionsanreiz	investment incentive
Investitionsausgaben	capital expenditure
Investitionsbank	investment bank
Investitionsbank, Europäische	European Investment Bank
Investitionsbudget	capital budget
Investitionsgüter	capital equipment
Investitionsgüter	capital goods
Investitionsgüter	industrial goods
Investitionsgüter	investment goods
Investitionsgüter	producer goods
Investitionsgüter, langfristige Vermietung von	finance lease
Investitionsgüter-Leasing	equipment leasing
Investitionshilfe	investment grant
Investitionskosten	capital cost(s)
Investitionskredit	investment credit
Investitionslücke	deflationary gap

Investitionsneigung	propensity to invest
Investitionsplan	capital budget
Investitionsprojekt, Rentabilität eines	internal rate of return
Investitionsquote	propensity to invest
Investitionsquote, marginale	marginal propensity to invest
Investitionsrechnung	capital budgeting
Investmentanteil	share
Investmentfonds	trust
Investmentfonds mit Sitz in einem steuerbegünstigten Land	offshore fund
Investmentfonds mit veränderlichem Portefeuille	managed fund
Investmentfonds, offener	mutual fund
Investmentfonds, offener (GB)	unit trust
Investmentgesellschaft	investment company
Investmentgesellschaft	investment trust
Investmentgesellschaft (GB)	unit trust
Investmentzertifikat	investment certificate
Inzahlungnahme (beim Kauf)	part exchange
Irrtum	error
Irrtum	lapse
Irrtum	mistake
Irrtum, beachtlicher	operative mistake
Irrtümer und Auslassungen vorbehalten	errors and omissions excepted
Isobudgetgerade	budget line
Isokostenlinie, -kurve	isocost line
Ist-Investition	actual investment
Istkosten	actual costs

J

Jahr, pro	per annum
Jahrbuch	annual
Jahresabschluß	account
Jahresabschluß	annual accounts
Jahresabschluß	balance sheet
Jahresabschluß	final accounts
Jahresabschluß	financial statement
Jahresabschluß, geprüfter	audited financial statement
Jahresabschluß, veröffentlichter	published (annual) accounts
Jahresabschlußbuchung	year-end entry
Jahresabschlußkonten	accounts
Jahresausweis (RW)	annual return
Jahresbericht	annual return
Jahresbericht	annual report
Jahresergebnis (RW)	result
Jahreshauptversammlung	annual general meeting
Jahresinventur	annual inventory
Jahresrendite	annual return
Jahresrendite	basic yield
Jahresrendite einer Investition, durchschnittliche	average rate of return
Jahresüberschadenversicherung	stop loss insurance
jährlich	per annum
Jargon	jargon
jederzeit kündbar	at call

jemanden wegloben (Pw)	kick somebody upstairs
Job Enlargement	job enlargement
Job Enrichment	job enrichment
Job Rotation	job rotation
Job Sharing	job sharing
Job Sharing	time sharing
Job Sharing	work sharing
Jobber (Bö)	jobber
Jobber, Gewinn eines (Bö)	jobber's turn
Joint Venture	joint venture
Journal	day book
Journal	diary
Journal	journal
Judikative	judiciary
Jungunternehmen	startup
Just-in-Time-Beschaffung (JIT)	stockless buying
justieren	justify

K

Kabelnachricht	cablegram
Kai	quay
Kai	wharf
Kai, ab	ex quay
Kai, frei (auf)	free on quay
Kai, Lieferung frei	delivered docks
Kaiempfangsschein	dock receipt
Kaiempfangsschein	quay receipt
Kaigebühr(en)	pierage
Kaigebühren	dock dues
Kaigeld	pierage
Kalkulationszuschlag	markup
Kalkulator	calculator
Kalkulator	cost estimator
Kalkulator	estimator
kalkulieren	cost
Kampagne	campaign
Kandidat	nominee
Kanister	can
Kapazität	capacity
Kapazität, freie	excess capacity
Kapazität, freie, ungenutzte	idle capacity
Kapazitätsauslastung	capacity utilization
Kapazitätsausnutzung	capacity utilization
Kapazitätskosten	capacity cost(s)
Kapazitätsoptimum	ideal capacity
Kapazitätsreserve	idle capacity
Kapital	capital
Kapital	funds
Kapital	principal
Kapital (Eigen- + Fremdkapital)	capital
Kapital (Produktionsfaktor)	capital
Kapital(vermögens)steuer	tax on capital
Kapital, (voll) eingezahltes	paid-up capital
Kapital, arbeitendes	capital employed
Kapital, aus etwas schlagen	capitalization

Kapital, ausgegebenes	issued capital
Kapital, eingefordertes (von Aktionären)	called-up (share) capital
Kapital, Ertrag aus investiertem	return on capital (employed)
Kapital, flüssiges	floating capital
Kapital, gebundenes	fixed capital
Kapital, genehmigtes	authorized capital
Kapital, gezeichnetes	capital of a company
Kapital, gezeichnetes	nominal (share) capital
Kapital, gezeichnetes	registered capital
Kapital, gezeichnetes	share capital
Kapital, gezeichnetes	stock
Kapital, gezeichnetes einer AG	capital stock
Kapital, gezeichnetes einer AG	stated capital
Kapital, gezeichnetes (ausgegebenes)	subscribed capital
Kapital, investiertes	capital employed
Kapital, investiertes	invested capital
Kapital, noch nicht eingefordertes	uncalled capital
Kapital, produktives	capital employed
Kapital, Senkung des gezeichneten	decapitalization
Kapital, totes, brachliegendes	barren money
Kapital, verringertes	impaired capital
Kapital, verwässertes	watered capital
Kapital, zirkulierendes	circulating capital
Kapitalakkumulation	capital accumulation
Kapitalakkumulation	capital formation
Kapitalanlage, feste (langfristige)	fixed investment
Kapitalanlage, langfristige	capital investment
Kapitalanlagegesellschaft	investment company
Kapitalanlagen, vorübergehende	temporary investments
Kapitalanlagenabschreibung	capital allowance(s)
Kapitalaufwand	capital expenditure
Kapitalausstattung	capitalization
Kapitalausstattung der Arbeitskraft	capital-labour ratio
Kapitalbedarf	capital requirement
Kapitalbeschaffung	capital procurement
Kapitalbeteiligung	equity participation
Kapitalbeteiligung	stake
Kapitalbeteiligung (der Arbeitnehmer)	participation
Kapitalbeteiligung, gegenseitige	cross holding
Kapitalbewegungen	capital movements
Kapitalbilanz	balance on capital account
Kapitalbilanz	capital account
Kapitalbildung	capital formation
Kapitalbildung	capital accumulation
Kapitalbudget	capital budget
Kapitaleinlage	capital investment
Kapitaleinlage	contribution
Kapitaleinlage	investment
Kapitaleinlage	share
Kapitaleinlage	stake
Kapitalertrag	interest
Kapitalerträge nach Steuern	franked income
Kapitalerträge, nicht besteuerte	unfranked investment income
Kapitalertragsteuer	capital gains tax
Kapitalflucht	flight of capital
Kapitalfluß	flow of funds
Kapitalflußrechnung	cash flow statement

Kapitalflußrechnung	funds (flow) statement
Kapitalflußrechnung	statement of source(s) and application(s) of funds
Kapitalgesellschaft	company
Kapitalgesellschaft	corporation
Kapitalgesellschaft	limited (liability) company
Kapitalgesellschaft mit unbeschränkter Haftung	unlimited company
Kapitalgesellschaft, ausländische	alien corporation
Kapitalgesellschaft, eingetragene	registered company
Kapitalgesellschaft, Gründung einer	floatation
Kapitalgesellschaft, Gründung einer	formation of a company
Kapitalgesellschaft, Gründung einer	incorporation
Kapitalgesellschaft, personenbezogene	close company
Kapitalgesellschaft, personenbezogene	proprietary company
Kapitalgewinn	capital gain
Kapitalgewinnsteuer	capital gains tax
Kapitalherabsetzung	capital reduction
Kapitalintensität	capital intensity
kapitalintensiv	capital intensive
Kapitalisierung	capitalization
Kapitalismus	capitalism
Kapitalkoeffizient	capital output ratio
Kapitalkonto	capital account
Kapitalkosten	capital charges
Kapitalkosten	capital cost(s)
Kapitalmarkt	capital market
Kapitalmärkte	financial markets
Kapitalprämie	capital bonus
Kapitalproduktivität	capital productivity
Kapitalrendite (ROI)	rate of return on investment
Kapitalrentabilität	return on capital (employed)
Kapitalreserve	capital reserve
Kapitalrückflußdauer	payback period
Kapitalrückführung	repatriation
Kapitalrücklage	capital reserve
Kapitalsammelstelle	institutional investor
Kapitalschnitt	decapitalization
Kapitalstruktur	capital gearing
Kapitalstruktur	capital structure
Kapitalstruktur	financial structure
Kapitalstruktur-Koeffizient	capitalized ratio
Kapitalsumme	principal
Kapitalumschichtung	recapitalization
Kapitalumschlag	capital turnover
Kapitalumschlagshäufigkeit	capital turnover
Kapitalverbrauch	capital consumption
Kapitalvergleichsrechnung	comparison of capital method
Kapitalverkehr	capital movements
Kapitalverkehrsbilanz	balance on capital account
Kapitalverkehrsbilanz	capital account
Kapitalverlust	capital loss
Kapitalverpflichtung	capital commitment
Kapitalverzinsung	interest on capital
Kapitalwert	capitalized value
Kapitalwert	net present value
Kapitalzuwachs	capital gain

Kapitän	master
Kapitän (eines Handelsschiffes)	ship's master
Kapo	overseer
Karat	carat
Karenzzeit	grace period
Karenzzeit (Vers)	qualifying period
Karenzzeit (Vers)	waiting period
Kargoversicherung	cargo insurance
Kartei	card index
Kartei, sichtbare	visible card index
Karteilocher	card punch
Kartell	cartel
Kartell	pool
Kartell	ring
Kartell	trust
Kartellamt (USA)	Federal Trade Commission
Kartellaufsichtsbehörde (GB)	Monopolies (and Mergers) Commission
Kartellgesetz (GB)	Restrictive Trade Practices Act
Kartellgesetz (USA)	Anti-Trust Law
Kartellgesetz (USA)	Sherman Antitrust Act
Kartellverbot, formales (USA)	Sherman Antitrust Act
Kartenleser	card reader
Kartentelefon	cardphone
Kartothek	card index
Kaskoversicherung (eines Schiffes, Flugzeugs)	hull insurance
Kassageschäft	spot sale
Kassageschäfte (Bö)	cash dealings
Kassakonto (Bö)	cash account
Kassakurs (Bö)	cash price
Kassakurs (Bö)	spot price
Kassamarkt (Bö)	spot market
Kasse	balance in hand
Kasse	booking office
Kasse	cash desk
Kasse	pay desk
Kasse gegen Dokumente	cash against documents
Kasse, kleine	imprest fund
Kasse, kleine	petty cash
Kasse, netto	net cash
Kasse, netto (Bö)	for money
Kasse, per (Bö)	cash
Kassenausgangsbuch	cash disbursement journal
Kassenbeleg	cash voucher
Kassenbestand	balance in hand
Kassenbestand	cash balance
Kassenbestand	cash
Kassenbestand	cash float
Kassenbestand	till money
Kassenbestand einer Bank	vault cash
Kassenbuch	cash book
Kassenbudget	cash budget
Kasseneingang	cash receipt
Kasseneinnahmebuch	cash receipts journal
Kassenfehlbetrag	shorts
Kassenführer	treasurer
Kassenhaltungseffekt, realer	Pigou effect

Kassenhaltungseffekt, realer	real balance effect
Kassenkonto	cash account
Kassenprüfung	cash audit
Kassenquittung	cash receipt
Kassenschalter	pay desk
Kassenschlager	money spinner
Kassenvoranschlag	cash budget
Kassenwart	treasurer
Kassenzettel (Beleg, Quittung)	coupon
Kassette	casette
Kassettenfarbband	cartridge ribbon
Kassierer	cashier
Kassierer	teller
Kasten	bin
Kasten	box
Kasus	case
Katalog	catalog(ue)
Katalog, Kauf nach	catalog(ue) buying
Katalogwarenhaus	catalog store
Katastrophenrisiko	fundamental risk
Kauf auf Abruf	call purchase
Kauf auf Abruf	standing order
Kauf auf Probe	sale on approval
Kauf auf Raten	instal(l)ment buying
Kauf mit Preisoption	call purchase
Kauf mit Rückgaberecht	sale or return
Kauf nach Beschreibung	selling by description
Kauf nach Katalog	catalog(ue) buying
Kauf nach Muster	sale by sample
Kauf nach Probe	sale by sample
Kauf unter Inzahlungnahme	part exchange
Kauf zur Ansicht	sale on approval
Kauf zur späteren Auslieferung	forward purchase
Kauf, schlechter	bad bargain
Kauf- und Verkaufsauftrag (Bö)	contingent order
Kauf-/Verkaufauftrag zu Preisen unterhalb oder oberhalb des gültigen Kursniveaus (Bö)	resting order
Kaufanreiz, käuferfreundlicher	added buyer effect
Kaufauftrag	purchase order
Kaufauftrag	buy order
Kaufauftrag für Abschnitte zu verschiedenen Kursen	split order
Kaufbereitschaft	eagerness to buy
Kaufentschluß	buyer decision
Käufer	buyer
Käufer	customer
Käufer	purchaser
Käufer	shopper
Käufer	taker
Käufer, der Vergleiche anstellt	comparison shopper
Käufer/in	vendee
Käuferkredit (AuW)	buyer credit
Käufermarkt	buyers' market
Käuferrechte	buyer's rights
Käuferträgheit	buyer's inertia
Kaufgewohnheit	custom

Kaufhaus	department(al) store
Kaufkraft	purchasing power
Kaufkraft	spending power
Kaufkraft	value
Kaufkraft, frei verfügbare	discretionary buying power
Kaufkraftparität	purchasing power parity
Kauflust	eagerness to buy
Kaufmann	dealer
Kaufmann	merchant
Kaufmann	trader
Kaufmotive	buying motives
Kaufnote (Bö)	bought note
Kaufobjekt, günstiges	bargain
Kaufoption (Bö)	call option
Kaufoption (Bö)	call
Kaufpreis	purchase price
Kaufpreis	purchase money
Kaufscheckverfahren	cheque (check) trading
Kaufsumme	purchase money
Kaufunlust	sales resistance
Kaufvertrag	bargain
Kaufvertrag	contract of sale
Kaufvertrag	purchase contract
Kaufvertrag	sales contract
Kaufvertrag unter Eigentumsvorbehalt	conditional sales contract
Kaution	bail
Kaution	bond
Kaution	security deposit
Kellerwechsel	accomodation bill
Kellerwechsel	fictitious bill
Kellerwechsel	kite
Kellerwechsel	windbill
Kennedy-Runde	Kennedy Round
Kennzahl, betriebswirtschaftliche oder finanzwirtschaftliche	financial ratio
Kennzeichen	earmark
Kennzeichen	identifier
Kennzeichnen	mark
Kennzeichnung mit Herstell- oder Verfalldatum	date coding
Kennziffer, betriebswirtschaftliche: Anzahl leitender Mitarbeiter je 1000 Beschäftigte	management ratio
Kennziffernanalyse	ratio analysis
Kennziffernanzeige	blind ad
Kernarbeitszeit	core time
Kettenladen	chain store
Keynes' Investitionstheorie	Keynes' theory of investment
Keynes' Zinstheorie	Keynes' theory of interest
Keynesianismus	Keynesianism
Kfz-Haftpflichtversicherung	third party motor insurance
Kidnapping- und Lösegeld-Versicherung	kidnap(ping) and ransom insurance
Kielgeld	keelage
Kilometergeld	mileage
Kinderfreibetrag	child allowance
Kindergeld	child benefit
Kiste	bin

Kiste	box
Kiste	case
Kistenanhänger	bin tag
Klage	complaint
Klage	proceedings
Kläger	plaintiff
Klagerecht	right of action
Klageschrift	plaint
Klageverjährung	limitation of action
Klagezustellung	writ
Klappkarte (Mk)	tent card
Klarheitsprinzip (RW)	consistency convention
Klasse, unterpriviligierte	underclass
Klassenkampf	class struggle
Klassifikation	classification
Klassifizierung	rating
Klausel	condition
Klausel	provision
Klausel über den Gegenstand, die Ziele eines Unternehmens	objects clause
Klausur	paper
Kleinaktie (spekulative)	penny share
Kleinanzeige	classified advertisement
Kleinanzeige	small advertisement
Kleinbetrieb	small company
Kleingeld	change
Kleinlebensversicherung	home service assurance
Kleinlebensversicherung	industrial life assurance (insurance)
Kleinobligation	baby bond
Kleinpreisgeschäft	variety store
Kleinserie	job lot
Kleinserienfertigung (nach Kundenauftrag)	jobbing production
Klemmbrett	clipboard
Knappheit	scarcity
Knappheit	shortage
Knappheit	squeeze
Know-how	know-how
Know-How-Vertrag	secrecy agreement
Köderwerbung	switch selling
Kodizill	codicil
Kohlepapier	carbon paper
Koje	berth
Kollektivgüter	collective goods
Kollektivgüter	public goods
Kollektivierung	collectivization
Kollektivismus	collectivism
Kollisionsklausel bei beiderseitigem Verschulden (Vers)	both to blame collision clause
Kollo	package
Kombinationstransport-Unternehmer	combined transport operator
Kombinationswerbung	tie-in advertisement
Kombischiff	passenger cargo liner
Kombiverkehr	piggyback (service)
Komitee	committee
Kommanditgesellschaft (KG)	limited partnership
Kommanditist	limited partner

Kommentar	editorial
Kommission	commission
Kommission	committee
Kommissionär	agent
Kommissionär	commission merchant
Kommissionär	commission agent
Kommissionär	consignment agent
Kommissionär	mercantile agent
Kommissionsbasis, Verkauf auf	memorandum sale
Kommissionskonto	consignment account
Kommissionslager	consignment stock
Kommissionsware	consignment goods
Kommissionsware	goods on consignment
kommissionsweise	on consignment
Kommittent	consignor
Kommunalausgaben	local authority expenditure
Kommunalbehörde	corporation
Kommunalbehörde	local government
Kommunalbetrieb	municipal enterprise
Kommunalobligation	corporation stock
Kommunalobligation	general obligation bond
Kommunalobligation	local government bond
Kommunalobligation	municipal bond
Kommunalobligation (USA)	warrant
Kommunalschuldverschreibung mit kurzer Laufzeit	yearling
Kommunikation	communication
Kommunikation, einseitige	one-way communication
Kompensationsgeschäft	barter
Kompensationsgeschäft	compensating trading
Kompensationshandel	compensating trading
Kompensationshandel	countertrade
Kompetenzschwierigkeiten zwischen Gewerkschaften	demarcation dispute
Kompetenzweitergabe von oben nach unten	top-down delegation of authority
Kompilierer (DV)	compiler
Komplementär	active partner
Komplementär	general partner
Komplementärgüter	complementary goods
Komplementärgüternachfrage	complementary demand
Kompositversicherer	composite insurance company
Kompromiß	compromise
Konferenz	meeting
Konferenz am runden Tisch	round table meeting
Konferenzlinien (Schiffahrt)	conference lines
Konfiskation	confiscation
Konfiszierung	confiscation
Konfiszierung	sequestration
Konflikt	conflict
Konglomerat	conglomerate
Konjunktur, Ankurbelung der	pump priming
Konjunktur, florierende	boom
Konjunktur-Indikator	economic indicator
Konjunktur-Kennziffer	economic indicator
Konjunktur-Stabilisator, automatischer	built-in (automatic) stabilizer
Konjunkturabschwung	downswing
Konjunkturabschwung	recession

Konjunkturaufschwung	upswing
Konjunkturbarometer	business barometer
Konjunkturbericht	economic report
Konjunkturförderung, staatliche	pump priming
Konjunkturindikator	cyclical indicator
Konjunkturindikatoren	business indicators
Konjunkturphase	business cycle
Konjunkturphase	cycle
Konjunkturphase	trade cycle
Konjunkturpolitik	economic policy
Konjunkturpolitik	stabilisation policy
Konjunkturprognose	business forcast(ing)
Konjunkturprognose	economic forecast(ing)
Konjunkturrückgang	slowdown in business
Konjunkturrückgang, mäßiger	shakeout
Konjunkturrückgang, starker	slump
Konjunkturstabilisierung	stabilisation ot the economy
Konjunkturtief	trough
Konjunkturüberhitzung	overheating (of the economy)
Konjunkturverlauf	economic development
Konjunkturverlauf	run of business
Konjunkturzyklus	business cycle
Konjunkturzyklus	cycle
Konjunkturzyklus	trade cycle
Konkretisierung	appropriation
Konkretisierung einer Ware	appropriation of goods
Konkretisierungsbescheinigung	appropriation
Konkurrent	rival
Konkurrenz	competition
Konkurrenz, atomistische	atomistic competition
Konkurrenz, freie	free competition
Konkurrenz, harte, scharfe	keen competition
Konkurrenz, monopolistische	monopolistic competition
Konkurrenz, polypolistische	atomistic competition
Konkurrenz, ruinöse	cutthroat competition
Konkurrenz, unvollständige	imperfect competition
Konkurrenz, vollkommen homogene	pure competition
Konkurrenz, vollständige	perfect competition
Konkurrenzangebot	competitive supply
Konkurrenzerzeugnis	rival commodity
Konkurrenzfähigkeit	competitiveness
Konkurrenzmarkt	competitive market
Konkurrenznachfrage	competitive demand
Konkurrenzprodukte	competing products
Konkurrenzwerbung	competitive advertising
Konkurs	bankruptcy
Konkurs	failure
Konkurs, betrügerischer	fraudulent bankruptcy
Konkurs, freiwilliger	voluntary bankruptcy
Konkurs, zwangsweiser, unfreiwilliger	involuntary bankruptcy
Konkursabwicklung, freiwillige	members' voluntary winding up
Konkursaufhebung	discharge of (in) bankruptcy
Konkursbilanz	statement of affairs
Konkurseinleitungsbeschluß	receiving order
Konkurseröffnung des Gemeinschuldners	voluntary bankruptcy
Konkurseröffnungsantrag	petition in bankruptcy
Konkurseröffnungsbeschluß	adjudication order

Konkurseröffnungsbeschluß	receiving order
Konkursforderung, Anmeldung einer	proof
Konkursforderung, bevorrechtigte	preferential debt
Konkursgrund	act of bankruptcy
Konkursmasse	estate
Konkursquote	dividend
Konkursquote	share
Konkursschuldner	bankrupt
Konkursschuldner, rehabilitierter	certificated bankrupt
Konkursstatus	statement of affairs
Konkursverfahren, Antrag auf Eröffnung des	bankruptcy petition
Konkursverwalter	trustee in bankruptcy
Konkursverwalter (vorläufiger oder gerichtlich bestellter)	receiver
Konkursverwalter (öffentlich, gerichtlich) bestellter	official receiver
Konkursverwalter, vorläufiger	provisional liquidator
Konkursverwalter/in	administrator / administratrix
Konkursvoraussetzung	act of bankruptcy
Konnossement	bill of lading
Konnossement	bill
Konnossement	marine bill of lading
Konnossement	note
Konnossement für Straßentransport	road waybill
Konnossement, "altes", erloschenes	stale bill of lading
Konnossement, echtes, reines	clean bill of lading
Konnossement, eingeschränktes	claused bill of lading
Konnossement, reines	clean bill of lading
Konnossement, unreines	claused bill of lading
Konnossement, unreines	dirty bill
Konnossement, unreines (einschränkendes)	foul bill
Konnossemente, Satz	set of bills
Konnossementsklausel	Jason clause
Konsignant	consignor
Konsignatar	commission merchant
Konsignatar	consignee
Konsignation, in	on consignment
Konsignationskonto	consignment account
Konsignationslager	consignment stock
Konsignationsware	consignment
Konsignationsware	consignment goods
Konsignationsware	goods on consignment
Konsolidierung	funding
Konsorte	underwriter
Konsortialführer	leader
Konsortialführer	sponsor
Konsortialkredit	syndicated loan
Konsortialmitglied	underwriter
Konsortialprovision	spread
Konsortium	consortium
Konsortium	syndicate
Konstruktion, computergesteuerte	computer-aided design
Konstruktion, rechnergestützte	computer-aided design
Konsul	consul
Konsulatsfaktura	consular invoice
Konsum, autonomer	autonomous consumption

Konsum, induzierter	induced consumption
Konsumaufschub	abstinence
Konsument	consumer
Konsumentenkredit	consumer credit
Konsumentenpräferenz	consumer's preference
Konsumentenrente	consumer's surplus
Konsumentensouveränität	consumer(s') sovereignty
Konsumententreue	consumer loyalty
Konsumentenwerbung	consumer advertising
Konsumerismus	consumerism
Konsumforschung	consumer research
Konsumfunktion	consumption function
Konsumgenossenschaft	consumer cooperative (society)
Konsumgüter	consumer(s') goods
Konsumgüter	single-use goods
Konsumgüter (kurzlebige)	nondurable goods
Konsumgüter, bei deren Auswahl u. Kauf der Kunde kritische Vergleiche anstellt	shopping goods
Konsumgüter, kurzlebige	softs
Konsumneigung	propensity to consume
Konsumquote	propensity to consume
Konsumquote, durchschnittliche	average propensity to consume
Konsumquote, marginale	marginal propensity to consume
Kontakter	account executive
Kontakter (Mk)	space buyer
Kontakter (Mk)	space broker
Kontaktgruppenleiter	account executive
Konten	accounts
Konteninhaber	customer
Kontenklasse	account class
Kontennummer	account code
Kontenplan	chart of accounts
Kontenspaltenblatt	spreadsheet (spread sheet)
Konterbande	contraband
Kontierung	folio reference (number)
Konto	account
Konto der britischen Regierung bei der Bank von England	Exchequer account
Konto für ungeklärte Posten	suspense account
Konto gezeichnetes Kapital in der Bilanz einer AG/GmbH	share capital account
Konto, durchlaufendes	suspense account
Konto, fiktives, fingiertes	pro forma account
Konto, gesperrtes	blocked account
Konto, kreditorisch geführtes	credit account
Konto, laufendes	account current
Konto, laufendes	current account
Konto, offenes	open account
Konto, scheckfähiges, verzinsl. (USA)	share draft account
Konto, umsatzloses	inactive account
Konto, umsatzloses (totes)	dead account
Kontoabstimmung (RW)	reconciliation
Kontoauszug	bank statement
Kontoauszug	statement
Kontobuchseite	folio
Kontoführungsgebühr (BaW)	service charge
Kontohinweis	folio reference (number)

Kontokorrenteinlage	demand deposit
Kontokorrentkonto	account current
Kontokorrentkonto	cash account
Kontokorrentkonto	checking account
Kontokorrentkonto	current account
Kontokorrentkonto	open account
Kontokorrentkredit	cash credit
Kontokorrentkredit	open credit
Kontokorrentkredit	overdraft
Kontokorrentsaldo	balance on current account
Kontoumsatzgebühr	activity charge
Kontrakt	contract
Kontraktmenge (Bö)	unit of trading
Kontrollabschnitt	counterfoil
Kontrolle	check
Kontrolle	control
Kontrolle	inspection
Kontrolle vor Warenabnahme	pre-delivery inspection
Kontrolle, innerbetriebliche, interne	internal control
Kontrollinterview	callback
Kontrolliste	checklist
Kontrollkonto	control account
Kontrollspanne	span of control
Konventionalstrafe	conventional penalty
Konventionalstrafe	liquidated damages
Konventionalstrafe	penalty
Konversion	conversion
Konvertibilität	convertibility
Konvertibilität, beschränkte	limited convertibility
Konvertierbarkeit	convertibility
Konvertierung	conversion
Konvertierung	translation
Konvertierungsrisiko im internationalen Zahlungsverkehr	transfer risk
Konzentration	concentration
Konzentrationsmaß	concentration
Konzept	draft
Konzern	group
Konzern	trust
Konzern-GuV	consolidated profit and loss account
Konzernabschluß	consolidated accounts
Konzernabschluß	group accounts
Konzernbilanz	consolidated balance sheet
Konzernbilanz	group accounts
Konzerngesellschaft	associated company
Konzerngesellschaften, Steuernachlaß für	group relief
Konzernunternehmen	affiliated company
Konzertzeichner (Bö)	stag
Konzession	charter
Konzession	concession
Konzession	licence
Kooperation	cooperation
Koordinatennullpunkt	origin
Koordinierung	coordination
Kopf, pro	per capita
Kopie	copy
Kopie	counterpart

Kopie	facsimile
Kopie	tenor
Koppelungsanzeige (Mk)	tie-in advertisement
Koppelungsvereinbarung	tying arrangement
Kopplungsgeschäft	tie-in sale
Korb	basket
Korbflasche	carboy
Körperschaft	corporation
Körperschaft des öffentlichen Rechts	public corporation
Körperschaft des öffentlichen Rechts	statutory company
Körperschaftssteuervorauszahlung	advance corporation tax
Körperschaftsteuer	corporation tax
Körperschaftsteuer auf einbehaltene Gewinne	undistributed profits tax
Körperschaftsteuer auf einbehaltene Gewinne	accumulated profits tax
Korrektur(buchung)	adjustment
Korrekturbuchung	contra
Korrekturbuchung	corresponding entry
Korrekturflüssigkeit	correcting fluid
Korrekturtaste	correction key
Korrelation	correlation
Korrespondent	correspondent
Korrespondenzbank	correspondent
Korruption	graft
Kosten	charge
Kosten	cost
Kosten	expenditure
Kosten	expenses
Kosten bei voller Betriebsausnutzung	capacity cost(s)
Kosten decken	clear
Kosten der Aktienemission	preliminary expenses
Kosten der entgangenen Gelegenheit	opportunity cost
Kosten der Kuppelproduktion	joint cost
Kosten franko Löschen (eines Schiffes)	landed cost
Kosten und Fracht (Incoterm)	CFR (cost and freight)
Kosten und Fracht (Incoterm)	cost and freight
Kosten vorausbezahlt	charges prepaid
Kosten, Anwachsen der	diseconomy
Kosten, direkte	direct cost(s)
Kosten, direkte (variable)	prime cost
Kosten, feste	fixed charge
Kosten, feste, fixe	fixed cost(s)
Kosten, fixe	unavoidable costs
Kosten, historische (RW)	historic(al) cost
Kosten, indirekte	indirect cost(s)
Kosten, kalkulatorische	imputed costs
Kosten, komparative (AuW)	comparative cost(s)
Kosten, nicht beeinflußbare	uncontrollable cost(s)
Kosten, Nutzwert von	cost effectiveness
Kosten, produktionsabhängige	avoidable costs
Kosten, teilvariable	mixed cost
Kosten, teilvariable	semivariable (semi-variable) costs
Kosten, variable, veränderliche	variable cost(s)
Kosten, Versicherung, Fracht (Incoterm)	CIF
Kosten, Versicherung, Fracht (Incoterm)	cost, insurance and freight
Kosten, volkswirtschaftliche	social costs

Kosten, zurechenbare	traceable costs
Kosten-Gewinn-Bewertung	cost-benefit appraisal
Kosten-Nutzen-Analyse	cost-benefit analysis
Kosten-Preis-Schere	cost-price squeeze
Kostenabweichung	cost variance
Kostenanalyse	cost analysis
Kostenaufwand in Marktpreisen oder in Wiederbeschaffungspreisen	current cost
Kostenbeitrag	contribution
Kostenbeteiligung	contribution
Kostendeckung	cover
Kostendeckungsmenge	breakeven quantity
Kostendeckungspreis	breakeven price
Kostendeckungspunkt	breakeven point
Kostendegression, interne	internal economies
Kostenersparnisse durch Erhöhung der Produktionskapazitäten	economies of scale
Kostenersparnisse, technische durch Größenvorteile	technical economies
Kosteninflation	cost-push inflation
Kostenkalkulation	cost accounting
Kostenkonto	expense account
Kostenkontrolle	cost control
Kostenkurve	cost curve
kostenlos	free
Kostenminimierung	cost minimization
Kostenrechnung	cost accounting
Kostenrechnungsblatt	job card
Kostensammelkarte	job card
Kostensenkung	cost cutting
Kostensteigerungen, Versicherung gegen (AuW)	cost-escalation cover
Kostenstelle	cost centre
Kostenstelle	department
Kostentabelle	cost schedule
Kostentarif	tariff
Kostenträger	cost unit
Kostenumlage	apportionment of expenses
Kostenumlage	cost allocation
Kostenverhalten	cost behaviour
Kostenverteilung	cost allocation
Kostenvoranschlag	estimate
Kostenvoranschlag	quotation
Kostenvorteil, absoluter	absolute cost advantage
Kostenwirksamkeit	cost effectiveness
Kraftfahrzeug(haftpflicht)sammelpolice	fleet policy
Kraftfahrzeug-Gruppenversicherung	fleet policy
Kraftfahrzeug-Versicherung	car insurance
Kraftfahrzeughaftpflichtversicherung	automobile liability insurance
Kraftfahrzeughaftpflichtversicherung	third party motor insurance
Kraftfahrzeugversicherung	motor insurance
Kraftpapier	kraft paper
Kraftverkehrsunternehmen	haulage contractor
Kranken- und Berufsunfähigkeitsversicherung, private	permanent health insurance
Krankengeld	sick pay
Krankengeld, gesetzliches	statutory sick pay

Krankenhaus(kosten)versicherung	hospital expense(s) insurance
Krankenhaustagegeldversicherung	hospital cash insurance
Krankenversicherung	health insurance
Krankenversicherung	medical insurance
Kredit	advance
Kredit	credit
Kredit	loan
Kredit mit Einmal-Rückzahlung	single-payment loan
Kredit zur Finanzierung der Exportkosten vor dem Versand	preshipment finance
Kredit, auf	on credit
Kredit, auf ... kaufen/verkaufen	credit
Kredit, der am Ende der Laufzeit pauschal zurückgezahlt wird	noninstalment credit
Kredit, der aus Verkaufserlösen zurückbezahlt wird	self-liquidating credit
Kredit, einen jederzeit kündigen	call
Kredit, gebundener	tied loan
Kredit, gegen	on account
Kredit, Kündigung eines	withdrawal
Kredit, kurzfristiger	short-term borrowing
Kredit, kurzfristiger	short-term loan
Kredit, mittelfristiger	medium-term credit
Kredit, mittelfristiger	term loan
Kredit, notleidender	nonperforming loan
Kredit, revolvierender	continuous credit
Kredit, revolvierender	revolving loan
Kredit, uneinbringlicher	dead loan
Kredit, ungedeckter	open credit
Kredit, zinsgebundener	fixed-rate loan
Kredit, zinsgünstiger	soft loan
Kredit, zweckgebundener	restricted-use credit
Kreditanfangskosten, hohe	front end load
Kreditaufnahme	borrowing
Kreditaufnahme der öffentlichen Hand (des Staates)	government borrowing
Kreditaufnahme für laufende Ausgaben	deadweight debt
Kreditaufnahme, jede	leverage
Kreditaufnahme, kurzfristige	short-term borrowing
Kreditauskunft	credit information
Kreditauskunft	status report
Kreditauskunftei	credit reference agency
Kreditauszahlung	payout
Kreditbedarf	borrowing requirement(s)
Kreditbedarf der öffentlichen Hand	public sector borrowing requirement
Kreditbestätigung	facility letter
Kreditbrief	letter of credit
Kreditbürgschaft, fortlaufende	continuing security
Kreditdeckung durch Anlagevermögen	asset cover
Kreditfähigkeit	borrowing power
Kreditgeber	lender
Kreditgeber, letztinstanzlicher	lender of last resort
Kreditgenossenschaft	credit union
Kreditgeschäft	credit transaction
Kreditgeschäft der Banken	bank lending
Kreditgewährung	extension of credit

Kreditgewährung gegen dingliche Sicherheit	green clause credit
Kreditgrenze	line of credit
Kredithai	loan shark
Kreditinstitut (Einlagen-Bank)	licenced deposit taker
Kreditkarte	credit card
Kreditkarte	plastic money
Kreditkarte (zur direkten Abbuchung von Käufen)	debit card
Kreditkarte der Barclays Bank (GB)	Barclaycard
Kreditkarten-Telefonat	credit card call
Kreditkauf	credit buying
Kreditknappheit	credit crunch
Kreditkonditionen	credit terms
Kreditkonsortium	loan syndicate
Kreditkontingentierung	credit rationing
Kreditkonto	charge account
Kreditkonto	credit account
Kreditkonto	loan account
Kreditkonto, "offenes"	budget account
Kreditkonto, offenes	charge account
Kreditkontraktion	credit squeeze
Kreditkontrolle	credit control
Kreditkosten	cost(s) of borrowing
Kreditkosten	loan charges
Kreditkunde	credit customer
Kreditlaufzeit	credit period
Kreditlinie	credit line
Kreditlinie	line of credit
Kreditmärkte	financial markets
Kreditnehmer	borrower
Kreditnehmer	debtor
Kreditor	creditor
Kreditor	debtee
Kreditor(en)	account(s) payable
Kreditoren	trade creditors
Kreditpolitik, restriktive	credit control
Kreditpolitik, selektive	selective credit policy
Kreditrahmen	credit line
Kreditrestriktion	credit squeeze
Kreditrestriktion	squeeze
Kreditrisiko	credit risk
Kreditrisiko-Versicherung	credit factoring
Kreditrisikoprognose	credit scoring
Kreditrisikoübernahme	underwriting
Kreditscheckverfahren	cheque (check) trading
Kreditschöpfung	credit creation
Kreditschöpfungsmultiplikator	credit creation multiplier
Kreditstand	credit(s) outstanding
Kreditüberwachung	credit control
Kreditverkauf	credit sale
Kreditverlängerung	dating
Kreditverlängerung	extension of credit
Kreditversicherung	credit insurance
Kreditvertrag	loan agreement
Kreditvertrag	paper
Kreditverzug, reziproker	cross default

Kreditvolumen, eingeräumtes	credit(s) outstanding
Kreditwürdigkeit	bank credit
Kreditwürdigkeit	credit
Kreditwürdigkeit	creditworthiness
Kreditwürdigkeit, Beurteilung der	credit rating
Kreditwürdigkeitsanfrage	credit inquiry
Kreditwürdigkeitsbewertung, fünf Kriterien bei der	five Cs of credit
Kreditwürdigkeitseinstufung	rating
Kreditwürdigkeitsprüfung	credit scoring
Kreditwürdigkeitsprüfung	credit analysis
Kreditzins für erste Adressen	base rate
Kreditzins für erstklassige Kunden (USA)	prime rate
Kreditzinssatz	bank rate
Kreditzinssatz, Aufschlag auf	spread
Kreditzusage	credit approval
Kreditzusage des IWF	standby agreement
Kreditzusageschreiben	facility letter
Kreisdiagramm	circle chart
Kreisdiagramm	pie chart
Kreislauf	circulation
Kreislauf	cycle
Kreuzparität	cross rate
Kreuzpreiselastizität der Nachfrage	cross elasticity of demand
Kreuzung, allgemeine (Scheck)	general crossing
Kreuzvermerk auf Scheckvorderseite	cheque crossing
Kriegsrisikoversicherung	war risk insurance
Kronjuwel	crown jewel
Kubikmaße	cubic measures
Kulanzregulierung (Vers)	ex gratia payment
Kunde	account
Kunde	buyer
Kunde	custom
Kunde	customer
Kunde	client
Kunde, der in einem Geschäft ein Kreditkonto hat	credit customer
Kunde, geschätzter	valued customer
Kunde, möglicher	potential customer
Kunde, unentschlossener	vacillating customer
Kunde, wichtiger	key customer
Kunden-Info	visit brief
Kundenauftragsfertigung, Betrieb mit	job shop
Kundenbedarf	demand
Kundenbesuch, Instruktionen vor einem	visit brief
Kundenbesuchsrate	call rate
Kundenbetreuer (BaW)	account executive
Kundenbuch	sales journal
Kundendienst	after-sales service
Kundendienst	customer service
Kundendienst	servicing
Kundendienst	serviceman
Kundendienstabteilung	service department
Kundeneinlagen (BaW)	primary deposits
Kundeneinzugsgebiet	catchment area
Kundenkartei	client list
Kundenkonto, "offenes"	budget account

Kundenkreditkarte	charge card
Kundenkreditkarte	in-store card
Kundenkreditkonto	charge account
Kundenliste	client list
Kundenrabatt	sales discount
Kundenskonto (-skonti)	discount(s) allowed
kundenspezifisch	purpose-designed
Kundenüberweisungen per EDV-Abwicklung	bankers' automated clearing services
Kundenverkehr	traffic
Kündigung	dismissal
Kündigung	notice
Kündigung (Bö)	call
Kündigung (PW)	resignation
Kündigung eines Kredits	withdrawal
Kündigung, erzwungen durch Arbeitnehmer	constructive dismissal
Kündigung, ungerechtfertigte	unfair dismissal
Kündigungsandrohung	warning of dismissal
Kündigungsdarlehen	notice loan
Kündigungsfälle	quits
Kündigungsklausel	cancellation clause
Kundschaft	custom
Kundschaft	trade
Kupon, ohne	ex coupon
Kuponsteuer	coupon tax
Kuppelprodukt	joint product
Kuppelprodukte, Trennpunkt bei	splitoff point
Kuppelproduktion, Kosten der	common cost(s)
Kuppelproduktion, Kosten der	joint cost
Kurier	messenger
Kurierdienst	courier service
Kurs	quoted price
Kurs	rate
Kurs (Bö)	price
Kurs (Bö)	quotation
Kurs (Bö)	share price
Kurs über Emissionskurs (Bö)	premium price
Kurs, geltender	current rate
Kurs, gespaltener	two-way price
Kurs, gestützer (Bö)	pegged price
Kurs, höchster	high
Kurs, niedrig im	at a discount
Kurs, zum angegebenen oder besser (Bö)	at limit
Kurs-Gewinn-Verhälnis	price/earnings ratio
Kurs-Gewinn-Verhältnis	times earnings ratio
Kursanstieg	upstick (up stick)
Kursanstieg auf breiter Front	buoyancy
Kursaufschlag	premium
Kursblatt, amtliches (Londoner Börse)	Stock Exchange Daily Official List
Kursblatt, amtliches der Londoner Börse	Official List
Kursdifferenz (Bö)	spread
Kurse, Fallen der	baisse
Kurseinbruch (Bö)	break
Kursfestigung (Bö)	advance
Kursfreigabe, kontrollierte	managed float(ing)
Kursgewinn	gain
Kursgewinn, nicht realisierter	unrealized appreciation

Kursintervention	exchange intervention
Kursivschrift	italics
Kursmanipulation (Bö)	rigging the market
Kursnotierung, doppelte	two-way price
Kursrisiko	exchange risk
Kursrückgang, anhaltender (Bö)	slump
Kursrückgangrisiko (Bö)	downside risk
Kursschwankungen, rasche, heftige (Bö)	volatility
Kurssicherung zwischen Angebotsabgabe und Vertragsabschluß (AuW)	tender-to-contract cover
Kurssicherungsgeschäft	hedging
Kursstabilisierungsmaßnahmen	official support
Kurssteigerung (Bö)	stock appreciation
Kurssturz	plunge in prices
Kursstützung	pegging
Kursstützung	stabilisation policy
Kursübermittlungsanlage (Bö)	ticker
Kursverfall	collapse
Kursverschlechterung (Bö)	stock depreciation
Kurswert	consideration
Kurswert (Bö)	market value
Kurswert (Bö)	market price
Kurszettel (Bö)	price list
Kurszusatz: G (Geld) (Bö)	buyers over
Kurve	graph
Kurzarbeit	short-time work(ing)
Kurzbericht	brief
Kurzbericht	summary report
Kurzfassung	abstract
kurzfristig kündbar	at short notice
Kurzkonnossement	short form bill of lading
Kurzläufer (Wertpapier)	short coupon
Kurzläufer (Wertpapier)	shorts
Kurzschrift	shorthand
Kurzstreik	quickie strike
Kürzung	abatement
Kurzzeitplanung	short-term planning
Küstenschiff	coaster
Kutsche	carriage
Kybernetik	cybernetics

L

Ladebuch	cargo book
Ladefähigkeit	deadweight tonnage
Ladekosten	handling charges
Ladelinie	loadline
Ladelinie	plimsoll line
Ladeliste	manifest
Ladeluke	hatch
Lademarke	loadline
Lademarke	plimsoll line
Laden	shop
Laden	store
Laden an der Ecke	corner shop
Laden, fahrender	mobile shop

Laden, zollfreier	duty free shop
Ladenaufsicht	floorwalker
Ladenbesucher	shopper
Ladendiebstahl	shoplifting
Ladendiebstahl	shrinkage
Ladenhüter	cats and dogs
Ladenhüter	dead stock
Ladenhüter	drug in/on the market
Ladenhüter	sleeper
Ladenhüter	sticker
Ladenkasse	cash box
Ladenpreis	retail price
Ladenpreis	selling price
Ladenstraße	shopping mall
Ladentisch	counter
Ladenwerbung	in-store promotion
Laderampe	ramp
Laderaum	hold
Laderaum	space
Laderaum	stowage
Laderost	pallet
Ladeschein	bill of lading
Ladeverzeichnis	manifest
Ladung	cargo
Ladung	freight
Ladung	lading
Ladung	shipment
Ladung (Re)	writ
Ladung gelöscht (AuW)	landed
Ladung, (auf)gestaute	stowage
Ladung, Beschädigung der (Betrugshandlung)	barratry
Ladung, gespaltene	split load
Ladung, Löschung der	breaking bulk
Ladung, über Bord geworfene	jetsam
Ladungskontrolleur	tallyman
Laffer-Kurve	Laffer-curve
Lag	lag
Lage	location
Lage, finanzielle	financial position
Lagebericht	situation report (sitrep)
Lager	storage
Lager	store
Lager	warehouse
Lager(raum)	storeroom
Lager, ab	ex stock
Lager, auf	in stock
Lager, nicht am	out of stock
Lagerabgang, jährlicher	annual usage
Lagerauffüllung	restocking
Lageraufstockung	restocking
Lagerauftrag	stock order
Lagerbestand	stock
Lagerbestand, durchschnittlicher	average stock
Lagerbestand, maximaler	maximum stock level
Lagerbestände	inventory
Lagerbestandsbewertung	valuation of stock

Lagerbestandskarte	stock card
Lagerbestandsobergrenze	maximum stock level
Lagerbuch	stock record
Lagerempfangsschein	warehouse receipt
Lagerentnahme	withdrawal
Lagerfach	bin
Lagerfähigkeit	shelf life
Lagergebühr	storage
Lagergebühr(en)	storage charge(s)
Lagergeld	demurrage
Lagergeld	storage charge(s)
Lagergeld	storage
Lagerhaltung	storage
Lagerhaltung	warehousing
Lagerhaltung nach ABC-Klassifikation	ABC inventory control system
Lagerhaus	depot
Lagerhaus	warehouse
Lagerhaus, öffentliches	public warehouse
Lagerkapazität	storage capacity
Lagerkapazität	warehouse capacity
Lagerkarte	stock card
Lagerkontrolle	inventory control
Lagerkosten	carrying charges
Lagermiete	storage
Lagerortkarte	bin tag
Lagerplatz	yard
Lagerraum	storage
Lagerraum	store
Lagerretouren	returns to store
Lagerschein	warrant
Lagerschein	warehouse receipt
Lagerumsatz	inventory turnover
Lagerumschlag	inventory turnover
Lagerumschlag	stockturn (rate)
Lagerung	storage
Lagervorrat	stock
Lagerware, vorgekaufte	anticipation stock
Lagerwirtschaft	inventory control
Lagerwirtschaft	stock control
Lagerzugänge	receipts
Laissez-faire	laissez-faire (laisser-faire)
Land	land
Land, assoziiertes (EG)	associated country
Land, industrialisiertes	developed country
Land, währungsschwaches	weak currency country
Länderrisiko	country risk
Länderrisiko	sovereign risk
Landsitz	estate
Landungsschein (AuW)	landing account
Landvogt	bailiff
Langläufer (Wertpapiere)	longs
Langzeitliefervertrag mit Zahlung bei Lieferung	take-and-pay contract
Lapsus	slip
Lash-Schiff	lash ship
Lastschrift	charge
Lastschrift	debit

Lastschriftanzeige	debit note
Lastschriftkarte zur direkten Abbuchung von Einzelhandelskäufen	debit card
Lastschriftverfahren	direct debit
Lattenkiste	crate
Lattenverschlag	crate
Laufkarte	work ticket
Laufzeit	currency
Laufzeit	maturity
Laufzeit	tenor
Laufzeit	term
Laufzeit eines Kredits	credit period
Laufzeit eines Wechsels	currency of a bill (of exchange)
Laufzeit, Festsetzung der	dating
Laufzettel	circulation slip
Laufzettel	routing slip
laut	as per
Lawinensystem (Mk)	pyramid selling
Layout	layout
Layoutskizze	visual
Leasing	leasing
Leasing, grenzüberschreitendes	cross-border leasing
Leasing, offenes	open-end lease
Lebende(r), im Ausland	expatriate
Lebenserwartung	expectation of life
Lebenserwartung	life expectancy
Lebenshaltungsindex	index of retail prices
Lebenshaltungskosten	cost of living
Lebenshaltungskosten-Index	cost-of-living index
Lebenslauf	curriculum vitae
Lebensmittelgesetz (GB)	Food and Drugs Act
Lebensmittelhändler	grocer
Lebensmittelkartenabschnitt	coupon
Lebensqualität am Arbeitsplatz	quality of work(ing) life
Lebensstandard	standard of living
Lebensversicherung	assurance
Lebensversicherung	life assurance
Lebensversicherung gegen Einmalprämie	single premium (life) insurance
Lebensversicherung mit Gewinnbeteiligung	with-profits policy
Lebensversicherung, abgekürzte	deferred annuity
Lebensversicherung, bei der die Prämien steuerlich absetzbar sind	qualifying policy
Lebensversicherung, Bestimmung des Barwerts einer	valuation
Lebensversicherung, die mit Erreichung eines bestimmten Alters ausgezahlt wird	deferred annuity
Lebensversicherung, fondsgebundene	variable life insurance
Lebensversicherung, fondsgebundene	unit-linked policy
Lebensversicherung, gemeinsame, verbundene	joint life insurance
Lebensversicherung, mit verkürzter Beitragszahlung	fully paid (up) policy
Lebensversicherung, prämienfreie mit gekürzter Versicherungssumme	fully paid (up) policy
Lebensversicherungspolice	life (insurance) policy
Lebensversicherungsvertreter	underwriter

Lebenszyklus	life cycle
Leckage	leakage
Leerfracht	dead freight
Leergewicht	dead weight
Leergewicht	unladen weight
Leertaste	space bar
Leertonnage	deadweight tonnage
Leerverkauf (Bö)	selling short
Leerverkäufer (Bö)	shorts
Leerzeichen	space bar
Leerzeit	idle time
Legalisierungsklausel	attestation
Lehrling	apprentice
Lehrwerkstatt	skillcentre
Leichter	barge
Leichter	lighter
Leiharbeitsfirma	employment business
Leiharbeitsunternehmen	temporary agency
leihen	hire
Leistung aus der Sterbe(geld)versicherung	death benefit
Leistung, freiwillige	ex gratia payment
Leistung, pro Kopf	per capita output
Leistungen, Wertmaß für aufgeschobene	standard for deferred payments
Leistungsanreiz	incentive
Leistungsanspruch (Vers)	insurance claim
Leistungsbeurteilung	employee rating
Leistungsbeurteilung	merit rating
Leistungsbeurteilung	performance appraisal
Leistungsbewertung	merit rating
Leistungsbewertung	performance appraisal
Leistungsbewertung (PW)	rating
Leistungsbilanz	balance on current account
Leistungsbilanz	current account
Leistungsbilanzdefizit	deficit on current account
Leistungsbilanzsaldo	current balance
Leistungsbilanzüberschußpolitik	beggar-my-neighbour policy
Leistungsfähigkeit	capacity
Leistungsgarantie (AuW)	performance bond
Leistungslohn	incentive fee
Leistungslohn	payment by results
Leistungslohnsystem	wage incentive system
Leistungspflicht (Vers)	liability
Leistungspflichtiger	contributory
Leistungsstandard	performance standard
Leistungstest	achievement test
Leistungszulage	merit increase
Leitartikel	editorial
Leitartikel	leader
Leitbefehl	routing order
Leiter	leader
Leiter der Ein- und Verkaufsabteilung	merchandise manager
Leiter der Einkaufsabteilung	purchasing agent
Leiter des Finanz- und Rechnungswesens	controller
Leiter, kaufmännischer	commercial director
Leitfaden	manual
Leitkarte	guide card

Leitung	control
Leitung	leadership
Leitung, Funktionalsystem der	functional organization
Leitung, Konzept der einheitlichen	unity of direction
Leitungsebene, mittlere	middle management
Leitungsebene, unterste	first-line management
Leitungsspanne	span of control
Leitungsstil	management style
Leitungssystem, einstufiges	unitary board structure
Leitwährung	key currency
Lerneinheit	unit
Leser(schaft)	audience
Leseranalyse	audience measurement
Leserkreis	readership
Leserschaft	readership
Letztverbraucher	ultimate user
Leverage	leverage
Leverage-Effekt	capital gearing
Leveraged Buyout	leverage(d) buyout
Libor-Angebotssatz	libor (rate)
Lieferant	supplier
Lieferant	vendor
Lieferantenbeurteilung	supplier evaluation
Lieferantenbeurteilung	vendor rating
Lieferantenkredit	supplier credit
Lieferantenkredit	trade credit
Lieferantenkredit, ECGD-gesicherter	ECGD-guaranteed supplier credit
Lieferantenverbindlichkeiten	trade creditors
Lieferanzeige	delivery notice
Lieferauftrag	delivery order
lieferbar, sofort	spot
Lieferbedingungen	delivery terms
Lieferbedingungen	terms of delivery
Lieferbeziehung, wechselseitige	reciprocity
Lieferbuch	delivery book
Lieferdatum	delivery date
Lieferer	vendor
Lieferfirma	supplier
Lieferfrist	time of delivery
Lieferklauseln im Außenhandel	Incoterms
Liefermonat	delivery month
Liefernachweis	proof of delivery
Lieferort	place of delivery
Lieferposten	lot
Lieferpreis	delivered price
Lieferpreis	supply price
Lieferschein	delivery order
Lieferschein	delivery note
Liefertermin	delivery date
Liefertermin	time of delivery
Lieferung	delivery
Lieferung	supply
Lieferung frei Dock, Kai	delivered docks
Lieferung frei Haus	delivery free
Lieferung gegen Akzept	delivery against acceptance
Lieferung sofort nach Auftragseingang	ready delivery
Lieferung von Fertigmahlzeiten	catering

Lieferung, Preis für künftige	forward price
Lieferung, Schlußprüfung vor	preaudit
Lieferung, sofortige	prompt delivery
Lieferung, sofortige (gegen Kasse)	spot delivery
Lieferung, unvollständige	short delivery
Lieferung, verspätete	late delivery
Lieferung, zahlbar bei	cash on delivery
Lieferung, zahlbar bei	payable on delivery
Lieferung, Zahlung nach	payment after delivery
Lieferungs- und Leistungsgarantie	constructual works guarantee
Lieferungskosten	delivery expenses
Lieferungsverzug	default in (of) delivery
Liefervertrag	supply contract
Liefervorschriften	delivery instructions
Lieferwagen	delivery van
Lieferzeit	time of delivery
Liegegeld	demurrage
Liegeplatz	berth
Liegetage	lay days (laydays)
Liegezeit	lay days (laydays)
LIFFE	LIFFE
Lifo-Methode der Vorratsbewertung	last in, first out
Limit	ceiling
Limit(-Order) (Bö)	limit
Limitpreis	price ceiling
Limitpreis (Mk)	limit price
Linienfrachtbrief	liner waybill
Linienfrachten	liner rates
Linienfrachtflugzeug	cargo liner
Linienfrachtschiff	cargo liner
Linienmanager	line manager
Linienorganisation	line organization
Linienproduktion	line production
Linienschaubild	line chart
Linienschiff	liner
Linienschiffahrts-Konferenz	liner conference
Liniensystem (Führung)	line management
Linzenzerteilung, -gewährung	licencing
Liquidation	dissolution
Liquidation	liquidation
Liquidation	realization
Liquidation	winding up
Liquidation, freiwillige	members' voluntary winding up
Liquidation, freiwillige	voluntary winding up
Liquidationsbilanz	realisation account
Liquidationskurs (Bö)	settlement price
Liquidationsrate	liquidation dividend
Liquidationstag (Bö)	account day
Liquidationstermin (Bö)	settlement day
Liquidationswert	break-up value
Liquidationswert	liquidation value
Liquidator eines Unternehmens	special manager
Liquidator, vorläufiger	provisional liquidator
Liquidität dritten Grades	current ratio
Liquidität ersten Grades	acid test ratio
Liquidität ersten Grades	cash ratio
Liquidität ersten Grades	quick ratio

Liquidität, internationale	international liquidity
Liquiditätsgrad	liquidity ratio
Liquiditätskennzahl	acid test ratio
Liquiditätskennzahl	current ratio
Liquiditätsklemme trotz hoher Rendite	overtrading
Liquiditätskoeffizient (Verhältnis Umlaufvermögen zu kurzfristigen Verbindlichkeiten	working capital ratio
Liquiditätskrise	liquidity crisis
Liquiditätspräferenz, -neigung, -vorliebe (nach Keynes)	liquidity preference
Liquiditätspriorität (RW)	order of liquidity
Liquiditätsprüfungen	tests of liquidity
Liquiditätsreserven (der Banken)	eligible reserve assets
Liquiditätsüberschuß	net current assets
Liquiditätsüberschuß	working capital
Liste	list
Liste, schwarze	black list
Liste-Zertifikat, schwarze	blacklist certificate
Listenpreis	list price
Litfaßsäule	hoarding
Lizenz	licence
Lizenzaustausch	cross licensing
Lizenzgebühr	royalty
Lizenzkonzessionserteilung	franchising
Lloyd's Bank	Lloyd's bank
Lloyd's Versicherung	Lloyd's
Lloyd's Versicherungsmakler	Lloyd's broker
Lloyd's, Einzelversicherer bei	Lloyd's underwriter
Lloyd's, Syndikatsmitglied bei	underwriter
Lloyd's, Zusammenschluß von Mitgliedern	Lloyd's syndicate
LM-Kurve	liquidity-money curve
Locher	perforator
Locher	punch
Lochkartenleser	card reader
Lochverstärker	eyelet
Lochverstärker	reinforcer
Lockartikel	call bird
Lockartikel	leader
Lockartikel	loss leader
Lockmittelwerbung	switch selling
Lockvogel	call bird
Lockvogel	loss leader
Lockvogelwerbung	bait advertising
Lockvogelwerbung	switch selling
Loco-Preis	loco price
Logistik	logistics
Logo	logo
Lohn	payment
Lohn	remuneration
Lohn	wage(s)
Lohn, gleicher	equal pay
Lohn- und Gehaltsabzüge	deductions from salaries and wages
Lohn- und Gehaltsabzüge, gesetzliche	statutory deductions from pay
Lohn- und Gehaltsstaffelung	differential piece-rate system
Lohn- und Preiskontrolle	wage and price control
Lohn- und Preispolitik	prices and incomes policy

Lohn-Preis-Spirale	wage-price spiral
Lohn-Schmutzzulage	dirt(y) money
Lohnabrechnung	payslip
Lohnabschluß	wage agreement
Lohnabtretung	wage assignment
Lohnabzug	deduction
Lohnabzüge	payroll deductions
Lohndrift	wage drift
Lohndruckinflation	wage-push inflation
Löhne und Gehälter	wage(s)
Lohnempfänger	wage earner
Lohnforderung	wage claim
Lohngefälle	differential piece-rate system
Lohngefälle	wage differential
Lohngefüge	wage structure
Lohngemeinkosten	indirect labour costs
Lohngleitklausel	wage escalator clause
Lohngruppe	salary scale
Lohnindexbindung	wage indexation
Lohninflation	wage-push inflation
lohnintensiv	labour intensive
Lohnkosten	labour cost(s)
Lohnkosten, unmittelbare, direkte	direct labour (wages)
Lohnkosteninflation	wage inflation
Lohnkürzungen, einseitige	rate cutting
Lohnliste	payroll
Lohnnebenleistung	benefit in kind
Lohnnebenleistungen	fringe benefits
Lohnnebenleistungen	perks
Lohnpause	pay pause
Lohnpause	wage pause
Lohnpolitik	incomes policy
Lohnsatz	rate
Lohnsatz	wage rate
Lohnsätze, Festlegung von	rate fixing
Lohnsteuer	employment tax
Lohnsteuerbescheinigung	certificate of pay and tax deducted
Lohnsteuererhebung, System der	pay-as-you-earn
Lohnsteuerkarte	deduction card
Lohnstreifen	payslip
Lohnstreifen	wage slip
Lohnstruktur	wage structure
Lohnstückkosten	unit labour cost
Lohnsumme	payroll
Lohnsummensteuer	payroll tax
Lohntariff, gleitender	sliding scale wages
Lohntheorien	theories of wages
Lohntheorien	wage theories
Lohntüte	pay packet
Lohntüte	wage packet
Lohnverhandlung	collective bargaining
Lohnvorauszahlung	advance pay
Lohnvorschuß	advance
Lohnzahltag	pay day (payday)
Loko-Preis	price loco
Lokopreis (Bö)	spot price
Lombardkredit	lombard credit/loan

Lombardsatz	lombard rate
Londoner Börse für Finanz-Terminkontrakte	London International Financial Futures Exchange
Londoner Geschäftsviertel	City
Londoner Inter-Banken-Angebotssatz (LIBOR)	libor (rate)
Lorokonto (BaW)	loro account
Lorokonto (BaW)	vostro account
Losanleihe	premium bond
löschen	delete
löschen	unloading
löschen (DV)	clear
Löschen (Ladung)	discharge
Löschen der Ladung	breaking bulk
Löschhafen	port of discharge
Löschpapier	blotting paper
Löschungsvermerk (bei einer Hypothek)	memorandum of satisfaction
Lösgericht	instant
Losgröße	economic order quantity
Losgröße, minimale	minimum manufacturing quantity
Lösungsbaum	decision tree
Lotsengeld	pilotage
Lücke, deflatorische	deflationary gap
Lücke, inflatorische	inflationary gap
Luftfracht	air freight
Luftfracht, Wertzuschlag (für erhöhte Haftung)	valuation charge
Luftfrachtbrief	air waybill
Luftfrachtbrief	waybill
Luxussteuer	luxury tax
Luxuswaren	luxury goods

M

Macht	power
Macht durch Zwangsausübung	coercive power
Magazin	magazine
Magazin	periodical
Magnat	magnate
Magnetkarte	magnetic card
Magnetkartentelefon	cardphone
Mahnschreiben	chaser
Mahnschreiben	collection letter
Mahnschreiben	reminder
Makler	broker
Makler	dealer
Makler, freier	floor trader
Makler	agent
Maklergebühr	brokerage
Maklergeschäft	brokerage
Maklerprovision	brokerage
Maklerstand	ring
Makroökonomik	macroeconomics
Malrabatt (Mk)	time discount
Malrabatt für häufige Werbung in einer festgelegten Zeitperiode	vertical discount

Malthusianismus	Malthusianism
Management	management
Management nach dem Ausnahmeprinzip (Eingriff im Ausnahmefall)	management by exception
Management nach Zielvorgabe und Zielkontrolle	management by objective(s)
Management, mittleres	middle management
Management, untergeordnetes	junior management
Management-Informationssystem	management information system
Management-Leistung, Beurteilung und Bewertung der	management audit
Management-Prinzipien	principles of management
Managementaktie	management share/stock
Managementbestandteile	elements of management
Managementgrundsätze	management principles
Manager, nicht prolemorientierter	problem avoider
Manager/in	manager / manageress
Managerschulung	management training
Mandant/in	client
Mangel	need
Mangel	scarcity
Mangel	squeeze
Mangel an Elastizität (Angebot, Nachfrage)	inelasticity
Mangel im Eigentum	title defect
Mangel, offener	apparent defect
Mangel, verborgener, versteckter	inherent vice
Mangel, verborgener, versteckter	latent defect
Mängelausschluß des Verkäufers	caveat emptor
Mängelhaftungsgarantie	maintenance bond
Mängelrüge	claim
Mängelrüge	complaint
Mangelwaren, hoher Preis für	scarcity value
Manhnung, letzte	final notice
Manifest	manifest
Mannstunde	man-hour
Mantelgesellschaft	bubble company
Mantelpolice (Vers)	global policy
Mantelvertrag	collective agreement
Manuskripthalter	clipboard
Mapi-Methode	MAPI system
Marge	spread
Marge	turn
Marginalanalyse	marginal analysis
Marke	make
Marke	mark
Marke, gut eingeführte	established product
Markenartikel	branded good
Markenartikel	brand
Markenartikel	proprietary goods
Markenbewußtsein	awareness
Markenbewußtsein	brand awareness
Markenbild (eines Produkts)	brand image
Markenerzeugnis hoher Qualität	premium brand
Markenführer	brand leader
Markenname	brand name
Markenpiraterie	trademark piracy

Markenpräferenz	brand preference
Markentreue	brand loyalty
Market, freier, offener	open market
Marketing	marketing
Marketing, kundenspezifisches	customized marketing
Marketing, undifferenziertes	undifferentiated marketing
Marketing-Dreieck, magisches	gem triangle
Marketing-Mix	marketing mix
Marketing-Strategie	marketing strategy
Marketing-Umfeld	marketing environment
Marketingstrategie zur Schaffung von Verbrauchernachfrage	pull strategy
Marketingstrategie, die den Handel zum Verkauf eines Produkts bewegen soll	push strategy
markieren	mark
Markierung	mark
Markierungszeichen	shipping marks
Markt	fair
Markt	market
Markt	market place
Markt	traffic
Markt eines monopolistischen Anbieters	captive market
Markt für bereits in Umlauf befindliche Wertpapiere	secondary market
Markt für hochwertige Güter	class market
Markt für Neuemissionen	new issue market
Markt mit nachgebenden Preisen	soft market
Markt mit stabiler Preisentwicklung	firm market
Markt mit steigendem Preisniveau	advancing market
Markt mit vollkommenem Wettbewerb	perfect market
Markt, angestrebter	target market
Markt, begrenzter, enger	narrow market
Markt, begrenzter, enger (Bö)	thin market
Markt, bestens organisierter	highly-organised market
Markt, freier, offener	competitive market
Markt, gemeinsamer (EU)	Common Market
Markt, gesättigter	mature market
Markt, lebhafter	active market
Markt, leicht (empfindlich) reagierender	sensitive market
Markt, lustloser	narrow market
Markt, organisierter	market overt
Markt, organisierter	organised market
Markt, örtlicher, lokaler	local market
Markt, rückläufiger	soft market
Markt, schwacher	weak market
Markt, sich durch zu hohe Preise vom ... ausschließen	price out of market
Markt, unvollkommener	imperfect market
Markt, vollkommener	perfect market
Markt, vorhandener	available market
Markt, zugänglicher	available market
Marktanalyse	market(ing) analysis
Marktanteil	market share
Marktaufteilung	market sharing
Marktausschluß durch zu hohe Preise	price out of market
Marktbeobachter	business monitor
Marktbeobachter	ghost shopper

Marktbericht	market report
Marktdurchdringung	market penetration
Markteintrittsschranken, natürliche	natural barriers to entry
Marktfähigkeit	marketability
Marktfähigkeit	salability (saleability)
Marktforschung	market research
Marktforschung, gemeinsame	syndicated market research
Marktführer	market leader
Marktgleichgewicht	market equilibrium
Marktkapazität	market capacity
Marktkräfte	market forces
Marktlückenanalyse	gap analysis
Marktmacht	market power
Marktmacht, ausgleichende	countervailing power
Marktnachfrage	market demand
Marktnische	market niche
Marktplan	marketing mix
Marktpreis	market price
Marktpreis (angemessener)	value
Marktpreis, angemessener	actual cash value
Marktpreis-Mechanismus	price mechanism
Marktsättigung	saturation of a market
Marktsegmentierung	market segmentation
Marktstand	booth
Marktstand, Inhaber eines	market stall-holder
Marktstimmung	undertone
Markttag	market day
Marktteilnehmer	marketer
Markttest	product placement test
Markttests, Durchführung von lokalen	test marketing
Marktverhalten	market behaviour
Marktwert	current value
Marktwert	going value
Marktwert	market value
Marktwert	market price
Marktwert	present value
Marktwirtschaft	market economy
Marktwirtschaft (freie)	private enterprise
Marktwirtschaft, freie	free economy
Marktwirtschaft, freie	unplanned economy
Marktwirtschaft, System der freien	free market system
Marktzins	market rate
Marktzutritt	entry
Marktzutrittsschranke	barrier to entry
Marshall Plan	Marshall Plan
Marshall-Lerner Bedingung	Marshall-Lerner condition
Maschinen und Geräte, arbeitskräftesparende	labour-saving equipment
Maschinen und maschinelle Anlagen	plant and machinery
Maschinenausfallzeit	machine idle time
Maschinenversicherung	engineering insurance
Massegläubiger	ordinary creditor
Massenarbeitslosigkeit	mass unemployment
Masseneinkauf	bulk buying
Massenerzeugnis	staple
Massenfertigung	mass production
Massenfertigung, Stückkostenrechnung für	process costing
Massenfrachtgut	bulk cargo

Massengeschäft	bulk business
Massengüter	bulk goods
Massengutfrachter	bulk carrier
Massenmedium	mass medium
Massenproduktion	large-scale production
Massenproduktion	mass production
Mate's Receipt	mate's receipt
Material	material
Materialabfall	spoilage
Materialabfall	waste
Materialanforderung	purchase requisition
Materialanforderung	requisition
Materialaufbereitung	data processing
Materialbedarfsplanung	materials requirements planning
Materialbestandskarte	bin tag
Materialeinkäufer	materials buyer
Materialeinzelkosten	direct materials
Materialentnahmeschein	material requisition note
Materialfluß	materials handling
Materialgemeinkosten	indirect material costs
Materialkontrolle	materials control
Materialkosten	material costs
Materialkosten, direkte	direct materials
Materialliste	bill of material(s)
Materialrückgabeschein	material return note
Materialtransport (innerbetrieblicher)	materials handling
Materialwirtschaft	materials management
Materialwirtschaft	materials control
Materialwirtschaft, fertigungssynchrone	just in time
Matrix	matrix
Matrixbilanz	spreadsheet (spread sheet)
Matrize	stencil
Matrize	matrix
Maut	toll
Mautgebühr	road toll
Maximalpreis	maximum price
Maßnahmen zur Änderung der relativen Preise (AuW)	switching policy
Maßnahmen zur Ankurbelung der Nachfrage	want creation
Maßnahmen, ausgabedämpfende	expenditure-dampening policies
Maßnahmen, finanzpolitische, fiskalpolitische	fiscal measures
Maßnahmen, öffentliche im Außenhandel	government regulations in foreign trade
Maßzoll	specific duty
Mechanisierung	mechanization
Median	median
Medienwerbung	media advertising
Medium	vehicle
Meer, offenes	high sea(s)
Meeting	meeting
Mehrfach-Säulen-Diagramm	multiple bar chart
Mehrgebot (Auktion)	advance
Mehrheit	controlling interest
Mehrheit	majority
Mehrheit, 51%ige	working control
Mehrheitsaktionär	majority stockholder (shareholder)

Mehrheitsbeschluß	majority vote
Mehrheitsbeschluß, qualifizierter	extraordinary resolution
Mehrheitsbeteiligung	controlling interest
Mehrmarken-Produkt	multiple branding
Mehrprodukt-Unternehmen	multi-product company
Mehrstimmrechtsaktie	management share/stock
Mehrstimmrechtsaktie	multiple voting share
Mehrstückpackung	multiple pack
Mehrwegpackung	multi-way packing
Mehrwert	added value
Mehrwert	surplus value
Mehrwertsteuer	value added tax
Mehrwertsteuerbefreiung	zero rating
Meile	mile
Meinung	judg(e)ment
Meinungsbildner	opinion leader
Meinungsforschung	opinion research
Meinungsverschiedenheit	difference
Meistbegünstigten-Klausel (AuW)	most-favoured-nation clause
Meister	master
Meister/in	foreman/forelady
Meldebestand	reorder quantity
Meldung	advice
Menge	quantity
Menge, angebotene	quantity supplied
Menge, kostendeckende	breakeven quantity
Menge, nachgefragte	quantity demanded
Mengenanpasser	price taker
Mengennotierung (AuW)	indirect quotation
Mengenrabatt	bulk discount
Mengenrabatt	quantity discount
Mengenrabatt bei Funk und Fernsehen	time discount
Merchandising	merchandising
Merchant Bank (GB)	merchant bank
Merkantilismus	mercantilism
Merkmal	earmark
Messe	exhibition
Messe	fair
Messestand	booth
Messestand	stand
Methode des kritischen Weges	critical path method
Methode zur Planung und Überwachung von Projekten	Project Evaluation Review Technique
Mietbesitz	leasehold
Miete	hire
Miete	lease
Miete	rent
Miete	rental
Mieteinnahmen	rental
mieten	hire
Mieter	tenant
Mietgegenstand	rental
Mietkauf	hire purchase
Mietvertrag	lease
Mietvertrag (bewegliche Sache)	contract of hire
Mikrofilmausgabe (DV)	computer output on microfilm
Mikroökonomie	microeconomics

Mikroökonomik	microeconomics
Milliarde	billion
Milliarde	milliard
Mindererlös	loss
Minderheitsaktionär	minority shareholder
Minderheitsbeteiligung	minority interest
Minderjährige(r)	infant
Minderjährige(r)	minor
Minderung	abatement
Minderung	shrinkage
Mindesrendite, erwartete	hurdle rate of return
Mindest(stunden)lohn	minimum time rate
Mindestanzahl	quorum
Mindestausleihesatz	minimum lending rate
Mindestbestand	minimum stock level
Mindestentlohnung	reservation wage
Mindestkapital	minimum capital
Mindestlohn	minimum wage
Mindestlohn	wage floor
Mindestlohn, garantierter	guaranteed minimum wage
Mindestlohn, garantierter	minimum entitlement
Mindestmenge (Bö)	unit of trading
Mindestpreis	floor
Mindestpreis	knocked-down price
Mindestpreis	minimum price
Mindestpreis	price floor
Mindestpreis	reserve price
Mindestpreis (bei Versteigerungen)	upset price
Mindestpreismechanismus	trigger price mechanism
Mindestreserve	legal reserve(s)
Mindestreserve	minimum reserves
Mindestreserve	reserve(s)
Mindestreservesatz	minimum reserve ratio
Mindestreservesatz	reserve ratio
Mindestreservesatz (GB)	prudential reserve ratio
Mindestverdienst, gesetzlicher	statutory minimum wage
Mindestverkaufspreis	reservation price
Mindestzeichnung(sbetrag)	minimum subscription
Mindestzins	minimum lending rate
Mini-Übernahme (eines Unternehmens)	toehold acquisition
Minimalpreis	minimum price
Minimumpreis	price floor
Minister(in)	secretary
Mischen	blending
Mischkonzern	conglomerate
Mischkosten	mixed cost
Mischkosten	semivariable (semi-variable) costs
Mischwirtschaft	mixed economy
Mischzoll	compound duty
mit Wirkung vom, ab	as from
Mitarbeiter, der Beförderung ausschlägt	sticker
Mitarbeiter, gewerkschaftlich organisierte	organized labour
Mitarbeiter, leicht beeinflußbarer	pawn
Mitarbeiter-Beurteilungsgespräch	appraisal interview
Mitarbeiterförderung	staff development
Mitarbeiterkarteikarte	staff record card

Mitbestimmung (Arbeitnehmer)	codetermination (of labour)
Mitbestimmung (betriebliche)	industrial democracy
Mitbestimmung (der Arbeitnehmer)	participation
Mitbestimmung (PW)	worker(s') participation
Mitbestimmung, betriebliche	employee participation
Mitbeteiligung	copartnership
Miteigentum	co-ownership
Miteigentümer	joint tenant
Mitglied(sunternehmen)	member
Mitgliederzahl	quorum
Mitgliedsbank	member bank
Mitgliedsbeitrag	subscription
Mitgliedsbeitrag	tax
Mitgliedsbeiträge	dues
Mittagsschicht	backshift
Mitteilung	advice
Mitteilung an den Gläubiger beim Zahlungsverkehr	remittance advice
Mitteilung über Nichtzuteilung von Aktien	letter of regret
Mitteilungsblatt	newsletter
Mittel	means
Mittel, brachliegende	idle balances
Mittel, finanzielle	finance
Mittel, finanzielle	means
Mittel, finanzielle	resources
Mittel, flüssige	cash
Mittel, flüssige	cash assets
Mittel, flüssige	floating capital
Mittel, flüssige	liquid assets
Mittel, flüssige	quick money
Mittel, flüssige zweiten Grades	secondary liquid assets
Mittel, geometrisches	geometric mean
Mittel, liquide	cash assets
Mittel, liquide	liquid capital
Mittel, öffentliche	public funds
Mittel, verfügbare finanzielle	funds
Mittel, von der US-Zentralbank ausgeliehene	borrowed reserves
Mittelbetrieb	small company
mittelfristig	intermediate term
Mittelkurs	mean price
Mittelkurs (Währung)	middle price
Mittelverwendung	application of funds
Mittelwert	mean
Mittelwert, arithmetischer	average
Mittler	middleman
Mitunterschrift	countersignature
Mitverschulden	contributory negligence
Mitversicherung	coinsurance
Mißerfolg	failure
Mißtrauensvotum	no confidence vote
Mißwirtschaft	maladministration
Mnemotechniksystem	mnemonic system
Möbelspedition	removal(s) company
Mobiliar	furniture
Mobilie(n)	chattel(s)

Mobilien	mov(e)ables
Mobilität, berufliche	occupational mobility
Mobilität, geographische	geographic(al) mobility
Mobilität, vertikale (PW)	social mobility
Modell	model
Modell in Originalgröße	mockup
Modernisierungsdarlehen	home improvement loan
Möglichkeit	chance
Monat, im nächsten	proximo
Monat, laufender	instant
Monat, vorigen, letzten	ultimo
Monatsaufstellung	monthly statement
Monetarismus	monetarism
Monopol	monopoly
Monopol, diskriminierendes	discriminating monopoly
Monopol, natürliches	natural monopoly
Monopol, reines	absolute monopoly
Monopol, reines, echtes	pure monopoly
Monopol, vollkommenes	absolute monopoly
Monopol, zweiseitiges, bilaterales	bilateral monopoly
Monopole, Zerschlagung von	trustbusting
Monopolentflechtung	divestment
Monopolkommission (GB)	Monopolies (and Mergers) Commission
Monopolmacht	monopoly power
Monopson	monopsony
Montage	assembly
Montageband	assembly line
Montageband	conveyor
Moratorium	moratorium
Moratorium	standstill agreement
Motivation	motivation
Motivforschung	motivation research
Müllabladeplatz	tip
Mülleimer	bin
Multi-Angebot	multiple offer
Multimomentverfahren	activity sampling
Multipack	multiple pack
Multiplikationszeichen	multiplication sign
Multiplikator (Lehrmeinung)	multiplier
Mund-zu-Mund-Werbung	word-of-mouth-advertising
Mündel	ward
Mundreklame	word-of-mouth-advertising
Münze	coin
Münze	mint
Münzfernsprecher	pay phone
Münzgeld	coinage
Münzgeld	specie
Münzparität	mint parity
Münzprägung	coinage
Münzrecht	coinage
Münzsystem	coinage
Muster	design
Muster	pattern
Muster	sample
Muster der Satzung einer Aktiengesellschaft (GB)	Table A
Musterbuch	pattern book

Musterbuch	sample book
Musterkoffer	display case
Musterkoffer	sampling case
Musterprozeß	test case
Musterverkauf	sale by sample
Muttergesellschaft	parent company
Muttergesellschaft	proprietary company
Mutterschaftsgeld	maternity benefit
Mutterschaftsurlaub	maternity leave

N

nach	post
nach dato / heute	after-date
Nacharbeitung	rework
Nachbesserung	rework
Nachbestellung	repeat order
Nachbörse	after-hours dealings
Nachbörse	kerb market
Nachbörse	street market
nachdatieren	ante-date
Nachfaßinterview (Mk)	callback
Nachfolger(in)	successor
Nachfrage	market
Nachfrage	demand
Nachfrage durch Wertzuwachs	regressive demand
Nachfrage nach Arbeitskräften	demand for labour
Nachfrage und Angebot	demand and supply
Nachfrage und Preis	demand and price
Nachfrage, abgeleitete, derivative	derived demand
Nachfrage, aufgeschobene	deferred demand
Nachfrage, effektive, tatsächliche	effective demand
Nachfrage, Elastizität = 1	unitary elasticity (demand)
Nachfrage, geringe, schwache, stagnierende	slack demand
Nachfrage, inverse	regressive demand
Nachfrage, komplementäre, verbundene	complementary demand
Nachfrage, konkurrierende	alternate demand
Nachfrage, konkurrierende	competitive demand
Nachfrage, konkurrierende	composite demand
Nachfrage, konkurrierende	rival demand
Nachfrage, Kreuz(preis)elastizität der	cross elasticity of demand
Nachfrage, lebhafte	strong market
Nachfrage, Maßnahmen zur Ankurbelung der	want creation
Nachfrage, monetäre oder effektive	monetary demand
Nachfrage, potentielle (mögliche)	potential demand
Nachfrage, Preiselastizität der	price elasticity of demand
Nachfrage, starke	keen demand
Nachfrage, unelastische	inelastic demand
Nachfrage, ungewöhnliche	exceptional demand
Nachfrage, verbundene	complementary demand
Nachfrage, verbundene, komplementäre	joint demand
Nachfrage, vollkommen elastische	perfectly elastic demand
Nachfrage, vollkommen unelastische	perfectly inelastic demand
Nachfrage, zusammengesetzte	composite demand
Nachfrage-Duopol	duopsony

Nachfrageanalyse	demand analysis
Nachfrageänderung	change in demand
Nachfragebedingungen	conditions of demand
Nachfragedeterminanten	determinants of demand
Nachfrageelastizität	elasticity of demand
Nachfragefunktion	demand function
Nachfragegesetz	law of demand
Nachfrageinflation	demand-pull inflation
Nachfrageinflation, nichtmonetäre	demand-shift inflation
Nachfrageinflation, nichtmonetäre	bottleneck inflation
Nachfragekurve	demand curve
Nachfragekurve, allgemeine	general demand curve
Nachfragekurve, Verschiebung der	shift of demand curve
Nachfragemenge	quantity demanded
Nachfragemonopol	monopsony
Nachfragemonopolist	monopsonist
Nachfragepreis	demand price
Nachfrageschrumpfung	contraction of (in) demand
Nachfragesog	demand pull
Nachfragesteuerung	demand management
Nachfragetabelle	demand schedule
Nachfrageüberschuß	excess demand
Nachfrageverschiebungsinflation	demand-shift inflation
Nachfrist	days of grace
Nachfrist	period of grace
Nachfrist (Wechsel)	grace period
Nachlaß	abatement
Nachlaß	bequest
Nachlaß	deduction
Nachlaß	estate
Nachlaß	reduction
Nachlaß (vom Listenpreis)	trade discount
Nachlaß außerhalb der Saison	seasonal discount
Nachlaß, über 2 % Skonto	trade discount
Nachlaß, zusätzlicher	anticipation
Nachlaßsteuer (USA)	estate tax
Nachlaßverwalter/in	administrator / administratrix
nachmittags	post meridiem
Nachnahme	cash on delivery
Nachnahme (per)	charges forward
Nachnahme, Fracht gegen/per	freight forward
Nachporto	postage due
Nachprüfung	verification
Nachrichtenagentur	news agency
Nachschlagewerk	reference book
Nachschußpflichtiger	contributory
nachsenden (Post)	forward
Nachsendung	forwarding
Nachsicht-Akkreditiv	term credit
Nachsichttratte	usance draft
Nachsichtwechsel	after-sight bill
Nachsichtwechsel	period bill
Nachsichtwechsel	term bill
Nachsichtwechsel	term draft
Nächstenliebe	charity
Nachteile, externe	external diseconomies
Nachtrag	postscript

Nachtrag zur Versicherungspolice	endorsement (indorsement)
Nachtschicht	midnight shift
Nachtschicht	night shift
Nachttresor	night safe
Nachverzollung	post entry
Nachzugsaktie	deferred (D.D.) share/stock
Nachzugsaktien	founders' shares
Nachzugswertpapier	junior security
Nahverkehr	short haul
Namensaktie	inscribed stock
Namensaktie, gebundene, vinkulierte	registered share not freely transferable
Namensaktie, Urkunde über eine	share certificate
Namenskonnossement	straight bill of lading
Namenspapier	registered security
Namensscheck	order cheque
Namensschuldverschreibung, Urkunde über eine	certificate of bond
Nationalbank	National Bank
Nationalökonomie	economics
Naturaltausch	barter
Naturaltausch	trade
Nebenbeschäftigung	sideline job
Nebeneinkünfte (zum Gehalt)	perks
Nebenerzeugnis	byproduct
Nebenkasse	petty cash
Nebenleistungen (PW)	perks
Nebenprodukt	byproduct
Nebenprodukt	spinoff (spin-off)
Nebentätigkeit	moonlighting
Nebenwerte (Bö)	second-line stocks
Nebenwirkungen, volkswirtschaftliche	spillovers
Neckwerbung	teaser ad(vertisement)
Negoziationskredit	negotiation credit
Negoziierung	negotiation
Nennwert	face value
Nennwert	nominal value
Nennwert	par value
Nennwert, über	above par
Nennwert, unter	at a discount
Nennwert, unter	below par
Nennwert, zum	at par
Neoklassik (Lehrmethode)	neo-classical economics
netto	net (nett)
netto Kasse	net cash
netto Kasse (Bö)	for money
Netto-Cashflow	net cash flow
Netto-Leasing	net lease
Netto-Realisationswert	net realisable value
Netto-Zahlungsbedingungen	terms net
Nettoanlageinvestitionen	net capital formation
Nettobetrag	net amount
Nettobetriebsgewinn	net operating profit
Nettobetriebsverlust	net operating loss
Nettobuchwert	net book value
Nettoeinkaufswert	net purchases
Nettoeinkommen	disposable income
Nettoeinkommen	net pay

Nettoeinkommen	spendable earnings
Nettoeinkommen, steuerpflichtiges	net statutory income
Nettoerlös	net proceeds
Nettoexporte	net exports
Nettogewicht	net weight
Nettogewinn	net earnings
Nettoinlandsprodukt	net domestic product
Nettoinvestition	net investment
Nettokapitalbildung	net capital formation
Nettolohn	wage packet
Nettopreis-System	mill pricing
Nettoproduktion	net output
Nettorendite	net yield
Nettosozialprodukt zu Faktorpreisen	national income
Nettosozialprodukt	net national product
Nettoumlaufvermögen	net current assets
Nettoumlaufvermögen	working capital
Nettoumlaufvermögen, negatives	negative working capital
Nettoumsatz	net turnover
Nettoumsatzerlöse	net turnover
Nettoumsatzrendite	net profit percentage
Nettoverdienst	net earnings
Nettoverdienst	net pay
Nettoverdienst	wage packet
Nettoverlust	net loss
Nettovermögen	net worth
Nettovermögen	net assets
Nettovolkseinkommen	net national income
Nettowertabschreibung	reducing balance method (of depreciation)
Neubewertung	revaluation
Neuemission (Bö)	new issue
Neuverschuldung der öffentlichen Hand	public sector borrowing requirement
Neuwertversicherung	reinstatement policy
New Deal	New Deal
nicht am Lager	out of stock
nicht organisiert (Gewerkschaft)	nonunion
nicht steuerpflichtig	nontaxable
nicht übertragbar	not negotiable
nicht vorrätig	out of stock
Nichtannahme	abandonment
Nichtannahme	nonacceptance
Nichtausschüttung von Gewinnen	retention of profits
Nichtbeschäftigungsfähige	unemployables
Nichtbestreikung von Konkurrenten	whipsaw strike
Nichteinlösung (Wechsel)	nonpayment
Nichterfüllung	nondelivery
Nichterfüllung	nonperformance
Nichterfüllung eines Vertrages	repudiation
Nichterscheinen vor Gericht	default
Nichterschienene(r) (vor Gericht)	defaulter
Nichtigkeit	nullity
Nichtigkeitserklärung	annulment
Nichtkonvertierbarkeit	inconvertibility
Nichtlieferung	nondelivery
Nichtzahlung	default
Nichtzahlung	nonpayment
Niederschrift	minutes

Niederschrift	protocol
Niederstwertprinzip (RW)	cost concept
Niedrigpreis-Kaufhaus-Kette	variety chain store
Niedrigpreisgeschäft	variety store
Niedrigpreisverkauf	unloading
Niedrigsteuerland	tax haven
Niedrigzinspolitik	easy money policy
Niedrigzinspolitik, extreme	ultra-cheap money policy
Nießbrauch	usufruct
Nießbrauch(recht)	beneficial interest
Niveaugrenzerträge	returns to scale
Nochgeschäft (Bö)	put of more
Nominalkapital	authorized capital
Nominalkapital	registered capital
Nominalkapital (AG)	nominal (share) capital
Nominallohn	nominal wage
Nominalverzinsung	nominal interest rate
Nominalverzinsung	nominal yield
Nominalwert	face value
Nominalwert	nominal value
Nominalzins	nominal interest rate
Normalarbeitszeit	standard time
Normalgewinn	normal profit
Normalgut	normal good
Normalverteilung (Gauß'sche)	normal (Gaussian) distribution
Normalzeit (für eine Arbeitsoperation)	base time
Normalzeit(verbrauch)	level(l)ed time
Normalzins	ordinary interest
Normen	standards
Normenverband, britischer	British Standards Institution
Normung	standardisation (standardization)
Nostrokonto	nostro account
Notar	commissioner (of/for oaths)
Notar	notary public
Note	mark
Notenausgabe	note issue
Notenausgabe, ungedeckte der Bank von England	fiduciary issue
Notenbank	bank of issue
Notenbank	Central Bank
Notendeckung (BaW)	cover
Notenemission	note issue
Notenemissions-Abteilung der Bank von England	Issue Department
Notenumlauf	active circulation (of bank notes)
Notenumlauf	note circulation
Notenumlauf, fiduziärer	fiduciary issue
Notierung (Bö)	price
Notierung (Bö)	quotation
Notierung (Bö)	share price
Notiz	note
Notiz	notice
Notverkauf	distress sale
Notwendigkeit	need
Notwendigkeitsgüter	essential commodities
Notwendigkeitsgüter	necessaries
Now-Konto (USA)	share draft account

Null (Zahl oder Zeichen)	zero
null und nichtig	null and void
Null-Basis-Budgetierung	zero-base(d) budgeting
Null-Coupon Wertpapier	zero coupon security
Null-Coupon-Anleihe	zero coupon bond
Null-Coupon-Wertpapier	zero coupon security
Null-Elastizität	zero elasticity
Null-Lohnrunde	zero pay round
Nullfehlerprogramm	zero defects programme
Nullsummenspiel	zero sum game
Nullwachstum	zero economic growth
Nummernkonto	number account
nur zur Abrechnung	not negotiable
nur zur Verrechnung	not negotiable
nur zur Verrechnung ausgestellter, spezieller Scheck	crossed a/c payee (only)
Nutzen	benefit
Nutzen	gain
Nutzen	profit
Nutzen	utility
Nutzen	value
Nutzen, gesellschaftlicher	social benefits
Nutzen, negativer	disutility
Nutzenfunktion	utility function
Nutzenmaximierung	utility maximization
Nutzenschwelle	breakeven point
Nutzlast	payload
Nützlichkeit	utility
Nutznießer/in	beneficiary
Nutzungsdauer	service life
Nutzungsdauer	working life
Nutzungsdauer, wirtschaftliche	economic life
Nutzungsdauer, technologische	technological life
Nutzungsdauer, voraussichtliche	life expectancy
Nutzungsgebühr	royalty
Nutzungsrecht	usufruct

O

Oberhaus, britisches	House of Lords
Oberschiedsrichter	umpire
Obligation	bond
Obligation	debenture
Obligation	obligation
Obligation	stock
Obligation, aufgerufene (gekündigte)	called bond
Obligation, ausgeloste	drawn bond
Obligation, ausländische (in US-Dollar)	Yankee bond
Obligation, festverzinsliche	active bond
Obligation, jederzeit vorzeitig kündbare	callable bond
Obligation, kündbare, rückzahlbare	redeemable debenture
Obligation, unkündbare	irredeemable debenture
Obligationär	debenture holder
Obmann	umpire
OECD	Organization for Economic Cooperation and Development

Off-Kommentar (Mk)	voice over
Offene Handelsgesellschaft (OHG)	general partnership
Offenlegung	disclosure
Offenlegung, vollständige	full disclosure
Offenmarktausschuß des Federal Reserve-System (USA)	Federal Open Market Committee
Offenmarktgeschäfte	open market operations
Offenmarktoperationen	open market operations
Offerte	tender
Offertgarantie	bid bond
Offshore	offshore
OHG-Gesellschafter	active partner
ohne	ex
Oligopol	oligopoly
Oligopol, homogenes	perfect oligopoly
Oligopolpreisbildung	parallel pricing
Oligopson	oligopsony
Operating-Leasing	operating leasing
Operations Research	operations research
Operationsforschung	operations research
Opportunitätskosten	alternative cost(s)
Opportunitätskosten	opportunity cost
Optimierung	optimization
Option	option
Option, handelbare	traded option
Option, nicht ausgeübte	abandoned option
Option, verfallene	lapsed option
Optionsgeschäft	option
Optionsgeschäft	option contract
Optionsgeschäft mit Termindevisen	option forward
Optionshandel	option dealing(s)
Optionskäufer	taker
Optionskontrakt	option contract
Optionsnehmer	taker
Optionspreis	option price
Optionspreis	strike price
Optionspreis (Bö)	exercise price
Optionsschein	warrant
Order, zahlbar an	payable to order
Orderkonnossement	order bill of lading
Orderpapier, übertragbares	negotiable instrument
Orderscheck	order cheque
Orderwechsel	order bill of exchange
Ordinalzahl	ordinal number
Ordinate	ordinate
Ordnung, marktwirtschaftliche	free market system
Organgesellschaft	associated company
Organisation	organisation (organization)
Organisation der Vereinten Nationen für Erziehung, Wissenschaft und Kultur	United Nations Educational, Scientific and Cultural Organisation
Organisation für Ernährung und Landwirtschaft der UNO	Food and Agricultural Organization
Organisation für wirtschaftliche Zusammenarbeit und Entwicklung	Organization for Economic Cooperation and Development
Organisation, Formalstruktur der	formal organisation relationship
Organisation, funktionale	functional organization
Organisationsplan	organization(al) chart

Organisierung	organisation (organization)
Original	master copy
Originalbeleg	source document
Originaldokument	source document
Ort der Leistung	place of fulfil(l)ment
Ortsgespräch	local call
Ortszeit	standard time
Output	output
Output	production
Outright-Devisen(termin)geschäft	outright forward

P

P's, vier (des Marketing-Mix)	four Ps
Paasche Index	Paasche index
Pacht	lease
Pacht	rent
Pachtbesitz	leasehold
Pächter	tenant
Pachtvertrag	lease
Packliste	packing list
Packliste	specification
Packpapier, kräftiges	kraft paper
Packstück	package
Packung	package
Packung	packet
Paginierung	folio
Paket	packet
Paketannahme	parcel(s) office
Paketpost	parcel post
Paketsendung	parcel post
Paketzustellung	parcel delivery
Palette	pallet
Palette (Mk)	range
Palettenladung	pallet load
Panel	panel
Panikkauf	panic buying
Papier mit Briefkopf	headed paper
Papier, selbstdurchschreibendes	carbon film
Papier, selbstdurchschreibendes	no carbon required (paper)
Papiergeld	paper money
Papierkorb	bin
Papierkrieg	red tape
Papiermaße	paper sizes
Papiernorm (DIN-Norm)	A 1
Papierschneidemaschine	guillotine
Papierwährung	paper currency
Parallelauftrag (Bö)	matched order
Parallelkurs	parallel rate (of exchange)
Parameter	parameter
Paretosches Gesetz	Pareto's law
pari	parity
Pari	par value
Pari, über	above par
Pari, unter	at a discount
Pari, unter	below par

Pari, zu	at par
Parikurs	par exchange rate
Parikurs	parity
Parität	parity
Parität, indirekte	cross rate
Parkinsonsches Gesetz	Parkinson's law
Parlament, Europäisches	European Parliament
Parteiwille, mutmaßlicher	implied terms
Partie	lot
Partieware	job lot
Party-Verkauf	party plan
Passagierliste	waybill
Passiva	liability
Passiva, antizipative	accrued liability
Passiva, antizipatorische	accrued expense
Passiva, Gesamtheit der	equities
Passiva, transitorische	deferred credit
Passiva, transitorische	prepaid income
Passiva, transitorische	unearned income
Passivposten (RW)	liability
Patent	patent
Patentamt	Patent Office
Patentaufgabe	abandonment
Patentgewährung, gegenseitige	cross licensing
Patentschrift	specification
Patenturkunde	letters patent
Paternalismus	paternalism
Pauschalabschreibung	group depreciation
Pauschalangebot	package deal
Pauschalbetrag	lump sum
Pauschale für bestimmte Aufwendungen	allowance
Pauschalhaftpflichtversicherung	umbrella liability insurance
Pauschalpolice (Vers)	declaration policy
Pauschalpolice (Vers)	floating policy
Pauschalversicherung	package insurance
Pauschalversicherungspolice	blanket policy
Pause	break
Peer Group	peer group
Penetrationspreispolitik (Mk)	penetration pricing
Penny (Münze) (GB)	penny
Pension	pension
Pension, aufgeschobene	deferred pension
Pension, beitragspflichtige	contributory pension
Pensionierung	retirement
Pensionsfonds	pension fund
Pensionskasse	pension fund
Pensionskasse, betriebliche	occupational pension (scheme)
Pensionsversicherung, betriebliche	pensions insurance
Periodenabgrenzung, Grundsatz der	matching
Person, dritte	third party
Person, juristische	artificial person
Person, juristische	body corporate
Person, natürliche	natural person
Person, versicherte	risk
Personal	personnel
Personal	staff
Personalabbau	layoff (lay off)

Personalabbau	shakeout
Personalabteilung	personnel department
Personalabteilung	staff department
Personalabwerbung	head hunt(ing)
Personalakte	personal file
Personalakte	personnel file
Personalbeschaffung	recruitment
Personalbestand	labour force
Personalbestand	manpower
Personalbestand	workforce (work force)
Personalbestand, zu hoher	overmanning
Personalbeurteilung	employee rating
Personalbeurteilung	staff appraisal
Personalchef	personnel manager
Personalchef	staff manager
Personalfluktuation	labour turnover
Personalfluktuation	staff turnover
Personalfluktuation	turnover
Personalfreisetzung	layoff (lay off)
Personalführung	personnel management
Personalkredit	personal loan
Personalkredit, festverzinslicher	fixed-interest personal credit
Personalleiter	personnel manager
Personalleiter	staff manager
Personal-Management	human resources management
Personal-Management	personnel management
Personalplanung	manpower planning
Personalpolitik	employment policy
Personalpolitik	manpower policy
Personalvertretung	staff representation
Personalwirtschaft	personnel management
Personen/Haushalte, die mit Werbemittel /-träger Kontakt haben	audience
Personengesellschaft	general partnership
Personengesellschaft	partnership
Personengesellschaften, Gesetz über	Partnership Act
Personensteuer	personal tax
Personenvereinigung	association
Persönlichkeitstyp A und B	Type A / Type B personality
Peter-Prinzip	Peter principle
Petro-Dollar	petrodollars
Pfand	pledge
Pfand(sache)	pawn
Pfandbrief	mortgage debenture
Pfandgegenstand	pledge
Pfandleiher	moneylender
Pfandleiher	pawnbroker
Pfandrecht	lien
Pfandrecht an einer bestimmten Sache	particular lien
Pfandrecht des Verkäufers	seller's lien
Pfandrecht, allgemeines	general lien
Pfändung	attachment
Pfändung	distraint
Pfändungs- und Überweisungsbeschluß	garnishee order
Pfändungsbeschluß	charging order
Pfändungsbeschluß	distress warrant
Pfändungsschuldner	garnishee

Pflicht	duty
Pflicht	function
Pflicht	job
Pflichtaktien der Mitglieder des Board of Directors	qualification shares
Pflichtversicherung	compulsory insurance
Pfund	pound
Pfund (Währung)	Pound
Pfund Sterling (GB)	sterling
Phillips-Kurve	Phillips curve
Phonotypistin	audiotypist
Physiokraten	physiocrats
Pigou-Effekt	Pigou effect
Pigou-Effekt	real balance effect
Pigou-Effekt	wealth effect
Pilotanlage	pilot plant
Pint(e) (Flüssigkeits-/Trockenmaß)	pint
Plafond	ceiling
Plakat	bill
Plakat	poster
Plakatwerbung	billing
Plakatwerbung	outdoor advertising
Plan	design
Plan, Fifty-fifty (50:50)	fifty-fifty (50:50) plan
Plane	cover
Plankosten	standard cost
Plankostenrechnung	standard costing
Planspiel	business game
Planspiel	management game
Planung	planning
Planung und Überwachung von Projekten, Methode zur	Project Evaluation Review Technique
Planung, indikative	indicative planning
Planung, kurzfristige	short-term planning
Planung, zentrale, staatliche	central (economic) planning
Planwirtschaft	command economy
Planwirtschaft	planned economy
Plastikgeld	plastic money
Platzgiroverkehr (BaW)	town clearing
Plazierung (private) (Bö)	placing
Plazierungskosten	flo(a)tation expenses
Plus-minus-Null, Arbeiten mit	breakeven
Police	insurance policy
Police, die als Nachweis des Anspruchs ausreicht (Vers)	policy proof of interest
Police, laufende, offene (Vers)	floating policy
Police, nicht gewinnberechtigte (Vers)	nonparticipating policy
Police, offene (Vers)	declaration policy
Police, offene (Vers)	general policy
Police, untaxierte (offene) (Vers)	unvalued policy
Policendarlehen	policy loan
Policenformular (Vers)	policy form
Polier	overseer
Politik	policy
Politik der offenen Tür (AuW)	open-door policy
Politik des billigen Geldes	easy money policy
Politik, makroökonomische	macroeconomic policy

Polypol	polypoly
Pool	pool
Portefeuille	portfolio
Portefeuille-Umschichtung	switch
Portfolio-Investition	portfolio investment
Portfolio-Investition, ausländische	foreign portfolio investment
Portfolio-Management	portfolio management
Porto	postage
Portobuch	postage book
Portobuch	stamp book
POS	electronic funds transfer at the POS
POS-System	point of sale system
POS-Werbung	point-of-sale advertising
Position	footing
Position	post
Position, offene (Bö)	open position
Positionsanzeiger auf dem Bildschirm	cursor
Post	Post Office
Post	post
Post(sendung)	mail
Post, elektronische	electronic mail
Post, gewöhnliche	surface mail
Post, mit gleicher (gesonderter)	under separate cover
Post, vertrauliche	confidential mail
Postamt	post
Postamt für unzustellbare Briefe und Pakete	dead letter office
Postanweisung	money order
Postanweisung	postal order
Postanweisung, telegraphische	telegraphic money order
Posteingang	incoming mail
Posteinlieferungsschein	certificate of posting
Posteinlieferungsschein	post office receipt
Posten, offene	outstanding debts
Poster	poster
Postfach	box number
Postfach	lock box
Postgebühren	postal charges
Postgirodienst (GB)	National Giro
Postgiroüberweisung	postal giro transfer
Postkasten	post
postlagernd	general delivery
postlagernd	poste restante
Postleitzahl (GB)	postal code
Postleitzahl (USA)	zip code
Postpaket	package
Postpaketempfangsschein	parcel post receipt
Postquittung	certificate of posting
Postscheck	postcheque
Postscheckuberweisung	giro (credit) transfer
Postschließfach	post office box
Postschließfach	private box
Postsparkasse (GB)	National Savings Bank
Poststelle	mailroom
Poststempel	date stamp
Poststempel	postmark
Posttest	posttest (post-test)

Postüberweisung	mail transfer
Postversandwerbung	direct mail advertising
Postwurfsendung	bulk mail
Postwurfsendung	direct mail advertising
Postwurfsendung	mailing piece
Postzustellung gegen Empfangsbestätigung	recorded delivery
Präferenzen, bekundete oder offenbarte	revealed preferences
Präferenzgut	preference item
Präferenzordnung	hierarchy of wants
Präferenzordnung	scale of preferences
Prägeanstalt	mint
Prägegebühr	mintage
Prägegewinn	seigniorage
Prägung	mintage
Praktiken, restriktive	restrictive practice(s)
Prallel-Import	parallel import
Prämeinfestsetzung (Vers)	experience rating
Prämie	bounty
Prämie	premium
Prämie, gleichbleibende/konstante (Vers)	level premium
Prämien, eingezahlte (verdiente) (Vers)	earned premiums
Prämienanleihe	premium bond
Prämienaufkommen (Vers)	premium income
Prämienberechnung aufgrund von Erfahrungswerten	experience premium rating
Prämienfestsetzung (Vers)	premium rating
Prämienfestsetzung (Vers)	rating
Prämienlohnsystem	bonus (wages) system
Prämienlohnsystem	premium bonus system
Prämienreserve (Vers)	unearned premium reserve
Prämiensparen	contractual saving
Prämiensparvertrag (GB)	save as you earn contract
Präsentation	presentation
Präsident	chief executive officer
Präsident	president
Präzedenzfall	leading case
Preis	charge
Preis	cost
Preis	premium
Preis	price
Preis	rate
Preis ab ...	loco price
Preis frei Haus	delivered price
Preis für ganzseitige Anzeige	page rate
Preis für künftige Lieferung	forward price
Preis, abbröckelnder	softening price
Preis, angemessener	just price
Preis, angestrebter	target price
Preis, ausgehandelter	negotiated price
Preis, äußerster	bottom price
Preis, äußerster, niedrigster	rock-bottom price
Preis, einschlich aller Kosten	all-in-price
Preis, empfohlener	recommended price
Preis, gängiger	popular price
Preis, gebotener	bid price
Preis, geltender	going rate

Preis, gespaltener, unterschiedlicher (auf verschiedenen Märkten)	split price
Preis, konkurrenzfähiger	keen price
Preis, niedrigster	bottom price
Preis, niedrigster, äußerster	knocked-down price
Preis, optischer, psychologischer	psychological price
Preis, regulierter	administered price
Preis, relativer	relative price
Preis, sehr niedriger, scharf kalkulierter	keen price
Preis, subventionierter	pegged price
Preis-Kosten-Schere	cost-price squeeze
Preis-Scanner	price scanner
Preisabsprache	common pricing
Preisabsprache	price fixing
Preisabsprache bei der Abgabe von Angeboten	collusive tendering
Preisabtastgerät	price scanner
Preisangabe	quotation
Preisangebot	price quotation
Preisanhebung	pricing up
Preisanstieg	advance
Preisaufschlag, zusätzlicher	additional markon
Preisauszeichnung mit gebrochenen Preisen	odd pricing
Preisauszeichnungsgesetz	Prices Act
Preisbildung	price fixing
Preisbildung	pricing
Preisbildung auf Durchschnittskostenbasis	average cost pricing
Preisbildungsfaktor	price determinant
Preisbindung der zweiten Hand	price maintenance
Preisbindung der zweiten Hand	resale price maintenance
Preisbindung, vertikale	resale price maintenance
Preisbindung, vertikale (USA)	fair trade
Preisdifferenzierung	multiple pricing
Preisdifferenzierung	price discrimination
Preisdiskriminierung	price discrimination
Preisdiskriminierung (Kartell)	rate discrimination
Preise	terms
Preise, Differenz zwischen zwei	spread
Preise, Fallen der	baisse
Preiseffekt	price effect
Preiselastizität	price elasticity
Preiselastizität der Nachfrage	price elasticity of demand
Preiselastizität des Angebots	price elasticity of supply
Preisempfehlung des Herstellers	manufacturer's recommended price
Preisentwicklung, Markt mit stabiler	firm market
Preiserhöhungen, Zurücknahme von	rollback
Preisermittlung	price determination
Preiserwartungseffekt	Fisher effect
Preisfestsetzung	price fixing
Preisfestsetzung	pricing
Preisfestsetzung unter Berücksichtigung einer angemessenen Rendite	rate of return pricing
Preisfestsetzung, behördliche	valorization
Preisfestsetzung, probeweise	trial and error pricing

Preisforderung	terms of sale
Preisführerschaft	price leadership
Preisgestaltung, freie, variable	variable pricing
Preisgestaltung, gleichgerichtete	parallel pricing
Preisgleitklausel	price escalator clause
Preisgleitklausel	price variation clause
Preisgleitklausel	escalator clause
Preisgrenze, untere	floor
Preisherabsetzung	pricing down
Preisindex	price index
Preisindex für Lebenshaltungskosten	retail price index
Preisinformationsabsprache	open price agreement
Preisinformationsabsprache (Kartell)	information agreement
Preiskalkulation durch Gewinnzuschlag auf Selbstkosten	cost-plus pricing
Preiskartell	price ring
Preiskontrolle	price control
Preiskrieg	cutprice war
Preiskrieg	price war
Preiskrieg	rate war
Preislage	price range
Preislesepistole	price scanner
Preisliste	price list
Preisnachahmer	price follower
Preisnachlaß	allowance
Preisnachlaß	rebate
Preisnachlaß	sales allowance
Preisnachlaß, nachträglich wegen Beanstandung gewährt	purchase(s) allowance
Preisniveau	price level
Preisniveau, allgemeines	general price level
Preisniveau, hohes	price plateau
Preisnotierung	direct quotation
Preisobergrenze	price ceiling
Preispolitik	pricing policy
Preisrelationen (AuW)	terms of trade
Preisrückgang, anhaltender	slump
Preisschild	price tag
Preissenkung	markdown
Preisspanne	price range
Preisstabilität	price stability
Preisstellung, einheitliche frei Haus	uniform delivered pricing
Preissturz	break
Preissturz	plunge in prices
Preisstützung	pegging
Preisstützung	price maintenance
Preisstützung	price support
Preissystem	price mechanism
Preistabelle	scale of prices
Preistheorie	price theory
Preisüberwachung	price control
Preisunterbietung	dumping
Preisunterbietung	price cutting
Preisunterbietung	underselling
Preisunterbietung, ruinöse	predatory pricing
Preisuntergrenze	price floor
Preisverfall	collapse

Preisverhandlung	price negotiation
Preisverrechnung, innerbetriebliche	cross charging (of prices)
Preisverzeichnis	price list
Preisverzeichnis	tariff
Presse, überregionale	national press
Pressedienst	news agency
Pressekonferenz	press conference
Pressemitteilung	handout
Pressemitteilung	press release
Prestigepreise, Festsetzung von	premium pricing
Prestigewerbung	prestige advertising
Pretest	pretest (pre-test)
prima	A 1
Primärforschung	fieldwork
Primärgeld	monetary base
Primärhändler (Bö)	market maker
Primärmarkt (Bö)	new issue market
Primärmarkt (Bö)	primary market
Primawechsel	first of exchange
Prime Rate	prime rate
Prinzip, ökonomisches	efficiency rule
Prinzip, Wie-du-mir-so-ich-dir	mirror principle
Prioritätsaktie	preference share
Privatanleger	private investor
Privatbank	private bank
Privateigentum	private property
Privatentnahme	drawing
Privatentnahme	withdrawal
Privatentnahmekonto (eines Gesellschafters)	drawing(s) account
Privatentnahmen	private withdrawals
Privatentnahmen der Gesellschafter	partnership drawings
Privatgesellschaft (GmbH, AG)	private company
Privathaftpflichtversicherung	personal liability insurance
Privatisierung	privatisation
Privatkundengeschäft (der Banken)	retail banking
Privatrecht	private law
Privatvermögen	personal assets
Privatversicherung (GB)	commercial insurance
Privatwirtschaft	private enterprise (system)
Pro-Kopf-Einkommen	per capita income
Pro-Kopf-Leistung	per capita output
Proband	respondent
Probe	sample
Probe	trial
Probe(ver)kauf	sale on approval
Probe, auf	on approval (on appro)
Probeangebot	trial offer
Probeauftrag	sampling order
Probeauftrag	trial order
Probebilanz	trial balance
Probelauf	field test
Probenverteilung	sampling
Probezeit	probationary period
Probezeit	qualifying period
Produkt der zweiten Generation	second generation product
Produkt, besondere Eigenschaften eines	product feature

Produkt, ein sich schnell verkaufendes	runner
Produkt, ertragsstarkes	cash cow
Produkt, Glied eines (Math)	factor
Produkt, gut eingeführtes	established product
Produkt, markenfreies	no-name (product)
Produkt, preiselastisches, -reagibles	price-sensitive product
Produkt-Management	product management
Produkt-Manager	product manager
Produkt-Mix	product mix
Produkt-Positionierung	product positioning
Produkt-Rückruf	product recall
Produktbewußtsein	brand awareness
Produktbündelrechnung	batch costing
Produktdifferenzierung	product differentiation
Produkte, Analyse konkurrierender	competitor analysis
Produkteinführung	product launch
Produkteinheit, letzte	marginal unit
Produktenmakler	produce broker
Produkthaftpflichtversicherung	product liability insurance
Produkthaftung	manufacturer's liability
Produkthaftung	product liability
Produktimage	product image
Produktion	make
Produktion	manufacturing
Produktion	output
Produktion	production
Produktion und Kosten	output and costs
Produktion, durchlaufende	continuous production
Produktion, gesamtwirtschaftliche	national output
Produktion, kapitalintensive	capital-intensive production
Produktionsabteilung	production department
Produktionsanlage	plant
Produktionsanlage	production plant
Produktionsauftrag	manufacturing order
Produktionsausstoß	production
Produktionsbeschleunigung	speed-up of production
Produktionsdokumente	production documents
Produktionseinheit	unit of production
Produktionsfaktor	factor of production
Produktionsfaktor	factor
Produktionsfaktor Arbeit	labour (labor)
Produktionsfaktor Boden	land
Produktionsfaktoren	resources
Produktionsfunktion	production function
Produktionsgenossenschaft	producers' cooperative
Produktionsgüter	investment goods
Produktionsgüter	producer goods
Produktionskapazität	production capacity
Produktionskoeffizient	production coefficient
Produktionskontrolleur	dispatcher
Produktionskosten	cost(s) of production
Produktionskosten	factory cost
Produktionskosten	production cost
Produktionskostentheorie	cost of production theory
Produktionslenkung	output control
Produktionsmenge	make
Produktionsplanung	production planning

Produktionspotential	productive potential
Produktionsprozeß	production process
Produktionsstufen	stages of production
Produktionsumfang	scale of production
Produktionszweige	branches of production
Produktivität	productivity
Produktivität	technical efficiency
Produktivitätsabkommen (PW)	productivity agreement
Produktivitätsoptimum	productive efficiency
Produktivitätszuwachs, Beteiligung am	gain sharing
Produktivvermögen	capital
Produktklassifizierung	product classification
Produktkontrolle	product control
Produktlebenszyklus	product life cycle
Produktlücke	product gap
Produktmanager	brand manager
Produktmerkmale	product characteristics
Produktpalette, -linie	line
Produktpolitik	product policy
Produktvergleichsanalyse	comparative product analysis
Produktwerbung	competitive advertising
Produzent	manufacturer
Produzentenhaftung	manufacturer's liability
Produzentenrente	producer's surplus
produzieren	make
Profit Center	profit center (centre)
Proforma-Rechnung	pro forma invoice
Proforma-Rechnung	pro forma account
Proformawechsel	accomodation bill
Prognose	forecast
Prognose	projection
Programmablaufplan	flow chart (flowchart)
Prohibitivzoll	prohibitive duty
Projektion	projection
Projektmanager	project manager
Projektstudie	feasibility study
Prokura, per	per pro (per proc, pp or per proxy)
Proletariat	proletariat
Prolongation	prolongation
Prolongation	renewal
Prolongationsgebühr (Bö)	contango
Prolongationsgeschäft (Bö)	carry(ing) over
Prolongationsgeschäft (Bö)	contango
Prolongationswechsel	renewal bill
Promille	per mille
Promoter	promoter
Proportionalregel (Vers)	average clause
Proportionalregel (Vers)	average
Proportionalsteuer	proportional tax
Prorata-Klausel (Vers)	average clause
Prorata-Klausel (Vers)	pro rata average
Prospekt	brochure
Prospekt	catalog(ue)
Prospekt	handbill
Prospekt	leaflet
Prospekt	pamphlet
Prospekt	prospectus

Prosperität	prosperity
Protektionismus	protectionism
Protest	protest
Protestaufnahme, notarieller Vermerk bei	noting (a bill)
Protesturkunde	certificate of protest
Protokoll	minutes
Protokoll	protocol
Provision	commission
Provisionsertragskonto	commission received account
Provisionskonto	commission account
Proxy-Auseinandersetzung	proxy fight
Prozent	per cent (percent)
Prozent (hier 1 %)	point
Prozeß	case
Prozeß	litigation
Prozeß	process
Prozeßkostenhilfe	legal aid
Prüfbarkeit, lückenlose	audit trail
Prüfung	inspection
Prüfung	scrutiny
Prüfung	verification
Prüfung an Ort und Stelle	spot check
Prüfungsbericht	audit(or's) report
Prüfungspfad, -kette	audit trail
Public Relations	public relations
Publikation	publication
Publikum	audience
Publizität	publicity
Pufferbestand	buffer stock
Pufferspeicher (DV)	buffer memory
Pulvergericht	instant
Punkt	credit
Punkt (Bö)	point
Punktelastizität	point elasticity
Punktstreik	spot strike

Q

Qualifikation	qualification
Qualifikation	workmanship
Qualität	quality
Qualität, gängige, handelsübliche	commercial quality
Qualität, handelsübliche, marktgängige	merchantable quality
Qualität, mindere	low-grade
Qualität, von besonders guter	premium
Qualitätsabnahmebescheinigung des Lieferers	supplier's quality inspection certificate
Qualitätsarbeit	workmanship
Qualitätskontrolle	quality control
Qualitätskontrolle, statistische	statistical quality control
Qualitätsmarkt	quality market
Qualitätsniveau, ausreichendes	acceptable quality level
Qualitätszeugnis	certificate of quality
Qualitätszeugnis	quality certificate
Qualitätszirkel	quality circle
Quantität	quantity

Quantitätsgleichung	equation of exchange
Quantitätsgleichung	Fisher equation
Quantitätstheorie	money equation
Quantitätstheorie des Geldes	quantity theory of money
Quartalstage	quarter days
Quasigeld	near money
Quasigeld	substitute money
Quasirente	quasirent
Quellensteuer	withholding tax
Queraddition	footing
Querrechnung	footing
Querverweis	cross reference
Quittung	acquittance
Quittung	cash voucher
Quittung	coupon
Quittung	quittance
Quittung	receipt
Quittung	voucher
Quittung über erfolgte Übertragung von Aktien	transfer receipt
Quorum	quorum
Quote	quota
Quotenauswahl	quota sampling
Quotenrückversicherung	fixed share reinsurance
Quotenrückversicherung	quota (share) reinsurance
Quotenstichprobenverfahren	quota sampling

R

R-Gespräch (Telefon)	reverse charge call
R-Gespräch (Telefon)	transfer charge call
Rabatt	allowance
Rabatt	deduction
Rabatt	rebate
Rabatt	reduction
Rabattmarke	trading stamp
Radioprogramm mit Geschenken/Preisen	giveaway (give-away)
Radiowerbung, lokale, regionale	spot advertising
Rampe	ramp
Ramschware	job lot
Ramschware	odds and ends
Rand	margin
Rang	rank
Rang	status
Rangbeziehungen, instanzielle	line relationship
Rangordnung von Zielen	hierarchy of objectives
Rat	advice
Rat der ökonomischen Berater des US-Präsidenten	Council of Economic Advisers
Rat für Gegenseitige Wirtschaftshilfe	COMECON
Rate	instal(l)ment
Ratenkaufvertrag	credit sale(s) agreement
Ratenverkauf	instal(l)ment selling
Ratenzahlung	deferred payment
Ratenzahlung	instal(l)ment
Ratenzahlung, erste	token payment

Ratenzahlungskauf	hire purchase
Ratenzahlungsvertrag	deferred payment agreement
Ratifikation	ratification
Ratifizierung	ratification
Rationalisierung	rationalisation (rationalization)
Rationierung	rationing
räumen (Lager)	clear
Raummaße	cubic measures
Räumungsverkauf	clearance
Realeinkommen	real income
Realinvestition	fixed investment
Realisations- und Vorsichtsprinzip (RW)	doctrine of conservatism
Realisationsprinzip (RW)	conservatism convention
Realisationsprinzip (RW)	realisation concept
Realkasseneffekt	wealth effect
Reallohn	real wage(s)
Realwert	real value
Realzins	real interest rate
Reassekuranz	reinsurance
Rechenfehler	miscalculation
Rechenmaschine	calculator
Rechenschaftspflicht	accountability
Rechner	calculator
Rechner	computer
Rechner, elektronischer	electronic calculator
Rechnerprogramm	computer program(me)
Rechnersprache	computer language
Rechnung	account
Rechnung	bill
Rechnung	check
Rechnung	invoice
Rechnung mit Werbebeilage	bill insert
Rechnung, auf/für ... von	for the account of
Rechnung, beglaubigte	certified invoice
Rechnung, für	on account
Rechnung, laut erteilter	account rendered
Rechnung, offene	open account
Rechnung, offenstehende, unbezahlte	outstanding account
Rechnung, unbezahlte	tab
Rechnung, vorläufige	pro forma invoice
Rechnungen, Ausstellen und Zusenden	billing
Rechnungen, Bevorschussung von	invoice discounting
Rechnungen, unbeglichene	amounts outstanding
Rechnungsabgrenzungsposten, aktive(r)	expense(s) prepaid
Rechnungsabgrenzungsposten, aktive(r)	accrued revenue(s)
Rechnungsabgrenzungsposten, aktive(r)	deferred charge(s)
Rechnungsabgrenzungsposten, aktive(r)	prepaid expense(s)
Rechnungsabgrenzungsposten, passive(r)	accrued expense(s)
Rechnungsabgrenzungsposten, passive(r)	deferred credit(s)
Rechnungsabgrenzungsposten, passive(r)	prepaid income
Rechnungsabschluß (RW)	balancing the books
Rechnungsabschluß (RW)	balance sheet
Rechnungsabschluß (RW)	financial statement
Rechnungsaufstellung	statement
Rechnungsaufstellung, über den Monat verteilte	cycle billing
Rechnungsbeleg	voucher

Rechnungseinheit (Geld als Wertmaßstab)	unit of account
Rechnungsformular	billhead
Rechnungsjahr	fiscal year
Rechnungsjahr	tax year
Rechnungskopf	billhead
Rechnungslegung	accounting
Rechnungslegung zum Tages- oder Marktwert	current cost accounting
Rechnungslegung, Grundsätze ordnungsgemäßer	generally accepted accounting principles
Rechnungslegung, inflationsneutrale	inflation accounting
Rechnungslegung, periodengerechte	accrual concept
Rechnungslegungseinheit	profit center (centre)
Rechnungslegungspflicht	accountability
Rechnungsperiode	accounting period
Rechnungsprüfung	audit
Rechnungsstellung	sales invoicing
Rechnungswesen	accounting system
Rechnungswesen	accounting
Rechnungswesen, dezentralisiertes	departmental accounting
Rechnungswesen, entscheidungsorientiertes	management accounting
Rechnungswesen, Fachmann des	accountant
Rechnungswesen, Theorie des	accountancy
Recht	law
Recht der Stellvertretung	law of agency
Recht, öffentliches	public law
Recht, wohlerworbenes	vested right(s)
Rechte des Käufers	buyer's rights
Rechte, ausschließlich aller (Bö)	ex all
Rechte, ausschließlich aller (Bö)	XA (ex all)
Rechte, einschließlich aller (Bö)	cum all
rechtfertigen	justify
Rechtsanspruch	claim
Rechtsanspruch	title
Rechtsanspruch, Dokument über einen	document of title
Rechtsanwalt	barrister
Rechtsberatung	legal advice
Rechtsbeschränkungen	legal constraints
Rechtsbeziehung zwischen zwei Vertragsparteien	privity of contract
Rechtseintritt	subrogation
Rechtsfähigkeit	competence
Rechtsgegenstand, immaterieller	chose in action
Rechtsgegenstand, unkörperlicher	chose in action
Rechtsgeschäft	transaction
Rechtsgeschäft, unredliches, unsittliches	unconscionable bargain
Rechtshilfe	legal aid
Rechtsnachfolger	assignee
Rechtspersönlichkeit	legal entity
Rechtsschutzversicherung	legal expense(s) insurance
Rechtsstellung	status
Rechtsstreit	litigation
Rechtssubjekt	legal entity
Rechtswissenschaft	law
Recycling	recycling

Reden über die Arbeit	shop-talk (shoptalk)
Rediskontsatz	rediscount rate
Reduzierung	reduction
Reederei	shipping company
Refaktie	breakage
Referenz	referee
Referenz	reference
Referenz	testimonial
Refinanzierung	funding
Refinanzierung	refinancing
Refinanzierung am freien Markt	funding
Refinanzierungsinstitut	lender of last resort
Refinanzierungswechsel	refinance bill
Reflation	reflation
Regal	rack
Regal	shelf
Regalgroßhändler	rackjobber (rack jobber)
Regalprospekt	rack folder
Regenbogenpresse	yellow press
Regierung	government
Regierungsanleihe unter Umgehung der Börse (GB)	tap stock
Regierungspolitik	government policy
Region, geförderte	assisted area
Regionalpolitik	regional policy
Register	register
Register	registry
Registerführer für Aktiengesellschaften (GB)	Registrar of Companies
Registerhafen	registry
Registrator	filing clerk
Registratur	filing system
Registratur, elektronische	electronic filing
Registratureinrichtung	filing equipment
Registraturgehilfe	filing clerk
Registraturschrank	filing cabinet
Registrierkasse	cash register
Registrierung	filing
Registrierung, numerische	numerical filing
Regreß	recourse
Regreß, mit	with recourse
Regreß, ohne	without recourse
Regulierer	assessor
Reichtum	resources
Reichtum	wealth
Reihenfolge, chronologische	date order
Reimportlizenz	bill of store(s)
Reingewicht	net weight
Reingewinn	net profit
Reingewinn	net earnings
Reingewinn (nach Steuern)	earnings
Reingewinn erzielen	clear
Reingewinn in Prozent	net profit percentage
Reingewinn pro Aktie in % des Aktienkurses	earnings yield
Reingewinn, unverteilter	earned surplus
Reinverlust	net loss

Reinvermögen	net assets
Reinvermögen	net worth
Reinvermögen	surplus
Reinvestition	reinvestment
Reisebüro	travel agency
Reisecharter	voyage charter
Reisegepäckversicherung	tourist baggage insurance
Reisekostenzuschuß	travel allowance
Reisekrankenversicherung	travel accident insurance
Reisekreditbrief	letter of credit
Reisekreditbrief	travel(l)er's letter of credit
Reisender	commercial travel(l)er
Reisender	travelling salesman
Reisescheck	traveller's cheque
Reisescheck in Auslandswährung	foreign currency travellers' cheque
Reiseunfallversicherung	travel accident insurance
Reiseveranstalter	travel agent
Reiseversicherung	travel insurance
Reiter	tab
Reitwechsel	windbill
Reißwolf	shredding machine
Reklamation	claim
Reklamation	complaint
Reklame	advertising
Reklame	advertisement
Reklame	publicity
Reklame, wilder Anschlag von	fly posting
Reklamefläche	space
Reklametafel	hoarding
Reklamezettel	handout
Reklamezettel	throwaway
Rektaindossament	restrictive endorsement
Rektaklausel	restrictive endorsement
Rektakonnossement	straight bill of lading
Reling des Schiffes, an der	at ship's rail
Rembourskredit	acceptance credit
Rembourskredit	refinance credit
Rembourskredit	term credit
Rembourstratte	reimbursement draft
Rendite	rate of return
Rendite	return
Rendite	yield
Rendite, jährliche	annual return
Rendite, laufende	flat yield
Renditegefälle	yield gap
Renditelücke	yield gap
Renner (Mk)	runner
Rentabilität	profitability
Rentabilität	rate of return
Rentabilität eines Investitionsprojektes	internal rate of return
Rentabilitätsprüfungen	tests of profitability
Rente	pension
Rente (Vers)	annuity
Rente an Ehegatten und Überlebende	joint and survivor annuity
Rente für bestimmte Anzahl von Jahren oder bis zum Tod des Versicherten	guaranteed annuity
Rente, aufgeschobene	deferred annuity

Rente, aufgeschobene	deferred pension
Rente, beitragspflichtige	contributory pension
Rente, dauernde, ewige	perpetual annuity
Rente, gemeinsame	joint annuity
Rente, ökonomische	rent
Rente, sofort fällige	immediate annuity
Rentenempfänger (Vers)	annuitant
Rentenversicherung (private)	self-employed annuity
Rentenversicherung, betriebliche	pensions insurance
Rentner (Vers)	annuitant
Report	premium
Report (Bö)	contango
Reportgeschäft (Bö)	contango
Repräsentant	representative
Repräsentativerhebung (Stat)	sample survey
Reprivatisierung	denationalisation
Reserve(n)	reserve(s)
Reserven, freie	free reserves
Reserven, stille	hidden reserves
Reserven, stille	inner reserves
Reservenberechnung (Vers)	valuation
Reservespeicher (DV)	backup store
Reservierung	reservation
Respekttage	days of grace
Respekttage (Wechsel)	grace period
Respekttage (Wechsel)	period of grace
Ressourcen, natürliche	natural resources
Ressourcen, ökonomische	economic resources
Rest	balance
Rest(bestand)	remainder
Rest(buch)wertabschreibung	reducing balance method (of depreciation)
Restarbeitslosigkeit	hardcore unemployment
Restarbeitslosigkeit	residual unemployment
Restbetrag	remainder
Restbuchwert	book value
Restbuchwert	net book value
Restbuchwert	residual value
Restposten in der Zahlungsbilanz	balancing item
Restpostenauslage	jumble display
Restriktionen "durch die Hintertür"	back-door restrictions
Restschuld	unpaid balance
Restwert	residual value
Restwert	written-down value
Retoure(n)	return
Retouren	returns
Retourenbuch	sales returns book
Retourscheck	returned cheque (check)
Retrozession (Vers)	retrocession
Rettungsaktion	rescue operation
Revision	audit
Revision, externe	external audit
Revision, interne	internal audit
Revisionskläger	appellant
Revolving-Akkreditiv	revolving letter of credit
Revolving-Kredit	revolving loan
Rezeption	reception office
Rezeption	reception

Rezession	recession
Rezessionslücke	recessionary gap
Rezessionsphase	contractionary phase
Reziprozität (Vers)	reciprocity
Reziprozitätsvertrag (AuW)	reciprocity
Ricambio	redraft
Richter	judge
Richtlinie	directive
Richtpreis	administered price
Richtpreis	recommended price
Richtpreis	target price
Rimesse	remittance
Rinnverlust	leakage
Risiken, gegen alle (Vers)	against all risks
Risiken, nicht versicherbare	noninsurable risks
Risiko	hazard
Risiko	risk
Risiko (nicht versicherbares)	uncertainty
Risiko	peril
Risiko höherer Gewalt	fundamental risk
Risiko, besonderes (auf Einzelfall beschränkt)	particular risk
Risiko, betriebswirtschaftliches	commercial risk
Risiko, nicht versicherungsfähiges	uninsurable risk
Risiko, reines	pure risk
Risiko, schwer versicherbares	target risk
Risiko, spekulatives	speculative risk
Risiko, versicherbares	insurable risk
Risikoanalyse	risk analysis
Risikoausschluß (Vers)	exception
Risikobewertung (Vers)	valuation
Risikogeschäft	adventure
Risikokapital	risk capital
Risikokapital	venture capital
Risikolebensversicherung	contingent policy
Risikolebensversicherung	term assurance (insurance)
Risikolebensversicherung für festgelegten Zeitraum	decreasing term assurance
Risikolebensversicherung mit Umtauschrecht	convertible term assurance
Risikopapier	junk bond
Risikoprämie des Unternehmers	profit
Risikostreuung (Vers)	spread
Risikoübernahme	assumption
Risikoversicherung	contingent policy
Risikoversicherung mit Umtauschrecht	convertible term assurance
Risikoverteilung	pooling of risks
Rohrpost	gravity chute
Rohstoffabkommen	commodity agreement
Rohstoffabkommen, internationales	international commodity agreement
Rohstoffe	basic commodities
Rohstoffe	primary products
Rohstoffe	raw materials
Rohstoffe	resources
Rohstoffmarkt	commodity market
Rohstoffmenge, die eine Fabrik in einer bestimmten Zeit verarbeiten kann	throughput

Rollenspiel	role playing
Rollgeld	cartage
Rollgeld	carriage
Rollover-Kredit	rollover loan/credit
Rolltreppenplakat	escalator card
Rolltreppenwerbung	escalator card
Römische Verträge	Treaty of Rome
RoRo-Verkehr	roll-on roll-off
Rückantwort, bezahlte	business reply card or envelope
Rückantwortkarte, bezahlte	business reply card
Rückantwortschein	reply coupon
Rückantwortschein, internationaler	international reply coupon
Rückbürgschaft	back bond
rückdatieren	ante-date
rückdatieren	backdate
Rückeinfuhrerlaß (AuW)	returned relief
Rückerstattung	clawback
Rückerstattung	refund
Rückerstattung	reimbursement
Rückerstattung	restitution
Rückfahrkarte	return
Rückfracht	backfreight
Rückfracht	return load
Rückfracht, Preis für	back-haul rate
Rückfracht, Transport von	backhauling
Rückgabe	redelivery
Rückgang	setback
Rückgewinnung von Rohstoffen	recycling
Rückgriff	recourse
Rückkauf	retirement
Rückkaufgeschäft	buy-back-deal
Rückkaufkurs	call price
Rückkaufpreis von Anteilen einer Investmentgesellschaft	bid price
Rückkaufvereinbarung	buy-back agreement
Rückkaufwert (einer Versicherungspolice)	surrender value
Rückkaufwert (Vers)	cash surrender value
Rückkoppelung	feedback
Rückladung	backload
Rückladung	return load
Rücklage	reserve fund
Rücklage aus Aktienemissionsagio, gesetzliche	share premium account
Rücklage(n)	reserve(s)
Rücklage(n), allgemeine, freie, offene	general reserve(s)
Rücklage(n), freie	voluntary reserve(s)
Rücklage(n), gesetzliche	legal reserve(s)
Rücklage(n), stille	secret reserve(s)
Rücklagen	company reserves
Rücklagen, freie	free reserves
Rücklagen, gesetzliche und Guthaben bei anderen Banken	primary reserves
Rücklagen, Umwandlung von	capitalization of reserves
Rücklagenfonds für Sonderrisiken	contingency fund
Rücklieferung	redelivery
Rückruf	callback
Rückruf	recall

Rückruf	return call
Rückscheck	returned cheque (check)
Rückscheck	rubber check
Rückschein	advice of receipt
Rückschlag	setback
Rückschleusung von Geldern	recycling
Rückseite	back cover
Rücksendung	backfreight
Rücksendung	return
Rücksendungen	returns
Rücksendungen und Nachlässe	returns and allowances
Rückstand, im	in arrears
Rückstände	arrears
Rückstellung	accrued liability
Rückstellung	allowance
Rückstellung	provision
Rückstellung für Eventualverbindlichkeiten	reserve for contingencies
Rückstellung für Wertberichtigung	valuation reserve(s)
Rückstellung(en)	reserve(s)
Rückstellungskonto für Eventualverbindlichkeiten	contingency account
Rücktritt (vom Vertrag)	withdrawal
Rücktritt vom Vertrag	repudiation
Rücktrittsklausel	escape clause
Rücktrittsrecht (von einem Vertrag)	right of rescission
Rückumschlag	business reply envelope
Rückumschlagsystem (ohne Wertzeichen)	freepost
Rückvergütung	rebate
Rückvergütung	refund
Rückvergütung	reimbursement
Rückvergütung von Verbrauchssteuern	excise drawback
Rückversicherung	reinsurance
Rückversicherung, fakultative	facultative reinsurance
Rückversicherungsmarkt	secondary market
Rückversicherungsvertrag	treaty
Rückwärtsintegration	backward integration
Rückwechsel	redraft
Rückzahlung	amortisation
Rückzahlung	redemption
Rückzahlung	repayment
Rückzahlung, vorzeitige	anticipation
Rückzahlungsagio	redemption premium
Rückzahlungsgarantie	repayment guarantee
Rückzahlungsrendite	yield to maturity
Rückzahlungstermin	redemption date
Rückzahlungszeitraum	payback period
Rückzoll	customs drawback
Rückzoll	drawback
Rückzollschein	customs debenture
Rundschreiben	circular letter
Rundungsfehler	rounding error
Rüstkosten	setup cost

S

Sachanlagen	nonmonetary assets
Sachanlagen	tangible fixed assets
Sachanlagevermögen	tangible fixed assets
Sachbearbeiter von Werbeetats	account executive
Sache	case
Sache, bewegliche	chattel
Sache, bewegliche	personal property
Sache, im Besitz befindliche, bewegliche	chose in possession
Sachen, bewegliche	mov(e)ables
Sachgüter	tangible assets
Sachinvestition	real investment
Sachkapital	capital equipment
Sachkenntnistest	proficiency test
Sachkonto	impersonal account
Sachkunde	competence
Sachleistung	benefit in kind
Sachleistung	payment in kind
Sachversicherung	general insurance
Sachversicherung	property insurance
Sachverständigengutachten	expert's report
Sachverständigengutachten	survey report
Sachverständigenrat	Council of Economic Advisers
Sachverständiger	judge
Sack	bag
Sack	sack
Sackgasse	blind alley
Sackgasse	impasse
Safe	box
Saisonbewegung	seasonal fluctuation
Saisonschwankung	seasonal fluctuation
saldieren	balance
Saldo	account balance
Saldo	balance
Saldo der Leistungsbilanz	current balance
Saldovortrag	balance brought forward
Sammel(ladungs)konnossement	groupage bill of lading
Sammelkonto	control account
Sammelladung	consolidated shipment
Sammelladung	groupage
Sammelladung	split consignment
Sammelpolice (Vers)	general policy
Sammelrechnung	unit billing
Sammlung	collection
Sanierung	bailout
Sanierung	reconstruction
Sanierung	recapitalization
Sanierung	rescue operation
Sanktion	sanction
Satz Konnossemente/Wechsel	set of bills
Satz Wechsel	bills in a set
Satzung	statute
Satzung (AG)	articles of association
Satzung einer Kapitalgesellschaft (USA)	articles of incorporation
Säulendiagramm	bar chart
Säulendiagramm	histogram

Saysches Theorem	Say's law (of the market)
Scanlon-Plan	Scanlon plan
Schachtel	case
Schachtelaufsichtsrat	interlocking directorate
Schaden	average
Schaden	damage
Schaden(sfall)	loss
Schäden, frei von ... in besonderer Havarie (SeeVers)	free from /of particular average
Schaden, immaterieller	intangible damage
Schaden, unmittelbarer	direct damage
Schaden, wirtschaftlicher	economic loss
Schadenattest	survey report
Schadenersatz	compensation
Schadenersatz	damages
Schadenersatz	indemnity
Schadenersatz	settlement
Schadenersatz für persönliche Nachteile	general damages
Schadenersatz für Vertragsnichterfüllung	damages for breach of contract
Schadenersatz leisten	make good
Schadenersatz, im voraus festgelegter	liquidated damages
Schadenersatzklausel	indemnity clause
Schadenexzedentenrückversicherung	excess of loss reinsurance
Schadenfreiheitsrabatt	no claims discount
Schadenfreiheitsrabatt (Vers)	bonus
Schadenhäufigkeit	loss frequency
Schadennachweis	proof of loss
Schadenquote (Vers)	loss ratio
Schadenregulierer	average adjustor
Schadensabschätzer (Vers)	loss assessor
Schadensabteilung	claims department
Schadensanspruch (Vers)	insurance claim
Schadensanteil, umgelegter bei Versicherungsschäden	contribution
Schadensanzeige	notice of accident
Schadensattest (Vers)	certificate of damage
Schadensbescheinigung (Vers)	certificate of damage
Schadensbewertung (Vers)	valuation
Schadensersatzklage	action for damages
Schadensfeststellung (Vers)	assessment
Schadensformular	claim form
Schadensmeldung	notice of accident
Schadenssachverständiger	adjuster
Schadenssachverständiger	loss adjuster
Schadensschätzer	adjuster
Schadensteilvereinbarung (Vers)	knock for knock agreement
Schadenverhütung	loss prevention
Schalter	booking office
Schalter (BaW)	counter
Schalterstunden	bank(ing) hours
Schattenwirtschaft	black economy
Schattenwirtschaft	underground economy
Schatzanweisung	treasury note
Schatzanweisung (GB)	Exchequer bond
Schätzer	assessor
Schätzer	estimator
Schatzobligation	treasury bond

Schätzung	appreciation
Schätzung	appraisal
Schätzung	appraisement
Schätzung	estimate
Schätzung	value
Schätzung, grobe	guesstimate
Schatzwechsel	bill
Schatzwechsel	treasury bill
Schatzwechsel (GB)	Exchequer bill
Schatzwechsel, schwebende	floating debt
Schatzwechsel, wöchentlich angebotener (GB)	Tender Treasury bill
Schätzwert	assessed value
Schätzwert	estimate
Schaubild	graph
Schauermann	stevedore
Schaufensteraufkleber	window banner
Schaufensterauslage	window dressing
Schaufensterbummel	window shopping
Schaufensterdekoration	window dressing
Schaufenstergestaltung	window dressing
Schaufensterplakat	window banner
Schaukasten	display case
Schaukasten	display cabinet
Schaukasten	showcase
Schaupackung	display pack
Schauplatz	venue
Scheck	cheque
Scheck	draft
Scheck (USA)	check
Scheck einlösen, bezahlen	honor a cheque
Scheck gesperrt (Scheckvermerk)	payment countermanded
Scheck(garantie)karte	cheque guarantee card
Scheck, annullierter	cancelled cheque
Scheck, ausgestellt auf Konto des Zahlungsempfängers	crossed a/c payee (only)
Scheck, bestätigter	marked cheque
Scheck, gekreuzter	crossed cheque
Scheck, geplatzter	bounced cheque
Scheck, gesperrter	stopped cheque
Scheck, nicht eingelöster	bounced cheque
Scheck, nicht eingelöster	uncashed cheque (check)
Scheck, nicht eingelöster, geplatzter, unbezahlter	dishonoured cheque
Scheck, nicht übertragbarer, begebbarer	not transferable cheque
Scheck, platzen lassen	bounce
Scheck, spezieller, nur zur Verrechnung ausgestellter	crossed a/c payee (only)
Scheck, ungedeckter	bad cheque
Scheck, ungedeckter	if cheque (check)
Scheck, ungedeckter	kite
Scheck, ungedeckter	rubber check
Scheck, verfallener	stale cheque
Scheck, von einer Bank bestätigter (USA)	certified check
Scheck, vordatierter	postdated cheque
Scheck/Wechsel, nicht eingelöster	return
Scheckabschnitt	counterfoil

Scheckbuch	cheque book
Scheckdeckungsanzeige	advice of fate
Scheckheft	cheque book
Scheckkarte	cheque card
Scheckreiterei	kiting
Schecksperre	countermand
Scheckvermerk (Beträge in Zahl und Worten differieren)	amounts differ
Scheckvermerk: bitte mit Aussteller in Verbindung setzen (BaW)	refer to drawer
Scheckverrechnungsvermerk: besondere Scheckkreuzung	special crossing
Scheffel	bushel
Scheidemünze	token coin
Scheinaktiva	fictitious assets
Scheingeschäft (Bö)	matched order
Scheingeschäft (Bö)	wash trade
Scheingesellschafter	nominal partner
Scheingesellschafter	ostensible partner
Scheingesellschafter	quasi partner
Scheingewinn	paper profit
Scheinverlust	paper loss
Scheinvollmacht	apparent authority
Scheinwechsel	accomodation bill
Scheitern	failure
Schenkung	donation
Schenkung	gift
Schenkungssteuer	capital transfer tax
Schenkungssteuer	gift tax
Schenkungsurkunde	deed of gift
Schicht (Arbeitsgruppe)	shift
Schicht (Arbeitszeit)	shift
Schicht, unterbrochene (PW)	split shift
Schichtarbeit	shift work (shiftwork)
Schiebergeschäft	racket
Schiedsgerichtsverfahren	arbitration
Schiedsklausel	arbitration clause
Schiedsrichter	judge
Schiedsspruch	award
Schiedsverfahren	arbitration
Schiedswesen	arbitration
Schiff, ab	ex ship
Schiffahrtsgesellschaft	shipping company
Schiffsagent	shipping agent
Schiffsfrachtvertrag	affreightment
Schiffsfrachtvertrag	contract of affreightment
Schiffsladung	freight
Schiffsladung	shipment
Schiffsliegeplatz	berth
Schiffsmakler	shipping agent
Schiffsmanifest	ship's report
Schiffsmiete	freight
Schiffsraum	hold
Schiffsversicherung	ship insurance
Schiffszettel	shipping note
Schild(chen)	label

Schlagzeile	headline
Schlange im Tunnel	snake in the tunnel
Schleichhandel	smuggling
Schlepplohn	towage
Schleuderpreis	knockout price
Schleuderpreis	rock-bottom price
Schleusenpreis	price threshold
Schlichter	referee
Schlichtung	conciliation
Schlichtung	mediation
Schlichtung	reconciliation
Schlichtung	settlement
Schlichtungsverfahren (PW)	grievance procedure
Schließfach	deposit box
Schließfach	lock box
Schließfach	vault
Schließung, vorübergehende (einer Bank)	suspension
Schlüssel	code
Schlüsselindustrie	key industry
Schlüsselkraft (PW)	key employee
Schlüsselwährung	key currency
Schluß (Bö)	unit of trading
Schlußbestand	closing stock
Schlußbestand	closing balance
Schlußbestand	ending inventory
Schlußdividende	final dividend
Schlußdividende	liquidation dividend
Schlußdividende (Vers)	terminal bonus
Schlußformel (höfliche, Schriftverkehr)	complimentary close
Schlußkurs (Bö)	closing price
Schlußkurs (Bö)	close
Schlußkurs (Bö)	settlement price
Schlußkurs, kaufen zum (Bö)	buy on close
Schlußnote (Bö)	sold note
Schlußnotierung (Bö)	closing price
Schlußprüfung vor Lieferung	preaudit
Schlußquote	liquidation dividend
Schlußrechnung	final invoice
Schlußschein (Bö)	bought note
Schlußtag (Bö)	trade day
Schlußtermin	deadline
Schlußüberschuß (Vers)	compound bonus
Schlußverkauf	sales
Schmerzensgeld	smart money
Schmiergeld	bribe
Schmiergeld	graft
Schmiergeld	kickback
Schmiergeld	under-the-table money
Schmuggel	bootlegging
Schmuggel	smuggling
Schmuggelware	contraband
Schmutzzulage	dirt(y) money
Schnäppchen	bargain
Schneeball-Vertriebs-System	pyramid selling
Schnelldreher (Mk)	runner
Schreibautomat	continuous stationery machine

Schreibbüro, zentrales	typing pool
Schreibdienst	typing pool
Schreibfehler	literal (error)
Schreibmaschine	typewriter
Schreibmaschine, elektronische	electronic typewriter
Schreibtischforschung	desk research
Schriftstück	document
Schriftwart (Verein)	honorary secretary
Schritte, gerichtliche	legal action
Schrottwert	residual value
Schuld	debt
Schuld	liability
Schuld, die nicht durch Immobiliarvermögen abgesichert ist	deadweight debt
Schuld, gestundete	deferred liability
Schuldanerkenntnis	acknowledg(e)ment of debt
Schuldanerkenntnis	note
Schuldbefreiungsurkunde	acquittance
Schulden	arrears
Schulden	indebtedness
schulden	owe
Schulden, fundierte	fixed debt(s)
Schulden, fundierte, konsolidierte	funded debt
Schulden, langfristige (öffentliche)	funded debt
Schulden, öffentliche	government debt
Schuldenmanagement	debt management
Schuldentilgung	amortisation
Schuldentilgungsfonds	sinking fund
Schulderfüllung	acquittance
Schuldner	account(s) receivable
Schuldner	debtor
Schuldner	obligor
Schuldner, zahlungsunfähiger	defaulter
Schuldnerland	debtor nation
Schuldschein	promissory note
Schuldschein einer Privatperson	IOU (I owe you)
Schuldscheinforderung(en)	note(s) receivable
Schuldscheinverbindlichkeit(en)	note(s) payable
Schuldübernahme	assumption
Schuldurkunde	certificate of charge
Schuldverschreibung	bond
Schuldverschreibung	debenture
Schuldverschreibung (USA)	note
Schuldverschreibung, hypothekarisch gesicherte	mortgage debenture
Schuldverschreibung, kurzfristige	short coupon
Schuldverschreibung, ungesicherte	naked debenture
Schuldverschreibung, ungesicherte	unsecured debenture
Schuldverschreibung, untilgbare	perpetual debenture
Schuldverschreibung, vom Kreditnehmer vorzeitig rückzahlbare	callable bond
Schuldverschreibungen	loan stock
Schuldwechsel	bill(s) payable
Schuldwechsel	note(s) payable
Schule, historische (Lehrmeinung)	historical school (of economics)
Schuljahr	unit
Schulung	training

Schund-Obligation	junk bond
Schüttgutladung	bulk cargo
Schutzgeld	protection
Schutzhandel, beschränkter	fair trade
Schutzzoll	protection
Schutzzoll	protective duty
Schutzzollsystem	protection
Schwachstelle	soft spot
Schwankung	fluctuation
Schwankungen, konjunkturelle	cyclical fluctuations
Schwarzarbeit	moonlighting
Schwarze-Liste-Zertifikat	blacklist certificate
Schwarzer Montag, 1987 (Bö)	Black Monday
Schwarzfahrer	free rider
Schwarzhandel	black trading
Schwarzmarkt	black market
Schwebezeit	period of suspense
Schwellenpreis	price threshold
Schwellenpreis (EU)	threshold price
Schwemme	glut
Schwerindustrie	heavy industry
Schwerpunktstreik	selective strike
Schwestergesellschaft	sister company
Schwindelfirma	bubble company
Schwund	shrinkage
Schwund	ullage
Schwur	oath
Sebstbehaltsklausel (Vers)	coinsurance clause
Sebstbeteiligung (Vers)	excess
See, hohe (offene)	high sea(s)
Seefrachtbrief	bill of lading
Seefrachtbrief	marine bill of lading
Seefrachtbrief	sea waybill
Seefrachtversicherung	cargo insurance
Seefrachtvertrag	contract of affreightment
Seehafenspediteur	shipping agent
Seemeile	mile
Seemeile	nautical mile
Seeprotest	Captain's protest
Seetransport	sea transport
Seeversicherer	marine insurer
Seeversicherer, Bedingungen der englischen	Institute Cargo Clauses
Seeversicherung	marine insurance
Seewurf	jettison
Seewurfgut	jetsam
Segmentierung	segmentation
Seitennumerierung	folio
Seitenpreis	page rate
Sekretär(in)	secretary
Sektor, primärer	primary sector
Sektor, privater	private sector
Sektor, sekundärer der Volkswirtschaft	secondary sector
Sektor, staatlicher, öffentlicher	public sector
Sektor, tertiärer	tertiary sector
Sektordiagramm	circle chart
Sekundärdaten	secondary data

Sekundärmarkt (Bö)	after market
Sekundärmarkt (Bö)	secondary market
Sekundärmarkt, Wertpapierangebot im	secondary distribution
Sekundärreserven (BaW, USA)	secondary reserves
Selbstabholung gegen Kasse	cash and carry
Selbstbedienungsladen	self-service store
Selbstbehalt (Vers)	deductible
Selbstbehalt (Vers)	retention
Selbstbehauptungs-Training	assertiveness training
Selbstbeteiligung (Vers)	deductible
Selbstbeteiligung (Vers)	retention
Selbstfinanzierung	auto financing
Selbstfinanzierung	self-financing
Selbstfinanzierungsquote	self-financing ratio
Selbstkostenpreis, Warenangebot zum	self-liquidating offer
Selbstversorgung	direct production
Selbstversorgung	self sufficiency
Selbstwählferndienst	subscriber trunk dialling
Seltenheitswert	scarcity value
Semester	term
Semesterferien	vacation
Seminar	workshop
senden	consign
senden	forward
Senden	forwarding
Sender (von Waren)	consignor
Sendeunterbrechung für Werbung	break
Sendezeit	air time
Sendung	consignment
Sendung	shipment
Sensationspresse	yellow press
Serienanleihe	serial bond
Serienfertigung	batch(ed) flow production
Serienfertigung	repetitive manufacture or production
Serienkalkulation	batch costing
Seriennummer	serial number
Serienproduktion	batch(ed) flow production
Serienproduktion	repetitive manufacture or production
Service Merchandiser	rackjobber (rack jobber)
Service-Mann	serviceman
Sherman Antitrust Act (USA)	Sherman Antitrust Act
Sherman Gesetz von 1890 (USA)	Sherman Antitrust Act
Shopping Center	shopping centre
Shopping Goods	shopping goods
Sicherheit	certainty
Sicherheit	guarantee (guaranty)
Sicherheit	security
Sicherheit	surety
Sicherheit (BaW)	cover
Sicherheit am Arbeitsplatz	job safety
Sicherheit durch Hinterlegung von ...	collateral security
Sicherheit, akzessorische	asset cover
Sicherheit, akzessorische	collateral security
Sicherheit, berufliche	job security
Sicherheit, soziale	social security
Sicherheit, zusätzliche	collateral security
Sicherheitsbeauftragter	safety representative

Sicherheitsleistung	security deposit
Sicherungskopie (DV)	backup copy
Sicherungsübereignung(surkunde)	trust receipt
Sicherungsvertrag	security agreement
Sicht, bei	on demand
Sicht, bei (Wechsel)	at sight
Sicht, nach (Wechsel)	after sight
Sicht, zahlbar bei	payable on demand
Sichtakkreditiv	sight credit
Sichteinlage	demand deposit
Sichteinlage	sight deposit
Sichtgerät	visual display unit
Sichttratte	sight bill
Sichtwechsel	demand draft
Sichtwechsel	presentation bill
Sichtwechsel	sight bill
Sickerquote	leakage
Sickerverlust	withdrawal
Sickerverlust	leakage
Siegel	seal
Signum	logo
Silberbarren	bullion
Sinn (wesentlicher)	tenor
Sitte	custom
Sitten, ausländische	foreign customs
Situation, finanzielle	financial position
Sitz einer Firma	domicil(e)
Sitzstreik	sitdown strike
Sitzung	session
Skalenerträge	returns to scale
Skonto	cash discount
Skonto	discount
Skonto	purchase discount
Skonto	sales discount
Skonto	settlement discount
Skontoerträge	discount(s) received
Skontofrist	discount period
Slogan	slogan
Smith, Adam	Smith Adam
Snob-Güter	snob goods
sofort lieferbar	spot
sofort verfügbar	at call
sofort zahlbar	spot
Sofortabschreibung	writeoff
Sofortliquidität	spot cash
Sofortrente	immediate annuity
Sofortzahlungen	cash payments
Solawechsel	note
Solawechsel	promissory note
Solidarhaftung	joint and several liability
Soll	debit
Solleistung	standard performance
Sollkosten	standard cost
Sollkostenrechnung	standard costing
Sollsaldo	debit balance
Sollseite	debit
Sollseite	debtor

Sollzins	interest expense
Solvenz	ability to pay
Solvenz	solvency
Solvenzerklärung	declaration of solvency
Sonderabschreibung	accelerated depreciation
Sonderabschreibung	extraordinary depreciation
Sonderangebot	bargain sale
Sonderangebot	bargain pack
Sonderangebot	deal
Sonderangebot	premium offer
Sonderangebote, Abteilung für	bargain basement
Sonderangebote, jemand der ... sucht	bargain hunter
Sonderangebote, Theke für	bargain counter
Sonderangebotsauslage	jumble display
Sonderauftrag	special order
Sonderbestellung	special order
Sonderbevollmächtigter	special agent
Sonderdividende	cash bonus
Sonderdividende	extra dividend
Sonderdividende (Vers)	capital bonus
Sondergewinn	excess profit
Sonderprivilegien	vested right(s)
Sondervergütung	bonus
Sonderziehungsrechte beim IWF	Special Drawing Rights
Sonstiges	any other business
Sorten	foreign currency
Sortenankaufkurs	buying rate
Sortiment	line
Sortiment	product range
Sortiment	range
Sortiment, Zwang zur Abnahme eines ganzen	full line forcing
Sortimentsaufwertung	trading up
Sortimentsbeschränkung	variety reduction
Sortimentserweiterung	diversification
Sozialaufwand	social welfare expenditure
Sozialbeihilfe	allowance
Sozialhilfe	public assistance
Sozialhilfe	supplementary benefits
Sozialhilfe	welfare payment(s)
Sozialhilfe(leistungen)	welfare
Sozialismus	socialism
Sozialleistung, an Gegenleistung gekoppelte	workfare
Sozialleistungen (des Staates)	social services
Sozialleistungen des Arbeitgebers, freiwillig oder gesetzlich vorgeschriebene	fringe benefits
Sozialökonomie	social economics
Sozialprodukt	national product
Sozialversicherung	social insurance
Sozialversicherung (GB)	national insurance
Sozialversicherung, Arbeitgeberanteil zur	employer's contribution(s)
Sozialversicherung, Arbeitnehmeranteil zur	employee's contribution(s)
Sozialversicherungsbeitrag	social security contribution
Sozialwissenschaften	social sciences

Sozietät	partnership
Sozietät	professional partnership
Soziogramm	sociogram
Spanne (Bö)	spread
Spanne (Bö)	turn
Spar-Giro-Konto (USA)	share draft account
Sparbrief, staatlicher	national savings certificate
Sparbuch	passbook
Sparbüchse	moneybox
Spardose	moneybox
Sparen und Investition	saving and investment
Sparen und Investition, Gleichheit von	equality of saving and investment
Sparfunktion	savings function
Sparguthaben, private	personal saving
Sparkasse	savings bank
Sparkasse (GB)	Trustee Savings Bank
Sparkonto	savings account
Sparkonto	special interest account
Sparkonto	thrift account
Sparneigung	propensity to save
Sparobligation (GB)	national savings certificate
Sparpackung	economy size
Sparprogramm	austerity
Sparquote	propensity to save
Sparquote	savings rate
Sparquote, durchschnittliche	average propensity to save
Sparquote, marginale	marginal propensity to save
Sparschwein	piggy bank
Sparte	line
Spediteur	carrier
Spediteur	common carrier
Spediteur	forwarding agent
Spediteur	shipper
Spediteur	shipping agent
Spediteur, Risiko des	carrier's risk
Spediteurkonnossement	house bill
Speditionsauftrag	forwarding note
Speditionskosten	carrying charges
Speicheradresse	address
Speicherschreibmaschine	electronic typewriter
Speicherschreibmaschine	memory typewriter
Speisekarte	tariff
Spekulant	punter
Spekulant	speculator
Spekulation	speculation
Spekulation (Bö)	gamble
Spekulationsaktien	red chips
Spekulationsgelder	speculative funds
Spekulationsgeschäft	adventure
Spekulationsgewinn	trading profit
Spekulationsgewinn (Bö)	short-term capital gain
Spekulationsgewinne, Steuer auf	windfall (profit) tax
Spekulationskapital	risk capital
Spekulationskapital	venture capital
Spekulationskasse	idle balances
Spekulationskasse	speculative balances
Spekulationskäufe	speculative buying

Spekulationspapier, favorisiertes	high flyer
Spekulationspapiere (Bö)	cats and dogs
Spende	collection
Spende	donation
Spende, karitative	charitable donation
Spende, wohltätige	charitable donation
sperren	freeze
Sperrhypothek	closed mortgage
Sperrkonto	blocked account
Sperrminorität	blocking minority
Sperrzoll	prohibitive duty
Spezialgeschäft	single line store
Spezialisierung	specialisation (specialization)
Spezialisierung (Unterscheidung)	differentiation
Spezifikation	specification
Spezifikationskauf	sale by description
Spezifizierungsbescheinigung	appropriation
Spiegelprinzip	mirror principle
Spiel	gamble
Spieleinsatz	stake
Spielraum	tolerance
Spieltheorie	game(s) theory
Spinnwebtheorem	cobweb theorem
Spitzenaktie	blue chip
Spitzenartikel	leader
Spitzenbedarf	topout
Spitzenerzeugnis	premium brand
Spitzenmarke	brand leader
Spitzennachfrage	peak demand
Spitzennachfrage	topout
Spitzenorganisation	umbrella organisation
Spitzenpreis	peak price
Spitzenpreis	premium price
Spitzentechnologie	high technology
Spitzenware	leader
Spitzenwert (Bö)	leader
Splitting	split
Sponsor	sponsor
Spontankauf	impulse buying
Spontanstreik	wildcat strike
Sporteinnahmen	gate money
Spotkurs (Bö)	spot price
Sprachausgabeeinheit (DV)	audio response unit
Spread (Bö)	spread
Spread (Bö)	turn
sprunghaft ansteigen (Preise)	rocket
Staatsanleihe, konsolidierte	consols
Staatsanleihen	public funds
Staatsanzeiger	gazette
Staatsausgaben	government expenditure
Staatsausgaben	national expenditure
Staatsausgaben	public expenditure
Staatsbank	government bank
Staatsdefizit	government deficit
Staatseinkünfte	public revenue
Staatseinnahmen	government revenue(s)
Staatsfinanzen	public finance

Staatshaushalt	budget
Staatshaushalt, ausgeglichener	balanced budget
Staatshaushaltsdefizit	budget(ary) deficit
Staatskapitalismus	state capitalism
Staatskasse (GB)	Exchequer
Staatskasse (GB)	Exchequer account
Staatspapiere	gilt-edged securities
Staatspapiere	government securities
Staatspapiere, kurzfristige	government bills
Staatspapiere, kurzfristige	shorts
Staatspapiere, langfristige	treasury stock
Staatspapiere, mittelfristige	mediums
Staatspension	state pension
Staatsrente	state pension
Staatsschuld	government debt
Staatsschuld	national debt
Staatsschuld	public debt
Staatsschuld, kurzfristige	floating debt
Staatsschuld, Verwaltung der	debt management
Staatstitel	gilt-edged securities
Staatstitel	government securities
Staatsverschuldung	public debt
Staatsvertrag	treaty
Stabdiagramm	bar chart
Stabdiagramm	histogram
Stabilisatoren	stabilizers
Stabilisatoren, automatische	automatic stabilizers
Stabilitätsfonds	balanced fund
Stabilitätspolitik	stabilisation policy
Stablinienorganisation	line and staff organisation
Stabsabteilung	staff department
Stabsassistent	staff assistant
Stabskräfte	staff
Staffelform (RW)	narrative form
Stagflation	stagflation
Stagnation	stagnation
Stahlkammer	strong room
Stahlkammer	vault
Stahlkassette	vault
Stammaktie	common stock
Stammaktie	junior share
Stammaktie	ordinary share
Stammaktien	equities
Stammaktienkapital	ordinary share capital
Stammaktionär	common stockholder
Stammdividende	ordinary dividend
Stammkunde	regular customer
Stammzeit (PW)	core time
Stand	stand
Standard-Einstellung (DV)	default
Standardabweichung	standard deviation
Standardisierung	standardisation (standardization)
Standardsteuersatz	standard rate
Standardvertrag	standard form contract
Standardwert, von Gold und Silber	sterling
Standardwerte (Bö)	seasoned securities
Standardzeit	standard time

Standby-Abkommen (IWF)	standby agreement (IMF)
Ständerprospekt	rack folder
Standesamt	registry
Standort	location
Stanzer	card punch
Stapelung	stacking
Stapelverarbeitung	batch proccessing
Stapelware	staple
Startkapital	seed capital
Statement	statement
Statistik (als Wissenschaft)	statistics
Status	status
Statut	statute
stauen	stowage
Stauer	stevedore
Staugebühr	stowage
Staugeld	stowage
Stauung	stowage
Stechkarte	clock card
Stechkarte	time sheet
Stechuhr	time clock
Stehsammler	box file
Stellage (Bö)	double option
Stellage (Bö)	straddle
Stellagegeschäft (Bö)	double option
Stellagegeschäft (Bö)	put and call (option)
Stelle (PW)	post
Stelle, freie	vacancy
Stellenbeschreibung	job description
Stellenbeschreibung	job specification
Stellensuchender, der uneingeladen persönlich vorspricht	walk-in
Stellenvermittlung, private	employment agency
Stellenvermittlung, private	job shop
Stellgeschäft (Bö)	double option
Stellung	footing
Stellung	rank
Stellung (gesellschaftliche)	status
Stellung (in einer Firma)	berth
Stellvertretung	representation
Stellvertretung, Recht der	law of agency
Stempel	seal
Stempel	rubber stamp
Stempelgebühr bei Urkunden	stamp duty
Stempelkarte	clock card
Stempelkissen	stamp pad
Stenoblock	jotter
Stenografie	shorthand
Sterbebeihilfe	death grant
Sterbegeld	death grant
Sterbegeldversicherung, Leistung aus der	death benefit
Sterbetafel	mortality table
Sterbeurkunde	death certificate
Sterbeziffer	death rate
Sterblichkeitsziffer	death rate
Sterlingblock	sterling area
Steuer	custom

Steuer	duty
Steuer	impost
Steuer	levy
Steuer	tax
Steuer auf einbehaltene Gewinne	undistributed profits tax
Steuer auf Spekulationsgewinne	windfall (profit) tax
Steuer, degressive	degressive tax
Steuer, fällige	tax due
Steuer, nichtprogressive	nonprogressive tax
Steuer, progressive	progressive tax
Steuer, regressive	regressive tax
Steuer, spezifische	specific tax
Steuer, versteckte	hidden tax
Steuerabkommen	tax treaty
Steueranrechnung	tax credit
Steueraufkommen	revenue
Steueraufkommen	tax revenue
Steueraufkommen	yield
Steuerausweichung	tax avoidance
Steuerbefreiung	tax exemption
Steuerbelastung	tax burden
Steuerbemessungsgrundlage	tax base
Steuerberater	tax consultant
Steuerberatung	tax advice
Steuerbescheid	notice of assessment
Steuerbescheinigung (bei Dividendengutschrift)	tax voucher
Steuereingangsstufe	tax threshold
Steuereinnahmen	tax revenue
Steuereinnahmen	taxation
Steuereinnahmen, entgangene	tax expenditure(s)
Steuererhebung	collection
Steuererklärung	return
Steuererklärung	tax return
Steuererklärung, getrennte (von Ehegatten)	separate assessment
Steuererklärung, jährliche	annual return
Steuererklärungsformular	tax form
Steuererleichterung	tax relief
Steuerexil	tax exile
Steuerfahndung	tax search
Steuerflüchtling	tax exile
steuerfrei	free of tax
steuerfrei	nontaxable
Steuerfreibetrag	allowable deduction
Steuerfreibetrag	allowance
Steuerfreibetrag	tax allowance
Steuerfreibetrag für Kinder	child allowance
Steuerfreijahre	tax holiday
Steuergesetzgebung, Lücke in der	tax loophole
Steuergruppe (GB)	schedule
Steuergutschein einer Gemeinde (USA)	tax anticipation note
Steuergutschrift	tax credit
Steuerhinterziehung	evasion of tax
Steuerhinterziehung	tax evasion
Steuerjahr	fiscal year
Steuerjahr	tax year

Steuerklasse	tax bracket
Steuerlast	tax burden
steuerlich absetzbar	deductible
Steuermannsquittung	mate's receipt
Steuern auf Haus- und Grundbesitz	rates
Steuern, Anrechnung gezahlter	tax credit
Steuern, Anrechnung im Ausland gezahlter	double taxation relief
Steuern, direkte	direct taxes
Steuern, indirekte	indirect taxes
Steuern, kommunale	local rates
Steuernachlaß für Konzerngesellschaften	group relief
Steuernachzahlung	back duty
Steueroase	tax haven
Steuerpflicht	tax liability
Steuerpolitik	tax policy
Steuerprogression, schleichende	bracket creep
Steuerrückerstattung	tax refund
Steuerrückerstattung, aufgrund eines Doppelbesteuerungsabkommens	double taxation relief
Steuerrückstellung	deferred taxation
Steuerrückstellung	tax reserve
Steuerrückzahlung	remission (of tax)
Steuersatz	tax rate
Steuersatz	tariff
Steuerschlupfloch	tax loophole
Steuersubvention	tax subsidy
Steuertabelle	tax table
Steuertheorien	theories of taxation
Steuerüberwälzung	tax shifting
Steuerung	control
Steuerveranlagung	assessment
Steuerveranlagung	tax assessment
Steuerveranlagung, getrennte	separate assessment
Steuerverbindlichkeit, aufgeschobene	deferred taxation
Steuervergünstigung	concession
Steuervergünstigung	tax relief
Steuervergünstigung, Streichung von	clawback
Steuervermeidung	tax avoidance
Steuervorteil	tax relief
Steuerwerk (DV)	control unit
Steuerwert	taxable value
Steuerwirkung	tax impact
Stichprobe	sample
Stichprobe, unerwartete	spot check
Stichprobenentnahme	breaking bulk
Stichprobenentnahme (Stat)	sampling
Stichprobenentnahme, bei Warenannahme	acceptance sampling
Stichprobenerhebung (Stat)	sample survey
Stichprobenverfahren für Tätigkeiten	activity sampling
Stichprobenverfahren mit Klumpenauswahl (Stat)	cluster sampling
Stichprobenverfahren, sequentielles (Stat)	sequential sampling
Stichtag	deadline
Stillegung	shutdown
Stillhalteabkommen	standstill agreement
Stillstandzeit	downperiod (down period)

Stillstandzeit	idle time
Stimme, ausschlaggebende	casting vote
Stimmenzähler	teller
Stimmenzählung	poll
Stimmkarte	proxy card
Stimmrecht	voting right
Stimmrecht	voting power
Stimmrechtsermächtigung	voting proxy
Stimmrechtsformular	proxy card
Stimmrechtskampf	proxy fight
Stimmrechtsvollmacht	proxy vote
Stimmrechtsvollmacht	voting proxy
Stimmzettel	ballot paper
Stimmzettel	voting paper
Stipendium	grant
Stockholmer Abkommen	Stockholm Convention
Stoff	material
Stop-Buy-Order (Bö)	stop-buy order
Stop-Go-Politik	stop go policy
Stop-Loss-Order (Bö)	stop-loss order
Stopp	freeze
Stornierung	cancel(l)ation
Stornierung	countermand
Stornobuchung	contra
Stornobuchung	corresponding entry
Straddle (Bö)	straddle
Strafanzeige	complaint
Strafe	judg(e)ment
Strafklausel	penalty clause
Strafrecht	criminal law
Straftat	offence (offense)
Strandgut	flotsam
Straßen- und Brückenbenutzungsgebühr	toll
Straßengütertransport	road transport
Straßenhändler	hawker
Straßenmarkt	street market
Straßennutzungsgebühr	road toll
Straßenproduktion	line production
Straßenverkäufer	vendor
Streichung	abatement
Streik	strike
Streik nach Konkurrenzprinzip	whipsaw strike
Streik, nicht genehmigter, wilder	unofficial strike
Streik, offizieller, organisierter	official strike
Streik, wilder	outlaw strike
Streik, wilder	wildcat strike
Streik, wilder, ungesetzlicher	illegal strike
Streikbrecher	blackleg
Streikbrecher	knob
Streikbrecher	scab
Streikbrecher	strikebreaker
Streikfonds	strike fund
Streikkasse	strike fund
Streikposten	picket
Streikposten aufstellen	picketing
Streikposten, betriebsfremder	secondary picket
Streiktage	striker-days

Streiktage	working days lost
Streitigkeiten zwischen Arbeitgebern und Arbeitnehmern	industrial dispute
Streudiagramm	scatter diagram
Streuung (Stat)	variance
Streuung der Anlagepalette	diversification
Streuverluste (Mk)	waste circulation
Strichcode	bar code
Strohmann	nominee
Strom	flow
Stromgröße	flow
Stück	unit
Stück, fehlerhaftes	reject
Stückgut	part load
Stückgut (Sendung)	less than carload lot
Stückkosten	average costs
Stückkosten	unit cost(s)
Stückkostenrechnung	unit costing
Stückkostenrechnung für Massenfertigung	process costing
Stückliste	bill of material(s)
Stücklohnsatz	piece rate
Stücklohnverfahren, gestaffeltes	differential piece-rate system
Stücknotierung (Bö)	unit quotation
Stückzinsen, aufgelaufene (noch nicht fällige)	accrued interest
Stückzinsen, mit (Bö)	cum interest
Stückzinsen, ohne	ex interest
Stückzinsen, plus	and interest
Stückzoll	specific duty
Studiotest (Werbeforschung)	theater test
Stundenlohn	hourly wage rate
Stundung	moratorium
Stundungsvereinbarung (zwischen Gläubiger und Schuldner)	letter of licence
Stützung (Kurs, Währung)	support
Stützungskäufe (BaW)	official support
Submissionsangebot	bid
Submissionsangebot	tender
Submissionsangebot in versiegeltem Umschlag	sealed bid
Subordinationsquote (Man)	span of control
Subrogation	subrogation
Subskriptionspreis	subscription price
Substanzverringerung	depletion
Substitution von Arbeit durch Kapital	capital-labour substitution
Substitution von Krediten durch handelbare Wertpapiere	securitisation
Substitutionseffekt	substitution effect
Substitutionsgut	substitute good
Subunternehmervertrag	subcontract (sub-contract)
Subvention	bounty
Subvention	government grant
Subvention	grant
Subvention	subsidy
Subventionierung von Investitionen	investment grant
Suchanzeige, rubrizierte	classified advertisement
Suggestivfrage	leading question

Sukzessivlieferungsvertrag	open-end contract
Summenkurve (Stat)	cumulative frequency curve
Summenzuwachs, kummulativer (Vers)	compound bonus
Sunlighting	sunlighting
Superinflation	hyperinflation
Supermarkt	supermarket
Supply-Side-Economics	supply side economics
Swap(geschäft)	swap
SWIFT	SWIFT
SWOT-Analyse	SWOT analysis
Sympathiestreik	sympathy strike
Syndikus	company secretary
Synergy	synergy
System, dekadisches	decimal system
System, metrisches	metric system
System, numerisches	numeric system
Systemanbieter	systems seller

T

T 2 L (Exportdokument)	T 2 L form
T-Formulare (AuW)	T-forms
T-Group (Labor-Training)	T-group
T-Kontenform	account(ing) form
T-Konto	T account
Tabellarisierung	tabulation
Tabelle	list
Tabelle	tabulation
Tabulator	tab
Tabulator	tabulator
Tag der Arbeit	Labour Day
Tag der Arbeit	May Day (Mayday)
Tag, letzter eines Monats	ultimo
Tag, pro	per diem
Tage nach Sicht	days' sight
Tage, volle	clear days
Tage, volle: Zeitraum Bekanntmachung bis Zusammentreten der Hauptversammlung	clear days
Tage, volle: Zeitraum Vertragsbeginn bis Vertragsende	clear days
Tagebuch	day book
Tagebuch	diary
Tagegeld (für Geschäftsreisen)	subsistence allowance
Tagesauftrag (Bö)	day order
Tageseinnahmen	till money
Tagesgeld	call money
Tagesgeld	day-to-day money
Tagesgeld	money at call
Tagesgeld	overnight money
Tagesgeld(zins)satz	call money rate
Tagesgeldmarkt (USA)	federal funds market
Tageskosten	current cost
Tageskurs	current rate
Tagesordnung	agenda
Tagesordnung	order of business
Tagesordnungspunkte, sonstige	any other business

Tageswert	current value
Tageswert	going value
Tageswert	market price
Tageswert	market value
Tageswert	present value
Tageszeitungen	dailies
täglich	per diem
Tagungsbericht	proceedings
Tagwechsel	day bill
Tagwechsel	term bill
Talon	counterfoil
Talon	talon
Talsohle	trough
Tante-Emma-Laden	corner shop
Tante-Emma-Laden	mom and pop store
Tara	tare
Tarif	rate
Tarif	tariff
Tarifautonomie	free collective bargaining
Tarifkonflikt	industrial dispute
Tariflohn	union wage rate
Tarifprämie (Vers)	rate
Tarifverhandlung zwischen Unternehmen und Gewerkschaft	company bargaining
Tarifverhandlung(en)	collective bargaining
Tarifverhandlungen, betriebliche	plant bargaining
Tarifvertrag	collective agreement
Tarifvertrag	labour agreement
Tarifvertrag	trade agreement
Tarifvertrag mit offener Laufzeit	open-end agreement
Tasche	bag
Taschengeld	allowance
Taschenrechner	pocket calculator
Taschenrechner, elektronischer	electronic calculator
Task-Management	task management
Tätigkeit	function (within an organization)
Tätigkeit, Diversifikation der	diversification
Tätigkeit, illegale	bootlegging
Tätigkeit, jede wirtschaftliche	business
Tätigkeit, jede wirtschaftliche	traffic
Tätigkeit, selbständige	self-employment
Tätigkeitsanalyse	task analysis
Tatsache	material fact
Tatsachen	case
Tatsachen, Vorspielung falscher	false pretences
Tauschgeschäft	exchange
Tauschhandel	barter
Tauschhandel, internationaler	countertrade
Tauschmittel	circulating medium
Tauschmittel	medium of exchange
Täuschung (arglistige)	fraud
Tauschwert	value
Tauschwirtschaft	exchange economy
Tausend, vom	per mille
Taxator	assessor
Taxator	estimator
Taxierung	assessment

Teamführung	participative management
Teaser (Mk)	teaser ad(vertisement)
Technisierung	mechanization
Technologietransfer	technology transfer
Technologiezentrum	science park
Teil	unit
Teilabschreibung	writedown
Teilauftrag	part load
Teilausführung erlaubt (Bö)	any or all
Teilausgabe	tranche
Teilausverkauf	closeout
Teile, (fremd)bezogene	bought-in parts
Teileliste	parts list
Teilerfüllung	part performance
Teilhaber	partner
Teilhaber	participator
Teilhaber, aktiver	working partner
Teilhaber, stiller	dormant partner
Teilhaber, tätiger	acting partner
Teilhaberschaft	copartnership
Teilhafter	limited partner
Teilhavarie	particular average
Teilhavarie, frei von	free from /of particular average
Teilkompensationsgeschäft (AuW)	partial compensation
Teilkostenrechnung	direct costing
Teilladung	part load
Teillieferung	part load
Teillieferung	part delivery
Teilwert	going value
Teilwert eines Unternehmens	going concern value
Teilwertversicherung	partial insurance
Teilzahlung	instal(l)ment
Teilzahlung	part payment
Teilzahlung, als	on account
Teilzahlung, kleine	token payment
Teilzahlunginstitut	secondary bank
Teilzahlungs-Kreditinstitut	finance house
Teilzahlungs-Kreditinstitut	industrial bank
Teilzahlungs-Kreditinstitut	personal finance company
Teilzahlungskauf	hire purchase
Teilzahlungskauf	instal(l)ment buying
Teilzahlungskredit	instal(l)ment credit
Teilzahlungsverkauf	instal(l)ment selling
Teilzeitarbeit	part-time work
Teilzeitbeschäftigung	part-time work
Tele-Einkauf	teleshopping
Telefax	bureaufax
Telefax	telefax
Telefax	telecopier
Telefon	telephone
Telefon mit Wahlwiederholung und Nummernspeicher	X-press callmaker
Telefon, schnurloses, tragbares	cordless telephone
Telefon-Marketing	telephone marketing
Telefon-Verkauf	telephone marketing
Telefonalphabet	telephone alphabet

Telefonanruf	call
Telefonat	call
Telefonbuch	directory
Telefonbuch	phone book
Telefonbuch	telephone directory
Telefonbuchwerbung	directory advertising
Telefondienste	telephone services
Telefongebühren	telephone rates
Telefongebührenanzeiger	call-charge indicator
Telefongespräch mit Gesprächsdauer- und Gebührenangabe	advice of duration and charge
Telefongespräch, (vor)angemeldetes	fixed-time call
Telefonhörer	receiver
Telefonkarte	phonecard
Telefonnebenanschluß	extension telephone
Telefonrückruf	return call
Telefonverkehr (Bö)	over-the-counter (market)
Telefonvermittlung	telephone exchange
Telefonzelle	booth
Telefonzentrale	switchboard
Telegramm	cablegram
Telegrammadresse	telegraphic address
Telekonferenz	teleconference
Telekopierer	telecopier
Teletext-System, britisches (der BBC)	Ceefax
Telex	telex
Temperatur	temperature
Tender	tender
Tender-Offerte	tender offer
Term (Math)	term
Termin	time limit
Termin, kaufen per (Bö)	buy forward
Termin, letzter	deadline
Terminablage	tickler file
Terminabschlag (Bö)	forward discount
Terminabteilung (Mk)	traffic department
Terminal (DV)	terminal
Terminbörse	futures market
Termindevisengeschäft, festes	fixed forward contract
Termineinlage	term deposit
Termingeschäft	forward transaction
Termingeschäft	forward deal
Termingeschäft gegen Termingeschäft	forward forward
Termingeschäft, Preis für	futures price
Termingeschäfte	futures
Terminhandel	forward deal
Terminhandel	futures trading
Terminhandel mit Finanztiteln	financial futures
Terminjäger	chaser
Terminkalender	appointment book
Terminkalender	desk diary
Terminkalender	diary
Terminkalender	tickler
Terminkauf	forward purchase
Terminkontrakt	forward contract
Terminkontrakt	futures contract
Terminkontrakte	futures

Terminkontraktmarkt	futures market
Terminkurs	futures price
Terminkurs	forward price
Terminkursvereinbarung	forward rate agreement
Terminlieferung	forward delivery
Terminmarkt	futures market
Terminmarkt	forward market
Terminmarkt	terminal market
Terminoption	forward option
Terminsicherung	forward cover
Terminwaren	futures
Terminwerbung	fixed spot
Terms of Trade	terms of trade
Test, anonymer	blind test
Testament	last will
Testament	testament
Testament	will
Testament, Nachtrag zu einem	codicil
Testament, ohne	intestate
Testamentseröffnung (gerichtliche)	probate
Testamentsvollstrecker/in	executor/executrix
Testbefragung	opinion research
Testeinkäufer	ghost shopper
Testfall	test case
Testgruppe	panel
Testieren	attestation
teuer, zu	overpriced
Teuerungszulage	cost of living allowance
Texter	copywriter
Textilwaren	softs
Textverarbeitung	word processing
Theorie der absoluten Kostenvorteile	theory of comparative advantage
Theorie der komparativen Kosten	theory of comparative advantage
Theorie der Preisbestimmung	theory of price determination
Theorie X und Theorie Y (Man)	Theory X and Theory Y
Theorie Z (Man)	Theory Z
Theorie, volkswirtschaftliche	economic theory
Theory X	X-Theory
Theory Y	Y-Theory
Thermokopierer	thermal copier
Thesaurierung von Gewinnen	retention of profits
Ticker	ticker
Ticker-Notierung (Bö)	tape quotation
Tiefeninterview	depth interview
Tiefstkurs (Bö)	low
tilgen (Schuld)	clear
Tilgung	clearance
Tilgung	liquidation
Tilgung	redemption
Tilgung	repayment
Tilgung (Schuldentilgung)	amortisation
Tilgung, Gebühr für vorzeitige	prepayment penalty
Tilgungsanleihe	redeemable debenture
Tilgungsbestätigung	acquittance
Tilgungsfonds	sinking fund
Tilgungshypothek	level payment mortgage
Tilgungshypothek	repayment mortgage

Tilgungstermin	redemption date
Time-Sharing	time sharing
Tip	tip
Tippfehler	literal (error)
TIR Carnet	TIR Carnet
Titel	heading
Titel	title
Titel, engl. (Schriftverkehr)	Esquire
Titelboxanzeige	ear
Titelboxanzeige	title corner
Titelseite	cover
Titelseite	cover page
Titelseite	front cover
Tochter(gesellschaft)	subsidiary company
Tochtergesellschaft	associated company
Tochtergesellschaft	unit
Tochtergesellschaft einer US-Bank	Edge (Act) corporation
Tochtergesellschaft, 100%ige	wholly-owned subsidiary
Tochtergesellschaft, nicht konsolidierte	unconsolidated subsidiary
Todesfallversicherung	whole life policy
Todesfallversicherung, abgekürzte	term assurance (insurance)
Todesfallversicherung, temporäre mit fallender Summe	decreasing term assurance
Tokio-Runde	Tokyo Round
Toleranz	tolerance
Tolerierung	tolerance
Tonnage	tonnage
Tonne	barrel
Tonne	cask
Tonne	ton/tonne
Tonnengebühr	tonnage
Totalitarismus	totalitarism
Totalverlust, angenommener, konstruktiver, fingierter (Vers)	constructive total loss
Totalverlust, wirklicher (Vers)	actual total loss
Totenschein	death certificate
Tradeoff	tradeoff
Trading-down (Mk)	trading down
Trading-up (Mk)	trading up
Trägerlohn	porterage
Tragfähigkeit	burden
Tragfähigkeit	tonnage
Trägheits-Verkauf	inertia selling
Trampschiff	tramp
Tranche	tranche
Transaktion	transaction
Transaktionskasse	transactions holdings
Transaktionskosten	transaction cost(s)
Transaktionsmotiv (Keynes)	transactions motive
Transaktionswährung	trading currency
Transfer	transfer
Transfer, einseitiger	unilateral transfer
Transfereinkommen	transfer income
Transferpreise, Festsetzung von	transfer pricing
Transferrisiko im internationalen Zahlungsverkehr	transfer risk
Transferstraße	transfer line

Transferzahlungen	transfer payments
Transitlager	entrepot
Transitverkehr	transit traffic
Transitzoll	transit tariff
Transport	cartage
Transport	carriage
Transport	conveyance
Transport	haulage
Transport	transport
Transport durch Bahn und LKW	truckage
Transport in Containern	containerization
Transport, auf dem	in transit
Transport, kombinierter, multimodaler	intermodal transport
Transport, multimodaler	multi-modal transport
Transportbehälter	bin
Transportdokument	transport document
Transportkonnossement, kombiniertes	combined transport bill of lading
Transportkosten	carriage outward(s)
Transportkosten	carriage
Transportkosten	cartage
Transportkosten	haulage
Transportkosten	transportation charges
Transportkostenrechnung	freight note
Transportmittel	conveyance
Transportpapiere	shipping documents
Transportunternehmen	common carrier
Transportunternehmer	haulier
Transportunternehmer/nehmen (LKW)	haulage contractor
Transportversicherung	transit insurance
Transportversicherung	transportation insurance
Transportweg, Vorschrift(en) über den	routing order
Trassant	drawer
Trassat	drawee
Trassat	payer
Trassierungskredit	refinance credit
Tratte	draft
Tratte, vor Lieferung ausgestellte	advance bill
Trattenankauf	negotiation
Travellerscheck	traveller's cheque
Treffen	meeting
Treibgut	flotsam
Trennung zwischen Eigentum und Leitung (eines Unternehmens)	separation of ownership from control
Tresor	strong room
Tresor	vault
Treu und Glauben	bona fide
Treu und Glauben, Vereinbarung nach	gentleman's agreement
Treuerabatt	aggregated rebate
Treuerabatt	deferred rebate
Treuerabatt	loyalty rebate
Treugeber	bailor
Treuhandbescheinigung	trust receipt
Treuhänder	custodian
Treuhänder	fiduciary (agent)
Treuhänder	trustee
Treuhandgesellschaft	trust company
Treuhandquittung	trust receipt

Treuhandverhältnis	fiduciary relationship
Treuhandverhältnis	trust
Treuhandvermögen	trust fund
Treuhandvertrag	trust deed
Trillion (GB)	trillion
Trimester	term
Trinkgeld	gratuity
Trinkgeld	tip
Trittbrettfahrer	free rider
Trockendock	dry dock
Trockendock	graving dock
Trödel- oder Plunder-Schuldverschreibung	junk bond
Trommel	drum
Trucksystem (PW)	truck system
Trust	trust
Trusts, Zerschlagung von	trustbusting
Tüte	bag
TÜV-Plakette	standard label
TÜV-Zeichen	standard label
Tycoon	tycoon
Typenbeschränkgung	variety reduction
Typenrad	daisy wheel
Typung	standardisation (standardization)

U

Ultimatum	ultimatum
ultimo	ultimo
Ultimoabrechung	end-of-month-settlement
Umbuchung	transfer
Umfeld, betriebliches	external environment
Umfrage	poll
Umfrage	survey
Umgründung (Unternehmen)	conversion
Umgruppierung (von Arbeitskräften)	redeployment
Umladeerklärung	transhipment entry
Umladekonnossement	transshipment bill of lading
Umladekosten	handling charges
Umladeplatz	terminal
Umladung	transhipment (transshipment)
Umlauf	circulation
Umlaufgeschwindigkeit des Geldes	velocity of circulation
Umlaufrendite	flat yield
Umlaufvermögen	current assets
Umlaufvermögen	floating assets
Umlaufvermögen, Wert(e) des	marketable security
Umleitung einer Warensendung	reconsignment
Umrechnungskurs	conversion rate
Umsatz	sales
Umsatz	turnover
Umsatz	turn
Umsatz (Bö)	mark
Umsatz einer Werbeagentur	billing
Umsatz, hoher, mit geringer Gewinnspanne	buy turnover
Umsatz, höheren... haben als ...	outsell

Umsatzanalyse	sales analysis
Umsätze, Erzielung zu niedriger	undertrading
Umsätze, geringe	quiet trading
Umsätze, lebhafte	active market
Umsatzerlös	revenue
Umsatzerlöse	sales
Umsatzrendite	profit percentage
Umsatzrendite	return on sales
Umsatzrentabilität	profit percentage
Umsatzrentabilität	return on sales
Umsatzstatistik	sales analysis
Umsatzsteigerungsversuch durch Erhöhung der Preise	trading up
Umsatzsteigerungsversuch durch Senkung der Preise	trading down
Umsatzsteuer	turnover tax
Umsatzsteuer	value added tax
Umsatzsteuer (USA)	sales tax
Umsatzvolumen	sales volume
Umsatzvolumen	volume
Umschalten, häufiges (des TV-Kanals)	zapping
Umschalttaste	shift key
Umschlag	binder
Umschlag	cover
Umschlag	envelope
Umschlag	turnover
Umschlag, großer für Briefe	gusset envelope
Umschlagplatz	terminal
Umschlagsdepot	entrepot
Umschlagshäufigkeit	rate of turnover
Umschlagshäufigkeit	stockturn (rate)
Umschlagshäufigkeit des Eigenkapitals	equity turnover
Umschuldung	funding
Umschuldung	refinancing
Umschulung	retraining
Umstand	factor
umsteigen	transfer
Umstrukturierung (von Arbeitskräften)	redeployment
Umtausch	conversion
Umtausch	exchange
Umwandelbarkeit	convertibility
Umwegproduktion	indirect production
Umweltbedingungen	environmental conditions
Umweltsponsoring	environmental sponsoring
Umzugsunternehmen	removal(s) company
Umzugsunternehmer	removal(s) company
UNCTAD	United Nations Conference on Trade and Development
und Co	and Co
uneingeschränkt	free
unentgeltlich	free
UNESCO	United Nations Educational, Scientific and Cultural Organisation
Unfall- und Krankenversicherung	accident and health insurance
Unfall- und Krankenversicherung für Angestellte (USA)	commercial insurance
Unfallverhütung	accident prevention

Unfallversicherung	accident insurance
Unfallversicherung, private	personal accident insurance
unfrei	carriage forward
unfrei	freight forward
Ungleichgewicht	disequilibrium
Ungleichgewicht, funktionales	fundamental disequilibrium
Ungleichheit	inequality
Ungleichung	inequality
Ungültigkeitserklärung	cancel(l)ation
Unit-Load	unit load
Universal-Versicherer	composite insurance company
Universalbankensystem	multiple banking
Universalbankensystem	universal banking (system)
Universalversicherung	comprehensive cover(age)
Unmenge	quantity
Unmöglichkeit, objektive (der Vertragserfüllung) (Re)	frustration
unten erwähnt	undermentioned
unter (sonst) gleichen Umständen (Bedingungen)	ceteris paribus
Unterauftrag	subcontract (sub-contract)
Unterausschuß	subcommittee
Unterbeschäftgte(r)	underemployed person
Unterbeschäftigung	underutilization
Unterbesetzung, personelle	undermanning
Unterbewertung	undervaluation
Unterbezahlung	underpayment
Unterbilanz	adverse balance
Unterbringung (von Wertpapieren)	placing
Untergebene(r)	subordinate
Untergrundwirtschaft	black economy
Untergrundwirtschaft	hidden economy
Untergrundwirtschaft	underground economy
Unterhalt(szahlung)	maintenance
Unterhaus, britisches	House of Commons
Unterkapitalisierung	undercapitalization
Unterkonsumtheorie	underconsumption theory
Unterlagen	data
Unterlagen	records
Unterlassen, schuldhaftes	default
Unterlassung	failure
Unternehmen	business
Unternehmen	company
Unternehmen	contractor
Unternehmen	firm
Unternehmen	organisation (organization)
Unternehmen	undertaking
Unternehmen (gewagtes)	adventure
Unternehmen mit primär nicht erwerbswirtschaftlichen Zielen	nonprofit organization
Unternehmen ohne eigene Rechtspersönlichkeit	unincorporated association
Unternehmen, absatz-, marktorientiertes	market-orientated firm
Unternehmen, angegliedertes, angeschlossenes, verbundenes	affiliated company
Unternehmen, Beendigung eines	suspension
Unternehmen, Beschäftigte eines	payroll

Unternehmen, betrügerisches	ramp
Unternehmen, betrügerisches	racket
Unternehmen, börsennotiertes	listed company
Unternehmen, börsennotiertes	quoted company
Unternehmen, das ein Unternehmen ohne dessen Zustimmung übernehmen will	raider
Unternehmen, das von nicht organisierten Arbeitnehmern Gewerkschaftsbeiträge verlangt	agency shop
Unternehmen, dessen Übernahme geplant ist	target company
Unternehmen, führendes	major
Unternehmen, gemeinnütziges	nonprofit organization
Unternehmen, gemischtwirtschaftliches	mixed enterprise
Unternehmen, gewerkschaftspflichtiges	closed shop
Unternehmen, gut gehendes (tätiges, arbeitendes)	going concern
Unternehmen, kapitalintensives	high-cost enterprise
Unternehmen, lieferantengebundenes	tied company
Unternehmen, marktbeherrschendes	dominant firm
Unternehmen, mittelständisches	small company
Unternehmen, multinationales	transnational corporation
Unternehmen, multinationales (internationales)	multinational
Unternehmen, neu gegründetes	startup
Unternehmen, nicht börsennotiertes	unquoted company
Unternehmen, nicht lebensfähiges	lame duck
Unternehmen, risikoreiches	venture
Unternehmen, riskantes	gamble
Unternehmen, staatliches	state enterprise
Unternehmen, stark fremdfinanziertes	highly geared company
Unternehmen, verbundenes	related company
Unternehmen, verstaatlichtes	public corporation
Unternehmen, wirtschaftliches der öffentlichen Hand	public corporation
Unternehmensberater	management consultant
Unternehmensberatung	management consulting
Unternehmensbereich	unit
Unternehmensbereich ausgründen, ausgliedern, abstoßen	hive off
Unternehmensbewertung	valuation of business
Unternehmenserwerb unter Ausnutzung des Leverage-Effektes	leverage(d) buyout
Unternehmensethik	business ehtics
Unternehmensexpansion, zu starke	overtrading
Unternehmensform	business unit
Unternehmensführung	management
Unternehmensführung per Komitee	consultative management
Unternehmensführung, partizipative	participative management
Unternehmensführung, wissenschaftliche	scientific managment
Unternehmensgruppe	group of companies
Unternehmensindikatoren	business indicators
Unternehmensleitung, zweistufige	two-tier board
Unternehmensmodell	company model
Unternehmensplanung	corporate planning
Unternehmenspolitik	business policy
Unternehmenspolitik	company policy

Unternehmensprognose	business forcast(ing)
Unternehmensspitze	top management
Unternehmensstrategie	corporate strategy
Unternehmenswachstum	expansion
Unternehmenswachstum	growth of business
Unternehmensziele	objectives
Unternehmenszusammenschluß	amalgamation
Unternehmenszusammenschluß	combine
Unternehmenszusammenschluß	integration
Unternehmenszusammenschluß	merger
Unternehmer (als dispositiver Produktionsfaktor)	organisation (organization)
Unternehmer des kombinierten Transports	combined transport operator
Unternehmer/in	entrepreneur
Unternehmergewinn	profit
Unternehmergewinn, dynamischer	excess profit
Unternehmerhaftpflicht (Vers)	employer's liability (insurance)
Unternehmerhaftpflichtversicherung	workers compensation insurance
Unternehmerlohn	normal profit
Unternehmerrisiko	uncertainty
Unternehmertätigkeit, Einkommen aus	earned income
Unternehmertum	entrepreneurship
Unternehmerverband	employers' association
Unternehmerverband	trade association
Unternehmung	contractor
Unterschied	difference
Unterschlagung	defalcation
Unterschlagung	embezzlement
Unterschrift	subscription
Unterschriftenverzeichnis	signature index
Unterschriftsleistung	subscription
Unterschriftsprobe	specimen signature
Unterschriftsprüfung	signature verification
Unterstützung	support
Unterstützungsfonds	provident fund
Unterstützungskasse (für Altersversorgung der Arbeitnehmer) (GB)	provident fund
Unterstützungszahlung an einkommensschwache Familien	family income supplement
Untersuchung	scrutiny
Untersuchungsausschuß	board of inquiry
Untervermietung	sublease
Untervermietung	underlease (under-lease)
Unterverpachtung	sublease
Unterversicherung	underinsurance
Untervertreter	subagent
unterwegs	in transit
Unterzeichner	signatory
Unterzeichner haftet	caveat subscriptor
Unterzeichnete	undersigned
Unvereinbarkeit	variance
unverzollt	duty unpaid
Unze	ounce
UPC-Strichcode (Mk)	universal product code
Urabstimmung	strike ballot
Urheberrecht	copyright
Urkunde	deed

Urkunde	document
Urkunde	instrument
Urkunde über besitzloses Pfandrecht	letter of hypothecation
Urkunde über eine Namensschuldverschreibung	certificate of bond
Urkunde über Eintragung einer Kapitalgesellschaft	certificate of incorporation
Urkunde über Verkauf/Übertragung beweglicher Sachen	bill of sale
Urkunde, Stempelgebühr für	stamp duty
Urkundsbeamter	commissioner (of/for oaths)
Urlaub	vacation
Urlaubsgeld	vacation pay
Urlaubsversicherung	holiday insurance
Ursache, tatsächliche	causa proxima
Ursache, tatsächliche, unmittelbare (Vers)	proximate cause
Ursache, unmittelbare	causa proxima
Ursprungsland	country of origin
Ursprungszeugnis	certificate of origin
Urteil	judg(e)ment
Urteilsschuldner	judg(e)ment debtor
US-Notenbank	Federal Reserve Bank
Usance	trade usage

V

Valutaanleihe	currency bond
Valutabond	currency bond
Valutaklausel	currency clause
Valutaklausel	foreign currency clause
Valutakonto	foreign currency account
Valutapapier	foreign currency security
Valutatag (BaW)	value
Variable (Math)	variable
Variable, abhängige	dependent variable
Variable, endogene	endogenous variable
Variable, exogene	exogenous variable
Variable, kontinuierliche	continuous variable
Variable, unabhängige	independent variable
Varianz (Stat)	variance
Vebleneffekt	Veblen effect
Vektor (Math)	vector
Veralten, wirtschaftliches	economic obsolescence
Veraltern, vorzeitiges	obsolescence
Veränderliche (Math)	variable
Veränderung	shift
Veranlagung	assessment
Veranstalter	promoter
Verantwortung	charge
Verantwortung	responsibility
Verarbeitung	conversion
Verarbeitung	processing
Verarbeitungsmenge	throughput
Veräußerer	seller
Veräußerung	alienation

Veräußerung	divestment
Veräußerung	realization
Veräußerungsbefugnis	power of sale
Veräußerungsgewinn	capital gain
Veräußerungsverlust	capital loss
Veräußerungswert	residual value
Verband	association
Verband	federation
Verband	organisation (organization)
Verbindlichkei(ten)	account(s) payable
Verbindlichkeit	amount due
Verbindlichkeit	commitment
Verbindlichkeit	debt
Verbindlichkeit	liability
Verbindlichkeit	obligation
Verbindlichkeit erfüllen	make good
Verbindlichkeit(en), kurzfristige	floating debt
Verbindlichkeit, Befreiung von einer	release
Verbindlichkeit, mittelfristige	medium-term liability
Verbindlichkeit, nachrangige	subordinate debt
Verbindlichkeit, noch nicht fällige	undue debt
Verbindlichkeit, vorrangige	senior debt
Verbindlichkeiten	indebtedness
Verbindlichkeiten	payables
Verbindlichkeiten aus Lieferungen und Leistungen	trade creditors
Verbindlichkeiten, kurzfristige	current liabilities
Verbindlichkeiten, langfristige	long-term liabilities
Verbindlichkeiten, offene	outstanding debts
Verbindlichkeiten, sonstige	sundry creditors
Verbindungsrente mit Übergang	joint and survivor annuity
Verbot der Zahlungsleistung an Dritte	garnishee order
Verbraucher	consumer
Verbraucher-Kreditvertrag	consumer credit agreement
Verbraucheranalyse	consumer research
Verbraucherausgaben	consumer expenditure
Verbraucherberatungsstelle	consumer advice centre
Verbrauchergroßmarkt	hypermarket
Verbraucherkredit	consumer credit
Verbraucherkreditgesetz (GB)	Consumer Credit Act
Verbraucherpanel	consumer panel
Verbraucherpreisindex	consumer price index
Verbraucherschutz	consumer protection
Verbraucherschutzbewegung	consumerism
Verbrauchertestgruppe	consumer panel
Verbraucherverband	consumer(s') association
Verbraucherverhalten	consumer behaviour
Verbraucherwerbung	consumer advertising
Verbrauchsfrist	shelf life
Verbrauchsgut, schnell umschlagendes	fast-moving consumer good/product
Verbrauchsgüter	consumer(s') goods
Verbrauchsgüter	convenience goods
Verbrauchsgüter	nondurable goods
Verbrauchssteuer	excise
Verbrauchssteuer	purchase tax
Verbrauchssteuern, Rückvergütung von	excise drawback
verbuchen	post

Verbuchung	recognition
Verbunddirektorium	interlocking directorate
Verbundwerbung	cooperative advertising
verdienen	make
Verdienst	earnings
Verdienst	gain
Verdienst, über Tariflohn liegender	bootleg wages
Verdienstspanne	spread
Verdrängungswettbewerb (des Staates)	crowding-out
Verein	organisation (organization)
Verein zur gegenseitigen Unterstützung der Mitglieder	friendly society
Vereinbarung	agreement
Vereinbarung	memorandum (memo)
Vereinbarung	undertaking
Vereinbarung nach Treu und Glauben	gentleman's agreement
Vereinbarung, mündliche	verbal agreement
Vereinigung, nicht rechtsfähige	unincorporated association
Vereinte Nationen (UN)	United Nations
Verfahren	case
Verfahren	process
Verfahrensweise	policy
Verfall	expiry
Verfall	lapse
Verfall- /Herstelldatum, Kennzeichnung mit	date coding
Verfalldatum	expiry date
Verfalldatum (Lebensmittel)	pull date
Verfallsdatum (der Haltbarkeit)	sell by date
Verfalltag	date of maturity
Verfalltag	due date
Verfalltag	equated time
Verfalltag	payment date
Verfalltag (Bö)	option day
Verfalltag, mittlerer	average due date
Verfallzeit	maturity
Verflechtung, vertikale	vertical integration
verfrachten	freight
Verfrachter	freighter
Verfügung, einstweilige	injunction
Verfügung, gerichtliche	writ
Vergehen	offence (offense)
Vergeudung	wastage
Vergleich	composition
Vergleich	settlement
Vergleich (außergerichtlicher)	compromise
Vergleich, außergerichtlicher	accord and satisfaction
Vergleich, außergerichtlicher	voluntary settlement
Vergleich, zwischenbetrieblicher	interfirm comparison
Vergleichs- und Schiedsordnung	Rules of Conciliation and Arbitration
Vergleichsabschluß	comparative statement
Vergleichsvereinbarung	composition
Vergleichsvereinbarung (zwischen Gläubiger und Schuldner)	deed of arrangement
Vergleichsvertrag	deed of assignment
Vergleichszahlen	comparative figures
Vergnügungssteuer	entertainment tax

Vergünstigung für (leitenden) Angestellten, um ihn an das Unternehmen zu binden	golden handcuffs
Vergütung	consideration
Vergütung	remuneration
Vergütung an einen neuen, leitenden Angestellten	golden hello
Vergütung für schnelles Entladen	despatch money
Verhälnis Gewinn zu Umsatz	profit to sales ratio
Verhalten	attitude
Verhalten, wettbewerbsbeschränkende(s)	restrictive practice(s)
Verhaltensänderung	behavioural change
Verhaltensforschung	behaviour(al) research
Verhaltensstudie	attitude survey
Verhaltenswissenschaft(en)	behavioural science
Verhältnis	ratio
Verhältnis	terms
Verhältnis Fremd- zu Eigenkapital	debt ratio
Verhältnis Fremdkapital zu Eigenkapital	gearing ratio
Verhältnis Fremd- zu Gesamtkapital	debt ratio
Verhältnis Gewinn zu Dividende	time(s) covered
Verhältnis Jahresgewinn zu ausgeschüttetem Dividendengewinn	dividend cover
Verhältnis liquide Mittel zu laufenden Verbindlichkeiten	quick ratio
Verhältnis Umlaufvermögen zu kurzfristigen Verbindlichkeiten	current ratio
Verhältnis zwischen Fremd- und Eigenkapital	leverage
Verhältnis zwischen Gewinn und gezeichnetem Kapital	earnings yield
Verhältnis, im umgekehrten	inverse relationship
Verhältnisklausel (Vers)	average clause
verhältnismäßig	pro rata (prorata)
Verhandeln	bargaining
Verhandlung	negotiation
Verhandlung (Re)	trial
Verhandlungsspielraum	bargaining range
Verhandlungsstärke	bargaining power
Verjährung	limitation
Verjährungsfrist	statute of limitations
Verjährungsvorschriften	statute of limitations
Verkauf	marketing
Verkauf	realization
Verkauf	sale
Verkauf	sell
Verkauf (als Vorgang)	selling
Verkauf an der Haustür	door-to-door
Verkauf auf Kommissionsbasis	memorandum sale
Verkauf auf Probe	sale on approval
Verkauf bei gleichzeitiger Rückvermietung an den Verkäufer	sale and leaseback (lease back)
Verkauf gegen Barzahlung bei eigenem Transport	cash and carry
Verkauf mit (gleichzeitiger) Rückmiete	leaseback
Verkauf mit Rückgaberecht	on sale or return
Verkauf nach Beschreibung	sale by description

Verkauf nach Muster	sale by sample
Verkauf nach Probe	sale by sample
Verkauf wegen Geschäftsaufgabe	forced sale
Verkauf zu stark reduzierten Preisen	bargain sale
Verkauf zur Ansicht	sale on approval
Verkauf, aggressiver	high pressure selling
Verkauf, freihändiger (nicht durch Versteigerung)	sale by private treaty
Verkauf, persönlicher	face-to-face selling
Verkauf, persönlicher	personal selling
Verkäufe der Tochtergesellschaft an die Muttergesellschaft	upstream sales
Verkäufer/in	marketer
Verkäufer/in	seller
Verkäufer/in	shop assistant
Verkäufer/in	clerk
Verkäufer/in	vendor
Verkäufermarkt	sellers' market
Verkäuferoption (Bö)	seller's option
Verkäuferpfandrecht	seller's lien
Verkäuflichkeit	salability (saleability)
Verkaufs- und Kaufauftrag (Bö)	contingent order
Verkaufs- und Lieferbedingungen	terms and conditions
Verkaufsabrechnung eines Kommissionärs	account sales
Verkaufsagentur	sales agency
Verkaufsaktion	sales drive
Verkaufsangebot	offer for sale
Verkaufsargument, einzigartiges, einmaliges (Mk)	unique selling proposition
Verkaufsautomat	slot machine
Verkaufsautomat	vending machine
Verkaufsautomat	vendor
Verkaufsbedingungen	conditions of sale
Verkaufsbedingungen	terms of sale
Verkaufsbericht	sales report
Verkaufsbuch	sales book
Verkaufserlös, realisierbarer	net realisable value
Verkaufserlöse	sales
Verkaufsfiliale	branch store
Verkaufsfläche	shop floor (shopfloor)
Verkaufsförderung	promotion
Verkaufsförderung	sales promotion
Verkaufsförderung beim Endverbraucher	consumer promotion
Verkaufsförderung direkt beim Einzelhandel	in-store promotion
Verkaufsförderung durch normale Werbemaßnahmen	above-the-line (promotion)
Verkaufsförderung durch indirekte Werbemaßnahmen	below-the-line (promotion)
Verkaufsförderung im (Einzelhandels) Geschäft	store promotion
Verkaufsförderungs-Aktivitäten	promotional activities
Verkaufsförderungs-Mix	promotion(al) mix
Verkaufshilfe	dealer aid
Verkaufsjournal	sales journal
Verkaufskartell	syndicate
Verkaufskommissionär	commission merchant

Verkaufskommissionär	consignee
Verkaufskommissionär	factor
Verkaufskommissionär	selling agent
Verkaufskonto	trading account
Verkaufskunst	salesmanship
Verkaufskurs (Bö)	selling rate
Verkaufsleiter	sales manager
Verkaufsleiter für ein bestimmtes Produkt	brand manager
Verkaufsnote (Bö)	sold note
Verkaufsoption (Bö)	put option
Verkaufsorganisation	sales force
Verkaufsort	point-of-sale
Verkaufsprämie	push money
Verkaufspreis	selling price
Verkaufspreis, amerikanischer (AuW)	American selling price
Verkaufsrechnung	outgoing invoice
Verkaufsrechnung	sales invoice
Verkaufsschlager	seller
Verkaufsschlager, potentieller	sleeper
Verkaufskonto	sales discount
Verkaufsstab	sales force
Verkaufsstand	stand
Verkaufsstelle, mobile	mobile shop
Verkaufssteuerung	merchandise
Verkaufstechnik, dezente, weiche	soft sell(ing)
Verkaufstraining	sales training
Verkaufsunterlage	business paper
Verkaufsurkunde	bill of sale
Verkaufsvertreter	sales representative
Verkaufsvoraussage	sales forecast
Verkaufswerbung, aggressive	hard sell advertisement
Verkaufswiderstand	sales resistance
Verkehr (Güter, Personen)	traffic
Verkehr, multimodaler	intermodal transport
Verkehr, intermodaler, kombinierter, multimodaler	combined transport(ation)
Verkehrsfähigkeit	marketability
Verkehrsgleichung (Fishersche)	equation of exchange
Verkehrsmittelwerbung	transit advertising
Verkehrsunternehmen, öffentliches	common carrier
Verladeanweisung	backed note
Verladebestätigung	evidence of shipment
Verladehafen	port of loading
verladen	loading
Verladenachweis	evidence of shipment
Verladepapiere	shipping documents
Verladeplatz	port of loading
Verlader	freighter
Verlader	shipper
Verladeschein	shipping note
Verladeschluß	closing for cargo
Verladungskosten	cargo handling charges
Verlagerung	shift
Verlängerung	prolongation
Verlängerung (einer Versicherung)	renewal
Verlängerung des Zahlungsziels	dating

Verlängerungsklausel (Vers)	continuation clause
Verlängerungsklausel, automat. (Vers)	nonforfeiture clause
Verlängerungsstück	allonge
Verlautbarung	statement
verleihen	hire
Verleumdung	libel
Verlust	damage
Verlust	loss
Verlust, mit ... arbeiten	in the red
Verlust, nicht realisierter	paper loss
Verlust, nicht realisierter	unrealized loss
Verlust, realisierter	realized loss
Verlustabschluß	deficiency account
Verlustausgleich, interner	cross subsidization
Verluste, unerwartete	windfall losses
Verlustfeststellungsbescheid	deficiency account
Verlustrücktrag	loss carryback
Verlustrücktrag	tax loss carryback
Verlustsaldo	adverse balance
Verlustsaldo	debit balance
Verlustvortrag	loss carryforward
Verlustvortrag	tax loss carryforward
Vermächtnis	legacy
Vermerk	minute
Vermerk 'zu Händen'	attention line
Vermerk, notarieller (Wechsel) zwecks nachfolgender Protestaufnahme	noting (a bill)
vermieten	hire
Vermieter	landlord
Vermietung	lease
Vermietung eines Schiffes ohne Besatzung	demise charter
Vermietung von Investitionsgütern, langfristige	finance lease
Vermittler	broker
Vermittler	intermediary
Vermittler	middleman
Vermittlung	conciliation
Vermittlung	mediation
Vermittlung (Telefon)	switchboard
Vermögen	asset(s)
Vermögen	capital
Vermögen	estate
Vermögen	resources
Vermögen	wealth
Vermögen, bewegliches	mov(e)ables
Vermögen, schwer realisierbares	illiquid asset
Vermögen, unbewegliches	immovables
Vermögensaufstellung eines Konkursschuldners	statement of affairs
Vermögensbesteuerung	capital taxation
Vermögensbewertung	assessment
Vermögensbilanz	asset and liability statement
Vermögensbildung	capital accumulation
Vermögensbildung	capital formation
Vermögenseinkommen	estate income
Vermögenserwerb nach Konkurseröffnung	after-acquired property

Vermögensschaden	economic loss
Vermögensschaden-Haftpflichtversicherung	property damage liability insurance
Vermögenssteuer	capital tax
Vermögenssteuer	property tax
Vermögenssteuer	wealth tax
Vermögenstwerte, festliegende, schwer verkäufliche	frozen assets
Vermögensübertragung, betrügerische	fraudulent conveyance
Vermögensumverteilung	redistribution of wealth
Vermögensverhältnisse, Prüfung der	means test
Vermögensversicherung	property insurance
Vermögensverwalter	receiver
Vermögensverwalter	trustee
Vermögensverwaltung	investment management
Vermögensverwaltung	portfolio management
Vermögensvorteil	pecuniary benefit
Vermögenswert	value
Vermögenswert, nur langsam realisierbarer	slow asset
Vermögenswerte, materielle	tangible assets
Vermögenswerte, Summe der, dividiert durch Anzahl der ausgegebenen Aktien	break-up value
Vermögenswerte, verschleierte	concealed assets
Vermögenswerte, zweckgebundene	specific assets
Vermögenszuwachs	capital gain
Vermutung	assumption
Veröffentlichung	disclosure
Veröffentlichung	publication
Veröffentlichung	release
Verordnung	regulation
Verpächter	landlord
Verpachtung	lease
verpacken	packaging
Verpackung	packaging
Verpackungsgewicht	tare
Verpfändung	hypothecation
Verpfändung	pledge
Verpfändungsurkunde	letter of hypothecation
Verpflichtung	commitment
Verpflichtung	obligation
Verpflichtung	undertaking
Verpflichtung, einseitige vertragliche	deed poll
Verpflichtung, vertragliche	contractual obligation
Verpflichtungen	indebtedness
verrechnen (BaW)	clear
Verrechnung	clearing
Verrechnung	clearance
Verrechnung	offset
Verrechnung	settlement
Verrechnung	setoff
Verrechnung, nur zur	not negotiable
Verrechnung, nur zur (auf Konto des Zahlungsempfängers)	account payee (only)
Verrechnungsabkommen (AuW)	clearing agreement
Verrechnungspreis	transfer price
Verrechnungsscheck	crossed cheque
Verrechnungsstelle (BaW)	clearing house

Verrechnungsverfahren	clearing
Verrechnungsvermerk, allgemeiner (auf einem Scheck)	general crossing
Verringerung	reduction
Versammlung	assembly
Versand	consignment
Versand	despatch (dispatch)
Versand	forwarding
Versand	shipment
Versand(haus)handel	mail order business
Versandabteilung	traffic department
Versandanzeige	advice note
Versandanzeige	delivery note
Versandanzeige	despatch (dispatch) note
Versandanzeige	letter of advice
Versandanzeige	shipping note
Versandanzeige	waybill
Versandavis	advice note
Versandbedingungen (AuW)	shipping terms
Versandhafen	port of shipment
Versandhaus	mail order house
Versandkosten	delivery expenses
Versandliste	mailing list
Versandliste	packing list
Versandmarkierung	shipping marks
Versandpapier (T 2 L)	T 2 L form
Versandrechnung	shipping invoice
Versandverfahren, gemeinschaftliches(EU)	community transit
Verschiebung	postponement
Verschiffung	shipment
Verschiffungsdokumente	shipping documents
Verschiffungskonnossement	shipped bill of lading
Verschiffungsorder	backed note
Verschlechterung	setback
Verschleiß	wear and tear
Verschleiß	wastage
Verschlüsselung	coding
Verschmelzung	merger
Verschneiden	blending
Verschulden	default
Verschulden, Haftung für fremdes	vicarious liability
Verschulden, mitwirkendes	contributory negligence
Verschuldung	indebtedness
Verschuldung der öffentlichen Hand	public debt
Verschuldungsgrad	debt ratio
Verschuldungsgrad	gearing ratio
Verschuldungsgrad	gearing
Verschuldungsgrad (Verhältnis: bevorrechtigte Kapitalien zu Stammaktien)	gearing
Verschuldungsgrad (Verhältnis: Fremd- zu Eigenkapital)	gearing
Verschuldungsgrenze	borrowing allocation
Verschuldungskoeffizient	debt ratio
Verschuldungspotential	borrowing power
Verschwendung	wastage
Verschwendung	waste
Versehen	error

versenden	consign
Versenden	forwarding
versenden	forward
versenden	post
Versender (von Waren)	consignor
Versetzung (PW)	transfer
Versicherer	assurer
Versicherer	insurer
Versicherer	underwriter
Versicherte(r)	assured
Versicherte(r)	insured
Versichertendividende	bonus
Versicherung	assurance
Versicherung	insurance
Versicherung an Eides statt	statutory declaration
Versicherung auf den Todes- und Erlebensfall	endowment assurance (insurance)
Versicherung auf Gegenseitigkeit	mutual insurance
Versicherung gegen alle Gefahren	all-risk insurance
Versicherung gegen benannte Risiken	named peril insurance
Versicherung gegen Kostensteigerungen (AuW)	cost-escalation cover
Versicherung(en), mehrere für das gleiche Objekt	concurrent insurance
Versicherung, bedingte	contingent policy
Versicherung, beitragsfreie	paid-up insurance
Versicherung, eidesstattliche	affidavit
Versicherung, kombinierte	combination policy
Versicherung, laufende	open cover
Versicherung, neu für alt	new for old insurance
Versicherung, schriftliche, eidesstattliche	statutory declaration
Versicherung, technische	engineering insurance
Versicherung, Übernahme einer	underwriting
Versicherung, Verlängerung einer	renewal
Versicherungsagentur	agency
Versicherungsanspruch	claim
Versicherungsanspruch	insurance claim
Versicherungsanspruch, entstandener, aber noch nicht gemeldeter	incurred but not reported claim
Versicherungsantrag	application
Versicherungsantrag eines Versicherungsmaklers	broker's slip
Versicherungsantrag, Ablehnung eines	declinature
Versicherungsantragsformular	proposal form
Versicherungsbegrenzung	exclusion
Versicherungsdokumente	insurance documents
Versicherungsgeschäft, das gesamte kurzfristige	general insurance
Versicherungsgesellschaft	insurer
Versicherungsgewinn	underwriting profit
Versicherungskarte, grüne	green card
Versicherungskarte, internationale (grüne Karte)	international motor insurance card
Versicherungskonsortium	syndicate
Versicherungskonsortium	underwriting group
Versicherungsleistung	benefit

Versicherungsmakler	insurance broker
Versicherungsmathematiker	actuary
Versicherungsnehmer	assured
Versicherungsnehmer	insured
Versicherungspolice	insurance policy
Versicherungspolice	policy
Versicherungspolice mit Namensnennung des Schiffes	named policy
Versicherungspolice mit Wertangabe	valued policy
Versicherungspolice ohne Wertangabe	unvalued policy
Versicherungspolice, die als Nachweis des Anspruchs ausreicht	policy proof of interest
Versicherungspolice, kombinierte	mixed policy
Versicherungspolice, Nachtrag zur	endorsement (indorsement)
Versicherungspolice, nicht gewinnberechtigte	nonparticipating policy
Versicherungspolice, zeitlich befristete	time policy
Versicherungspolicenformular	policy form
Versicherungspool	pool
Versicherungsprämie	insurance premium
Versicherungsprämie	premium
Versicherungsrente mit variablen Zahlungen	variable annuity
Versicherungsschaden	loss
Versicherungsschein	certificate of insurance
Versicherungsschein	insurance policy
Versicherungsschutz	cover
Versicherungsschutz	insurance cover
Versicherungsschutz	protection
Versicherungsschutz, voller	full coverage
Versicherungssumme	sum insured
Versicherungstarif	tariff
Versicherungsträger	carrier
Versicherungsverein auf Gegenseitigkeit (VVaG)	friendly society
Versicherungsvertrag	contract of insurance
Versicherungsvertreter	insurance agent
Versicherungsvertreter	insurance salesman
Versicherungsvertreter, nebenberuflicher	part-time agent
Versicherungswert	policy value
Versicherungszertifikat	certificate of insurance
Versorgung	supply
Versorgungsbetriebe, öffentliche	public utilities
Versorgungsunternehmen, öffentliches	public utility company
Versorgungsunternehmen, öffentliches	utility
Versprechen	undertaking
Verstaatlichung	nationalisation
Verstauung	stowage
Versteigerung ("holländische")	dutch auction
Versteigerung	hammer
Versteigerung	public sale
Versteigerung mit Scheingeboten	mock auction
Versteigerung, jemand der auf einer ... zu wenig bietet	underbidder
Versteigerung, öffentliche	auction
Versteigerung, öffentliche	sale by auction
Versuch	trial

Versuchsanlage	pilot plant
Vertagung	postponement
Verteiler	distribution list
Verteiler	distributor
Verteilerliste	distribution list
Verteilung	distribution
Verteilungsaufgabe	allocation function
Verteilungstheorie	distribution theory
Verteilungstheorie	theory of distribution
Vertikalregistratur	vertical suspension file
Vertrag	agreement
Vertrag	contract
Vertrag	treaty
Vertrag auf der Basis Selbstkosten plus Gewinnaufschlag	cost plus (contract)
Vertrag erfüllen	perform a contract
Vertrag mit automatischer Verlängerung	evergreen contract
Vertrag über interne Schadensregulierungen zwischen Versicherungen	knock for knock agreement
Vertrag, anfechtbarer	voidable contract
Vertrag, bei vorzeitiger Lieferung Prämie /bei verspäteter Lieferung Konventionalstrafe	bonus-penalty contract
Vertrag, bilateraler	bilateral contract
Vertrag, der die vollständige Projektdurchführung verlangt	turnkey (turn-key) contract
Vertrag, einfacher (nicht beurkundeter)	simple contract
Vertrag, einseitiger	unilateral contract
Vertrag, förmlicher (gesiegelter)	deed
Vertrag, gegenseitiger	bilateral contract
Vertrag, gegenseitiger	reciprocal contract
Vertrag, mündlicher	verbal agreement
Vertrag, nicht einklagbarer, (im Rechtsweg nicht durchsetzbarer)	unenforceable contract
Vertrag, nichtiger, ungültiger	void contract
Vertrag, rechtsgültiger	legal contract
Vertrag, rechtsgültiger, rechtsverbindlicher	valid contract
Vertrag, rechtswidriger	illegal contract
Vertrag, Rücktritt vom	repudiation
Vertrag, unterzeichneter bei dem noch bestimmte Klauseln auszuhandeln sind	ad referendum contract
Vertrag, zweiseitiger	bilateral contract
Verträge, Römische	Treaty of Rome
Vertragsangebot, Aufforderung ein ... abzugeben	invitation to treat
Vertragsannahme	acceptance
Vertragsannahme	acceptance of offer
Vertragsannullierung	cancel(l)ation
Vertragsaufhebung (ganz oder teilweise)	abrogation
Vertragsaufkündigung	notice
Vertragsauflösung	dissolution
Vertragsauflösung, -beendigung	termination of contract
Vertragsbedingung, ausdrücklich festgelegte	express condition
Vertragsbedingungen	contractual terms

Vertragsbedingungen, unlautere	unfair contract terms
Vertragsbeendigung	termination of contract
Vertragsbestimmung, unwesentliche	warranty
Vertragsbestimmung, wesentliche	condition
Vertragsbruch	breach of contract
Vertragsbruch	contractual offence
Vertragserfüllung	completion
Vertragserfüllung, Ablehnung der	repudiation
Vertragserfüllung, unmöglich gewordene	frustration of contract
Vertragserfüllung, Zug-um-Zug	condition concurrent
Vertragserfüllungsgarantie (AuW)	performance bond
Vertragsfreiheit	freedom of contract
Vertragshaftung	contractual liability
Vertragshändler	distributor
Vertragsinhalt	content of contract
Vertragsklauseln, handelsübliche (Incoterms)	trade terms
Vertragsklauseln, mißbräuchliche	unfair contract terms
Vertragsnichterfüllung, Schadenersatz für	damages for breach of contract
Vertragsoption	contractual option
Vertragspartei	party (to a contract)
Vertragspartner	party (to a contract)
Vertragsrecht	law of contracts
Vertragsschließender	contractor
Vertragssparen	contractual saving
Vertragssstrafe	conventional penalty
Vertragsstrafe	liquidated damages
Vertragsstrafe	penalty
Vertragsverhältnis	contractual relationship
Vertragsverletzung	breach of contract
Vertragsverletzung	contractual offence
Vertragszusatz	rider
Vertrauensmann, gewerkschaftlicher eines Betriebes	shop steward
Vertrauensschadensversicherung	fidelity insurance
Vertrauensschadenversicherung	commercial guarantee (insurance)
vertraulich	private and confidential
Vertretener	principal
Vertreter	commercial travel(l)er
Vertreter	proxy
Vertreter	representative
Vertreter	sales representative
Vertreter	travelling salesman
Vertreter	agent
Vertreter für ein einzelnes Rechtsgeschäft	special agent
Vertreter mit eigenem Lager	stocking agent
Vertreterbericht	call slip
Vertreterbesuch	sales call
Vertretung	agency
Vertretung	representation
Vertretung kleiner Firmen durch große (AuW)	piggyback export scheme
Vertretungsbefugnis	proxy
Vertretungsverhältnis	agency
Vertretungsvertrag	agency agreement
Vertretungsvollmacht	attorney of power

Vertrieb	distribution
Vertrieb	marketing
Vertrieb durch ausgewählte Händler	selective selling
Vertriebsgemeinkosten	selling cost(s)
Vertriebsgemeinkosten	selling overhead(s)
Vertriebskosten	distribution cost(s)
Vertriebskosten	selling cost(s)
Vertriebskostenanalyse	distribution cost analysis
Vertriebsleitung	sales management
Vertriebslücke	distribution gap
Vertriebsunternehmen	distribution agent
Vertriebsweg	channel of distribution
Vertriebsweg	distribution channel
Veruntreuung	defalcation
Veruntreuung	embezzlement
Vervielfältigungsgerät, automatisches	automatic overlay device
Verwahrer	bailee
Verwahrer	depository
Verwahrung	bailment
Verwahrung, sichere	safe custody
Verwaltung	administration
Verwaltung der Staatsschuld	debt management
Verwaltung, öffentliche	public administration
Verwaltung, schlechte	maladministration
Verwaltungsaktie	management share/stock
Verwaltungsbeamter, höchster einer Gesellschaft (GB)	secretary
Verwaltungsdirektor einer Gesellschaft	company secretary
Verwaltungsfachmann /-frau	administrator / administratrix
Verwaltungsgemeinkosten	administration expense(s)
Verwaltungsgemeinkosten	general expense(s)
Verwaltungsgesellschaft	trust company
Verwaltungskosten	administration expense(s)
Verwaltungskostenzuschlag	loading
Verwaltungsrecht	administrative law
Verwaltungsvorschrift	regulation
Verwarnung (PW)	warning of dismissal
Verweis auf Gegenbuchung	cross reference
Verzeichnis	catalog(ue)
Verzeichnis	list
Verzeichnis	registry
Verzeichnis	record
Verzeichnis	register
Verzeichnis	schedule
Verzeichnis unsicherer Kunden	black list
Verzerrung	bias
Verzicht (Vers)	abandonment
Verzicht auf die Ausübung des Bezugsrechts	letter of renunciation
Verzichterklärung	disclaimer
Verzichterklärung	waiver
Verzinsung der eingesetzten Aktiva	return on assets (employed)
Verzögerung	lag
Verzögerung, zeitliche	time lag
verzollen (Ware)	clear
verzollt	duty paid
verzollt (ab Zollager)	out of bond

Verzollung	clearance
Verzollungswert	declared value
Verzug, im	in arrears
Verzugszinsen	interest on arrears
Vetternwirtschaft	nepotism
Vice President (USA)	vice president
Videotext	videotex
Viehmarkt	stock market
Viehversicherung	livestock insurance
Vierteljahreszahlung	quarterage
Visitenkarte	business card
Visitenkarte	visiting card
Vitrine	display cabinet
Vitrine	showcase
Vizepräsident	vice president
Volkseinkommen	national income
Volkseinkommen, reales	real national income
Volksvermögen	national wealth
Volksvermögen	national capital
Volksvermögen	social wealth
Volksvermögen	wealth
Volkswirtschaft, entwickelte	developed country
Volkswirtschaft, geschlossene	closed economy
Volkswirtschaft, offene	open economy
Volkswirtschaftslehre	economics
Volkswirtschaftsplanung	central (economic) planning
Vollabschreibung	writeoff
Vollbeschäftigung	full employment
Vollbeschäftigung, Ausbringung bei	full employment output
Vollbeschäftigungslücke	gross national product gap
Volldeckung (Vers)	whole coverage
Vollhafter	general partner
Vollindossament	special endorsement (indorsement)
Volljährige(r)	major
Volljährigkeit	majority
Vollkasko-Versicherung	comprehensive cover(age)
Vollkosten	full cost
Vollkostenkalkulation	full cost pricing
Vollkostenkalkulation	markup pricing
Vollkostenrechnung	absorption costing
Vollmacht	attorney of power
Vollmacht	letter of attorney
Vollmacht	mandate
Vollmacht	proxy
Vollmacht	warrant
Vollmacht(surkunde)	attorney of power
Vollmacht(surkunde)	power of attorney
Vollmachtsüberschreitung	ultra vires
Vollmachtsübertragung	delegation
vollständig gezeichnet (Bö)	fully subscribed
Vollstreckungsgläubiger	judg(e)ment creditor
Vollstreckungsschuldner	judg(e)ment debtor
Vollzeitbeschäftigung	full-time work
Volumen	volume
von ... an	ex ante
von heute an	forward
Vorarbeiter	chargehand

Vorarbeiter	leadman
Vorarbeiter	overseer
Vorarbeiter/in	foreman / forelady
voraus	forward
Vorausbezahlung	cash in advance
Vorauskasse	cash in advance
Vorausrechnung	advance bill
Voraussetzung	condition precedent
Vorauszahlung	advance
Vorauszahlung	advancement
Vorauszahlung	payment in advance
Vorauszahlung	prepayment
Vorauszahlungsrabatt	anticipating rebate
Vorbedingung	condition precedent
Vorbehaltszahlung	conditional payment
Vorbesprechung	preliminary discussion
Vorbildung	background
vordatieren	postdate
Vordatierung	forward dating
Vorentwurf	rough draft
Vorfinanzierung	prefinancing
Vorführung	demonstration
Vorgabezeit	allowed time
Vorgabezeit	standard time
Vorgänger(in)	predecessor
Vorgesetzter	leader
Vorhersage	forecast
Vorkalkulator	calculator
Vorkaufsrecht	preemption right
Vorkaufsrecht	subscription privilege
Vorladung (Re)	writ
Vorlage	presentation
Vorlage	production
Vorlage, bei Anfordern	on demand
Vorlage, nach (Wechsel)	at sight
Vorlage, zur (Scheck)	please represent
vormittags	ante-meridian
Vormund	guardian
Vorprüfung (RW)	preaudit
Vorrat	stock
Vorrat	supply
Vorräte	inventory
Vorräte, Wertminderung von	stock depreciation
Vorräte, Wertsteigerung von	stock appreciation
vorrätig	in stock
Vorratsbewertung	stock valuation
Vorratsbewertung, Lifo-Methode	last in, first out
Vorratshaltung, zu hohe	overstocking
Vorratslager	buffer stock
Vorratslager, Bildung von	stockpiling
Vorratsvermögen, Bewertung von	valuation of stock
Vorruhestand	early retirement
Vorschlagsbriefkasten	suggestion box
Vorschrift(en) über den Transportweg	routing order
Vorschrift, Dienst nach	work to rule
Vorschuß auf Waren	produce advance
Vorschuß(zahlung)	advance

Vorschußakkreditiv (AuW)	red clause credit
Vorsicht(smaßnahme)	precaution
Vorsichtsmotiv	precautionary motive
Vorsichtsprinzip (RW)	conservatism convention
Vorsitzende(r)	chairman
Vorsitzender	chief executive officer
Vorsitzender	president
Vorsitzender, stellvertretender	vice president
Vorsitzender, unparteiischer	impartial chairman
Vorspielung falscher Tatsachen	false pretences
Vorstand	board of directors
Vorstand	executive
Vorstand	management board
Vorstandsbericht	directors' report
Vorstandsbericht	Statement by the Chairman
Vorstandsvorsitzende(r)	chairman
Vorstandsvorsitzender	chief executive officer
Vorstandsvorsitzender	managing director
Vorstellung	introduction
Vorstellungsbild	image
Vorstellungsgespräch	selection interview
Vorsteuer	input tax
Vorteil	benefit
Vorteil	gain
Vorteil	profit
Vorteil, geldlicher	pecuniary benefit
Vorteil, Gesetz des komparativen	law of comparative advantage
Vorteil, komparativer, relativer (AuW)	comparative advantage
Vorteile, externe	external economies
Vortrag	balance brought forward
Vortrag	carried forward
Vorverkaufskasse	booking office
Vorverkaufsstelle	ticket agency
Vorvertrag	binder
Vorvertrag	provisional agreement
Vorwahl (Telefon)	area code
Vorwärtsintegration, vertikale	forward (vertical) integration
Vorwegnahme	anticipation
Vorzugsaktie	preference share
Vorzugsaktie mit zusätzlicher Gewinnbeteiligung	participating preference share
Vorzugsaktie, nichtkumulative	noncumulative preference share
Vorzugsaktie, rückzahlbare, rückkaufbare	redeemable preference share
Vorzugsaktie, wandelbare	convertible preferred stock
Vorzugsaktien ohne zusätzliche Gewinnbeteiligung	nonparticipating preferred stock
Vorzugsdividende	preference dividend
Vorzugsplazierung (Mk)	preferred position
Vorzugszoll	differential duty
Vorzugszoll	preferential duty
Vostrokonto (BaW)	vostro account
Vorzugsaktie, kumulative	cumulative preference share

W

Wachstum	expansion
Wachstum	growth
Wachstum ohne Schaffung von Arbeitsplätzen	jobless growth
Wachstum, exportinduziertes	export-led growth
Wachstum, ungleichgewichtiges	unbalanced growth
Wachstumsaktie	growth stock
Wachstumsrate	growth rate
Wachstumstheorie	growth theory
Wachstumswerte	green chips
Wagen (Schreibmaschine)	carriage
Wagenladung	carload
Wagenladung, weniger als	less than carload lot
Waggon, frei, franko	free on rail / free on truck
Waggonladung	carload
Wagniskapital	venture capital
Wahl, geheime	secret ballot
Wahl, zweite	seconds
Wählerliste	poll
Wahlzettel	ballot paper
Wahrscheinlichkeit	chance
Wahrscheinlichkeit	probability
Wahrscheinlichkeit, bedingte	conditional probability
Wahrscheinlichkeitsverteilung	probability distribution
Währung	currency
Währung, bewirtschaftete	blocked currency
Währung, englische	sterling
Währung, gewogener Außenwert einer	trade-weighted exchange rate
Währung, harte	hard currency
Währung, konvertierbare	convertible currency
Währung, manipulierte	managed currency
Währung, nicht konvertierbare	unconvertible currency
Währung, stabile	stable currency
Währung, unterbewertete	undervalued currency
Währung, weiche, schwache	soft currency
Währungen, unbekannte	exotics
Währungsabwertung	currency depreciation
Währungsanleihe	currency bond
Währungsaufwertung	currency appreciation
Währungsaufwertung	revaluation
Währungsausgleichsfonds	Exchange Equalisation Account
Währungsausgleichsfonds	stabilization fund
Währungsbehörden	monetary authorities
Währungseinheit	monetary unit
Währungseinheit (Cent)	cent
Währungseinheit, Europäische (ECU)	ECU
Währungseinheit, Europäische (ECU)	European Currency Unit
Währungsentwertung	depreciation
Währungsfonds, Internationaler	International Monetary Fund
Währungsgewinn	foreign exchange earnings
Währungsklausel	currency clause
Währungsklausel	foreign currency clause
Währungskonto	currency account
Währungskonvertibilität	convertibility
Währungskorb	currency basket

Währungsoption	currency option
Währungspolitik	monetary policy
Währungsreform	monetary reform
Währungsreserve(n)	reserve(s)
Währungsreserven	monetary reserves
Währungsreserven, amtliche	official reserves
Währungsrisiko	foreign exchange risk
Währungsschlange	currency snake
Währungsschlange	snake in the tunnel
Währungssystem	monetary system
Währungssystem, Europäisches (EWS)	European Monetary System
Währungsumrechnung	foreign currency translation
Währungsumrechnung	translation
Währungsumtausch	conversion
Währungsunion	monetary union
Währungsverlust	foreign exchange loss
Wall Street	Wall Street
Wand-Spannplakat	wall banner
Wandelanleihe	convertible bond
Wandelschuldverschreibung	convertible bond
Wandlungskurs	conversion rate
Wandschaubild	wall chart
Wandübersicht(stafel)	wall chart
Ware	commodity
Ware(n)	merchandise
Ware, Ausstellung von	display
Ware, beim Kauf mitgenommene	carryouts
Ware, beschädigte, mangelhafte	defective goods
Ware, die sich gut verkauft	seller
Ware, effektive, physische (Bö)	actuals
Ware, freie	no-name (product)
Ware, gehortete zirkulieren lassen	dishoarding
Ware, heimische	home produce
Ware, Konkretisierung einer	appropriation of goods
Ware, minderwertige	inferior goods
Ware, unterwegs befindliche, schwimmende	afloats
Ware, unverkäufliche	unmerchantable goods
Ware, unverzollte	uncleared goods
Ware, zurückgelegte	layaway
Waren	goods
Waren des täglichen Bedarfs	convenience goods
Waren des täglichen Bedarfs	essential commodities
Waren freigeben	release
Waren unter Zollverschluß	bonded goods
Waren zur Ansicht / auf Probe	goods on approval
Waren zweiter Qualität	seconds
Waren(verkehrs)bescheinigung (EU)	movement certificate
Waren, an den Lieferanten zurückgegebene (nicht verkaufte)	unsolds
Waren, fungible, vertretbare	fungibles
Waren, halbfertige	partly manufactured goods (products)
Waren, latent vorhandene	unsought goods
Waren, minderwertige	Giffen goods
Waren, unaufgefordert zugesandte, unbestellte	unsolicited goods
Waren, unverkäufliche	dead stock
Waren, verdorbene	perished goods

Waren, zollfreie	duty-free goods
Waren, zollfreie	free goods
Waren, zollfreie	uncustomed goods
Warenabnahme, Kontrolle vor	pre-delivery inspection
Warenangebot zum Selbstkostenpreis	self-liquidating offer
Warenannahme	acceptance
Warenannahme	acceptance of goods
Warenannahme	receiving department
Warenannahme, Wirksamwerden der Zahlungsbedingungen ab	receipt-of goods dating
Warenauslage	display
Warenauslieferungsabteilung eines Warenhauses	traffic department
Warenaustausch, direkter	direct exchange
Warenbegleitschein	docket
Warenbehälter	display bin
Warenbestandskonto	stock account
Warenbestätigung der guten Herkunft	blacklist certificate
Warenbewertungsmethode, zuerst eingekauft, zuerst verbraucht	first-in, first-out
Warenbezeichnung	brand name
Warenbörse	commodity exchange
Warenbörse	commodity market
Warenbörse	exchange
Warenbörsenmakler	commodity broker
Warendarbietung	merchandising
Wareneingangsabteilung	receiving department
Wareneingangsbescheinigung	delivery receipt
Wareneingangsbescheinigung	stores receipt
Wareneingangsbuch	goods received register
Wareneingangsbuch	purchase(s) journal
Wareneinkäufe	merchandise purchases
Wareneinkaufskonto	purchase(s) account
Wareneinlagerung unter Zollverschluß, Genehmigung zur	landing order
Wareneinsatz	cost of goods sold
Warenempfangsschein	delivery receipt
Warenentlohnung	truck system
Warengeld	commodity money
Warenhandel, Bilanz des	visible balance
Warenhaus	department(al) store
Warenkorb	basket of goods
Warenkredit	trade credit
Warenkredit (kurzfristiger)	commercial credit
Warenlager	depot
Warenlager	magazine
Warenlager	warehouse
Warenlombard	merchandise advance
Warenlombard	produce advance
Warenmarkierung	merchandise mark
Warenmarkt	commodity market
Warenprobe	sample
Warenprobenverteilung	sampling
Warenprüfbescheinigung	certificate of inspection
Warenrechnung	invoice
Warenretouren	merchandise returns
Warenrücksendung (an den Lieferer)	purchase return(s)

Warenrücksendungen	merchandise returns
Warenrücksendungsbuch	sales returns book
Warensendung	consignment
Warensendung	shipment
Warensendung, die am Bestimmungsort an verschiedene Empfänger verteilt wird	split consignment
Warensendung, Umleitung einer	reconsignment
Warensendung, Zerlegen einer	breaking bulk
Warensonderangebot	bargain pack
Warensortiment, Verbesserung des	upgrading
Warenstapel	pile of goods
Warentermingeschäft	commodity futures contract
Warentermingeschäft	forward contract
Warenterminmarkt	terminal market
Warentest, vergleichender	comparative product analysis
Warenverkauf, Gesetze über den (GB)	Sale of Goods Acts
Warenverkehr, grenzüberschreitender	cross-border trade
Warenwechsel	business paper
Warenwechsel	commercial bill (of exchange)
Warenwechsel	trade acceptance
Warenwechsel	trade bill
Warenzeichen	brand
Warenzeichen	trademark (trade mark)
Warenzeichen, eingetragenes, (gesetzlich) geschütztes	registered trademark
Warenzeichenimitation	trademark imitation
Warnstreik	token strike
Warschauer Abkommen	Warsaw Convention
Warteschlangentheorie	queu(e)ing theory
Warteschlangentheorie	waiting line theory
Wartezeit	idle time
Wartezeit (Vers)	qualifying period
Wartezeit während eines Arbeitskonflikts	cooling-off period
Wartung	maintenance
Wartung	servicing
Wartung	upkeep
Wartung, laufende	running maintenance
Wartungskosten	upkeep
Wartungsvertrag	contract maintenance
Wartungsvertrag	service agreement
Wasserzeichen	watermark
Wechsel	bill
Wechsel	bill of exchange
Wechsel	draft
Wechsel	note
Wechsel auf lange Sicht	long (dated) bill
Wechsel einlösen, bezahlen	honor a bill
Wechsel mit bestimmter Frist	term draft
Wechsel nach Sicht	after sight
Wechsel ohne Dokumente	clean bill (of exchange)
Wechsel zum Einzug	bill for collection
Wechsel, akzeptieren	accept a bill (of exchange)
Wechsel, akzeptierter	acceptance
Wechsel, auf ausländische Bank gezogener	foreign domicile bill
Wechsel, ausländischer	long draft

Wechsel, begeben, übertragen (negoziieren)	negotiate a bill
Wechsel, Begebung, Übertragung eines	negotiation of a bill of exchange
Wechsel, bei dem Ausstellungsort und Zahlstelle im gleichen Bundesstaat liegen (USA)	domestic bill
Wechsel, Diskontierung eines	negotiation
Wechsel, domilizierter	domiciled bill
Wechsel, Ehrenakzept eines (nach Protest)	acceptance supra protest
Wechsel, Ehrenannahme eines	acceptance for honour
Wechsel, Ehrenannahme eines (nach Protest)	acceptance supra protest
Wechsel, einen ... rediskontieren	rediscount a bill
Wechsel, Einzug eines reinen	clean bill collection
Wechsel, erstklassiger	prime bank bill
Wechsel, erstklassiger	respectable bill
Wechsel, erstklassiger	white paper
Wechsel, fiktiver	accomodation bill
Wechsel, Finanzierung durch	bill finance
Wechsel, gezogener	draft
Wechsel, handelsfähiger, übertragbarer (begebbarer)	negotiable bill
Wechsel, in Zahlung gegebener	remittance
Wechsel, Inkasso eines	bill for collection
Wechsel, kurzfristig fälliger	short bill
Wechsel, kurzfristiger	short-dated bill
Wechsel, langfristiger	long (dated) bill
Wechsel, Laufzeit eines	currency of a bill (of exchange)
Wechsel, Laufzeit eines	tenor
Wechsel, Laufzeit eines	usance
Wechsel, nicht eingelöster	bill dishonoured
Wechsel, nicht eingelöster, notleidender	dishonoured bill (of exchange)
Wechsel, notleidender	bill dishonoured
Wechsel, notleidender, überfälliger	overdue bill (of exchange)
Wechsel, rediskontierfähiger (zentralbankfähiger)	eligible bill
Wechsel, rediskontierfähiger (zentralbankfähiger)	eligible paper
Wechsel, reiner	clean bill (of exchange)
Wechsel, Satz	bills in a set
Wechsel, Satz	set of bills
Wechsel, Übersendung eines	remittance
Wechsel, verfallener	past due bill
Wechsel, vorzeitig eingelöster	bill retired
Wechsel, vorzeitig eingelöster, diskontierter	retired bill
Wechsel-Notadresse (Vermerk auf Wechsel)	case of need
Wechsel/Scheck, nicht eingelöster	return
Wechselakzept, Dokumente gegen (AuW)	documents against acceptance
Wechselallonge	rider
Wechselannahme, bedingungslose	general acceptance
Wechselausfertigung, erste	first of exchange
Wechselausstellung, Mitteilung über	letter of advice
Wechselautomat	change machine
Wechselbeziehung	correlation
Wechselbuch	bill book

Wechselbürgschaft	aval
Wechselbürgschaft	bill guarantee
Wechseldiskontierung	discounting bills (of exchange)
Wechseldiskontsatz	bill rate
Wechseldrittausfertigung	third of exchange
Wechselforderung	bill receivable
Wechselforderung(en)	note(s) receivable
Wechselgeld	change
Wechselgeld in der (Laden)Kasse	float
Wechselgesetz	Bills of Exchange Act
Wechselgesetz, englisches	English Bills of Exchange Act
Wechselinkasso	bill collection
Wechselkasse	imprest fund
Wechselkurs	exchange rate
Wechselkurs	foreign exchange rate
Wechselkurs	rate
Wechselkurs	rate of exchange
Wechselkurs, amtlicher	official rate
Wechselkurs, amtlicher	par exchange rate
Wechselkurs, amtlicher	parity
Wechselkurs, ausländischer	foreign exchange
Wechselkurs, direkter	direct quotation
Wechselkurs, fester	direct exchange
Wechselkurs, fester	pegged exchange rate
Wechselkurs, fester, fixer, starrer	fixed exchange rate
Wechselkurs, freier	free exchange rate
Wechselkurs, freier, flexibler, frei schwankender	floating exchange rate
Wechselkurs, gespaltener/differenzierter	multiple exchange rate
Wechselkurs, indirekter	indirect quotation
Wechselkurs-Flexibilität, limitierte	crawling peg (exchange rate)
Wechselkursänderungen, Berichtigungsfaktor bei	currency adjustment factor
Wechselkursanpassung in kleinen Schritten	crawling peg (exchange rate)
Wechselkursparität	exchange (rate) parity
Wechselkursrisiko	exchange risk
Wechselkursumrechnung	translation
Wechselkursverbund, Europäischer	currency snake
Wechselmakler	bill broker
Wechselmaklergeschäft	bill broking
Wechselprolongation	prolongation
Wechselprolongation	renewal
Wechselprotest	protest
Wechselprotestanzeige	notice of dishonour
Wechselprotestanzeige	protest jacket
Wechselprotesturkunde	certificate of protest
Wechselreiterei	cross-firming
Wechselreiterei	kiting
Wechselrembours	reimbursement draft
Wechselschicht	alternate shift
Wechselschicht	rotating shift
Wechselstube	bureau de change
Wechselverbindlichkeit(en)	bill(s) payable
Wechselverbindlichkeit(en)	note(s) payable
Wechselvermerk (Beträge in Zahl und Worten differieren)	amounts differ

Wechselvorlage	presentation
Wechselzweitschrift	second of exchange
Weckdienst, telefonischer	alarm call
Weg, kritischer (Netzwerktheorie)	critical path
wegloben, jemanden	kick somebody upstairs
Weichwaren	softs
Weihnachtsgeld	Christmas bonus
Weihnachtsgratifikation	Christmas bonus
Weisungsbeziehungen, instanzielle	line relationship
Weisungskette	chain of command
Weisungslinie	chain of command
Weisungslinie	line of command
Weiterbildung	further education
Weiterbildung von Führungskräften	management training
Weiterbildung von Führungskräften	management development
Weiterbildung, auffrischende	refresher training
Weiterbildung, außerbetriebliche	off-the-job training
Weiterverkauf	resale
Weiterverwender	user customer
Weißbuch	white paper
Weltbank	International Bank for Reconstruction and Development
Weltbank	World Bank
Welthandel	international trade
Weltunternehmen	international company
Weltwährungsfonds	International Monetary Fund
Weltwährungssystem	international monetary system
Weltwirtschaftskrise	Great Depression
Werbeagentur	advertising agency
Werbeagentur, Umsatz einer	billing
Werbeaktion, spektakuläre	stunt
Werbeanzeige, in der ein Konkurrenzprodukt diskreditiert wird	knocking copy
Werbeartikel	advertising novelty
Werbeaufwand	advertising expenditure
Werbebeilage	insert
Werbebeilage	stuffer
Werbebeipack	insert
Werbeblatt	handbill
Werbebrief	sales letter
Werbebudget, -etat	advertising budget
Werbeeinblendung	spot announcement
Werbefeldzug, überregionaler	national campaign
Werbefilmdrehbuch	storyboard
Werbefläche	space
Werbegeschenk	free gift
Werbegeschenk	giveaway (give-away)
Werbegraphiker	commercial artist
Werbeidee, Verbildlichung einer	visual
Werbekampagne über beigefügten Coupon	coupon (promotion) scheme
Werbekontakter	account executive
Werbekosten	advertising expenditure
Werbematerial	sales literature
Werbematerial, das einer Rechnung beiliegt	bill insert
Werbemittel	advertising medium
Werbeprospekt	handout

Werbeprospekt, großformatiger	broadsheet
Werber	canvasser
Werbesache mit Rückantwort	self mailer
Werbeschrift	pamphlet
Werbesendezeit	spot
Werbesendung	commercial
Werbesong	jingle
Werbesport, kurzer, eingeblendeter	spot announcement
Werbespot	commercial
Werbespot	spot
Werbespruch	slogan
Werbetarif	advertising rate
Werbetext	advertising copy
Werbetext	copy
Werbetexter	copywriter
Werbeträger	advertising medium
Werbeträger	vehicle
Werbewand, große	bulletin board
Werbewirkung	impact (of advertising)
Werbewirkung, Nachlassen, Verfall der	advertising wearout
Werbezeitschrift	giveaway magazine
Werbezettel	giveaway (give-away)
Werbezettel	leaflet
Werbezettel	throwaway
Werbung	advertisement
Werbung	advertising
Werbung	publicity
Werbung am Verkaufsort	point-of-sale advertising
Werbung von Unternehmen zu Unternehmen	business-to-business advertising
Werbung, 'kosmetische'	cosmetic marketing
Werbung, aggressive, kämpferische	competitive advertising
Werbung, aggressive, kämpferische überredende, überzeugende	persuasive advertising
Werbung, alleinstehende	solus advertisement
Werbung, belehrende	educational advertising
Werbung, die so gut ist, daß sie die Aufmerksamkeit vom Produkt auf sich lenkt	vampire video
Werbung, die Umworbenen zu Antwort/Reaktion veranlassen soll	direct response advertising
Werbung, eingeblendete, integrierte	integrated commercial
Werbung, emotionale, gefühlsbetonte	emotional advertising
Werbung, geschmacklose	tasteless advertising
Werbung, gesungene, musikalische	jingle
Werbung, indirekt vergleichende	dangling comparatives
Werbung, irreführende	deceptive advertising
Werbung, jemand der Programme finanziert und dafür ... betreiben darf	sponsor
Werbung, kämpferische	competitive advertising
Werbung, marktschreierische, reisserische	puffery
Werbung, Neugier weckende	teaser ad(vertisement)
Werbung, Sendeunterbrechung für	break
Werbung, unterschwellige	subliminal advertising
Werbung, vergleichende	comparative advertising
Werbung, witzige, sensationelle	gimmick
Werdegang, beruflicher	career path

Werft	dockyard
Werft	yard
Werk	factory
Werk	plant
Werk, ab (Incoterm)	ex works
Werkhalle	shop
Werksbesetzung (Fortsetzung der Arbeit als Protest, wenn Stillegung droht)	work-in
Werksplanung	plant layout
Werkstatt	shop
Werkstatt	workshop
Werksvertreter	manufacturer's agent
Werkszeitung	house magazine
Werkszeitung	staff magazine
Werkzeug	instrument
Werkzeugbestückung	tooling
Wert	value
Wert nach Abzug aller Belastungen	equity
Wert und Preis	value and price
Wert(e) des Umlaufvermögens	marketable security
Wert, ermittelter	assessed value
Wert, kapitalisierter	capitalized value
Wert, realer	real value
Wert, wirtschaftlicher eines bestehenden Unternehmens	going concern value
Wertanalyse	value analysis
Wertangabe (AuW)	declared value
Wertansatz (RW)	valuation
Wertaufbewahrungsmittel (Geld)	store of value
Wertberichtigung	valuation adjustment
Wertberichtigung auf zweifelhafte Forderungen	reserve for bad debts
Wertberichtigungskonto	valuation reserve(s)
Wertbestimmung	appreciation
Wertbestimmung	valuation
Wertbestimmung, Werte, dem ... nach	appraisement ad valorem
Werterhöhung	added value
Wertgegenstände	valuables
Wertminderung	depreciation
Wertminderung von Vorräten	stock depreciation
Wertpapier	security
Wertpapier	stock
Wertpapier mit zwei Zahlungsverpflichteten	two-name paper
Wertpapier, abgezinstes	zero-coupon security
Wertpapier, amtlich nicht notiertes	unlisted security
Wertpapier, Auftrag für Kauf und Verkauf desselben	matched order
Wertpapier, begebbares, übertragbares	negotiable instrument
Wertpapier, börsengängiges	marketable security
Wertpapier, das nur durch die emittierende Stelle eingelöst werden kann	one-way option stock
Wertpapier, erstklassiges	AAA
Wertpapier, erstklassiges	blue chip
Wertpapier, erstklassiges (USA)	eligible paper
Wertpapier, erstklassiges (USA)	eligible bill

Wertpapier, nachrangiges	junior security
Wertpapier, Null-Coupon	zero-coupon security
Wertpapier, rascher Kursverfall eines	soft spot
Wertpapier, spekulatives	blue-sky security
Wertpapier, stetiges Nachkaufen bei fallendem und steigendem Kurs	averaging
Wertpapier, unterschätztes	sleeper
Wertpapier, variabel verzinsliches	variable rate security
Wertpapier, wertloses	blue-sky security
Wertpapier, zum Börsenhandel zugelassenes	registered security
Wertpapier, zweitklassiges	second-class paper
Wertpapier-Verkaufsabrechnung	sold note
Wertpapieranalytiker	analyst
Wertpapierangebot im Sekundärmarkt	secondary distribution
Wertpapierauftrag zur sofortigen Ausführung oder Stornierung	immediate or cancel order
Wertpapierauftrag, limitierter	at limit
Wertpapierbestand	investment portfolio
Wertpapierbestand	portfolio
Wertpapierbestand, ausgewogener	balanced portfolio
Wertpapierbewertung	stock valuation
Wertpapierbörse	stock market
Wertpapierbörse	stock exchange
Wertpapierbörse, zweitgrößte (USA)	American Stock Exchange
Wertpapiere	stocks and shares
Wertpapiere der öffentlichen Hand	government securities
Wertpapiere der öffentlichen Hand (GB)	funds
Wertpapiere mit Dividendengarantie	guarantee stocks
Wertpapiere mit festem Rückzahlungstermin	dated securities
Wertpapiere mit kurzer Laufzeit	shorts
Wertpapiere ohne Fälligkeitsdatum/ Tilgungstermin	undated securities
Wertpapiere ohne Rückkaufsrecht	irredeemable stocks
Wertpapiere, (sofort) realisierbare	convertible securities
Wertpapiere, Abstoßen von	unloading
Wertpapiere, börsennotierte	quoted securities
Wertpapiere, festverzinsliche	fixed-interest securities
Wertpapiere, festverzinsliche	loan stock
Wertpapiere, hochspekulative	wildcat securities
Wertpapiere, konvertierbare	convertible securities
Wertpapiere, kurzfristig begebbare	paper
Wertpapiere, mündelsichere	gilt-edged securities
Wertpapiere, mündelsichere	treasury stock
Wertpapiere, mündelsichere	trustee securities
Wertpapiere, stark schwankende, flukturierende	volatile securities
Wertpapiere, Umtausch von	conversion
Wertpapiere, unkündbare	irredeemable stocks
Wertpapiere, Verwahrung von	safe-keeping of securities
Wertpapiere, zweitklassige	purple chips
Wertpapiereinstufung	rating
Wertpapieremission, nicht vollständig gezeichnete	undersubscription
Wertpapiergeschäft zwischen Börsenmitgliedern	bargain sale

Wertpapierhandel	securities trading
Wertpapierhandel	trade
Wertpapierhändler	jobber
Wertpapierhändler	trader
Wertpapierhändler, der Abschlüsse zustande bringt	market maker
Wertpapierinhaber, eingetragener	holder of record
Wertpapiermakler	stockbroker
Wertpapiermarkt	securities market
Wertpapiermarkt	stock market
Wertpapieroption	stock option
Wertpapierpaket	block
Wertpapierportefeuille	investment portfolio
Wertpapiertagesauftrag (Bö)	day order
Wertpapierübertragung	transfer of securities
Wertparadoxon	value paradox
Wertschöpfung	added value
Wertschöpfung	value added
Wertsteigerung	appreciation
Wertsteigerung	betterment
Wertsteigerung von Vorräten	stock appreciation
Wertstellung (BaW)	value
Wertsteuer	ad valorem tax
Werttheorie	theory of value
Wertverlust	depreciation
Wertverlust	holding loss
Wertzertifikat	certificate of value
Wertzoll	ad valorem duty
Wertzuschlag (für erhöhte Haftung) bei Luftfracht	valuation charge
Wertzuwachs	betterment
Wertzuwachs	gain
Wertzuwachs	holding gain
Wertzuwachs, nicht realisierter	unrealized appreciation
Wertzuwachs, unverdienter	unearned increment
Wesensgleichheit	identity
wesentlich	material
Wettbewerb	competition
Wettbewerb	contest
Wettbewerb, außerpreislicher	nonprice competition
Wettbewerb, durch Werbung finanzierter	sponsored event
Wettbewerb, freier	free competition
Wettbewerb, reiner	pure competition
Wettbewerb, ruinöser	cutthroat competition
Wettbewerb, unlauterer	unfair competition
Wettbewerb, unvollständiger	imperfect competition
Wettbewerb, vollständiger	perfect competition
Wettbewerbs-Aufsichtsbehörde (USA)	Federal Trade Commission
Wettbewerbsaufsichtsbehörde, Leiter der (GB)	Director General of Fair Trading
Wettbewerbsbeschränkungen, Gesetz gegen (GB)	Fair Trading Act
Wettbewerbsfähigkeit	competitiveness
Wettbewerbsgesetz	Competition Act
Wettbewerbshandlungen, unlautere	fraudulent trading
Wettbewerbsmarkt	competitive market
Wettbewerbspreisbildung	competitive pricing

Wetteinsatz	stake
Wettsteuer	betting tax
Widerklage (Re)	counterclaim
Widerruf	revocation
Widerspruch	protest
Widerspruch	variance
wie besichtigt	as seen
Wie-du-mir-so-ich-dir-Prinzip	mirror principle
Wiederaufleben einer Versicherung bzw. einer abgelaufenen Police	reinstatement
Wiederausfuhrhandel	entrepot trade
Wiederausfuhrhandel	re-export trade
Wiederbelebung	recovery
Wiederbeschaffung	recovery
Wiederbeschaffung	renewal
Wiederbeschaffungskosten	replacement cost(s)
Wiedereinfuhr	reimportation
Wiedereinfuhrgenehmigung	bill of store(s)
Wiedereinfuhrschein	bill of store(s)
Wiedereinstellung	recall
Wiedereinstellung	reengagement
Wiederherstellung (Vers)	reinstatement
Wiederinkraftsetzung (Vers)	renewal
Wiederverkauf	resale
Wiederverkäufermarkt	reseller market
Wiederverkäuferpreis	trade price
Wiederverkäuferrabatt	trade discount
Wiederverkaufsrecht	right of resale
Wiedervorlageverfahren	follow-up system
Willensbildung, Prozeß der	decision making
Willenseinigung	mutual assent
Willensübereinstimmung	agreement
Windhandel	selling short
Wink	tip
Winkelbank	wildcat bank
Wirksamkeitsverzögerung	effectiveness lag
Wirksamwerden der Zahlungsbedingungen ab Warenannahme	receipt-of goods dating
Wirkungsgrad, physischer	technical efficiency
Wirkungsverzögerung	impact lag
Wirkungsverzögerung	lag
Wirkungsverzögerung	time lag
Wirtschaft, Ankurbelung der	pump priming
Wirtschaft, freie	unplanned economy
Wirtschaft, gelenkte	controlled economy
Wirtschaft, staatlich gelenkte	state-planned economy
Wirtschaftlichkeit	economic efficiency
Wirtschaftsabkommen	commercial treaty
Wirtschaftsbericht	economic report
Wirtschaftscode	commercial code
Wirtschaftseinheit mit eigenem Rechnungswesen	accounting entity
Wirtschaftsentwicklung	economic development
Wirtschaftsgemeinschaften	economic trading groups
Wirtschaftsgut	commodity
Wirtschaftsgut	economic good

Wirtschaftsgut mit begrenzter Nutzungsdauer	wasting asset
Wirtschaftsgüter	durables
Wirtschaftsgüter, Abschreibung geringwertiger	write-off of low-cost assets
Wirtschaftshilfe	economic aid
Wirtschaftsjahr	tax year
Wirtschaftskreislauf	circulation
Wirtschaftskriminalität	white collar crime
Wirtschaftskrise	commercial crisis
Wirtschaftskrise mit Inflation	slumflation
Wirtschaftsliberalismus	economic liberalism
Wirtschaftsliberalismus	laissez-faire (laisser-faire)
Wirtschaftsmagazin, britisches	Economist
Wirtschaftsministerium (GB)	Department of Trade and Industry
Wirtschaftsmodell	business model
Wirtschaftsordnung	economic system
Wirtschaftsplanung	economic planning
Wirtschaftspolitik	commercial policy
Wirtschaftspolitik	economic policy
Wirtschaftspolitik des gütlichen Zuredens	moral suasion
Wirtschaftspolitik, angebotsorientierte	supply side economics
Wirtschaftspolitik, antizyklische	stop go policy
Wirtschaftspolitik, Instrumente der	economic instruments
Wirtschaftspolitik, staatliche	government economic policy
Wirtschaftsproblem	economic problem
Wirtschaftsprognose	economic forecast(ing)
Wirtschaftsprozeß	economic process
Wirtschaftsprüfer	certified public accountant
Wirtschaftsprüfer	chartered accountant
Wirtschaftsprüfung	audit
Wirtschaftsrecht	mercantile law
Wirtschaftssanktionen	economic sanctions
Wirtschaftsspionage	industrial espionage
Wirtschaftssystem	economic system
Wirtschaftssystem mit zentraler Planung	command economy
Wirtschaftssystem, gemischtes	mixed economy
Wirtschaftstätigkeit	economic activity
Wirtschaftstheorie, klassische	classical theory of output and employment and prices
Wirtschaftsunternehmen	business unit
Wirtschaftsunternehmen	business enterprise
Wirtschaftsunternehmen, öffentliches	public enterprise
Wirtschaftsverbrechen	white collar crime
Wirtschaftswachstum	economic growth
Wirtschaftswachstum, beschleunigtes	forced draught (draft) expansion
Wirtschaftswissenschaft(en)	economics
Wirtschaftswissenschaftler	economist
Wirtschaftswohlstand	economic welfare
Wirtschaftszeitung	business paper
Wirtschaftszweig	industry
Wirtschaftszweig	trade
Wirtschaftszweige, nicht standortgebundene	footlose industries
Wochenausweis (BaW) (GB)	weekly return

Wohlergehen	welfare
Wohlfahrtsökonomik	welfare economics
Wohlfahrtsstaat	welfare state
Wohlfahrtsunterstützung	welfare payment(s)
Wohlstand	prosperity
Wohlstand	wealth
Wohltätigkeit	charity
Wohltätigkeitsverein	charitable society
Wohnsitz	country of residence
Wohnsitz (ständiger)	domicil(e)
Wohnsitz, gesetzlicher	legal residence
Wohnungsbeihilfe	housing benefit
Workaholic	workaholic
Wucher	usury
Wucherer	loan shark
Wuchermiete	rackrent (rack rent)
Wucherzinsen	usury
Wucherzinssatz	usury
Wühlkiste	jumble display

X

X-Achse	X-axis
X-Koordinate	abscissa

Y

Y-Achse	Y-axis
Yard (Längenmaß)	yard
Yen-Anleihe	Yen-bond
York-Antwerpener-Regeln (Vers)	York-Antwerp Rules
Yuppie	Yuppie

Z

Zahl(ungs)tag (Bö)	account day
zahlbar, sofort	spot
Zahlenmaterial	data
Zahlenschlüssel	figure code
Zahlenspalte, Addition einer	footing
Zahlenspalte, Summe einer	footing
Zahler	payer
Zahler, säumiger	defaulter
Zahlstelle	domicil(e)
Zahltag	pay day (payday)
Zahlung	disbursement
Zahlung	payment
Zahlung "Eingang" vorbehalten (Scheck)	conditional payment
Zahlung (eines Wechsels) bei Fälligkeit	payment in due course
Zählung (Stat)	census
Zahlung bei Erhalt der Rechnung	payment on invoice
Zahlung bei Erhalt des Kontoauszugs	payment on statement
Zahlung bei Verschiffung der Ware	payment upon shipment of the goods

Zahlung gegen Dokumente (Akkreditivbedingung)	cash against documents
Zahlung gegen offene Rechnung	clean payment
Zahlung gesperrt (Schecksperre)	payment stopped
Zahlung gesperrt (Scheckvermerk)	order not to pay
Zahlung gesperrt (Scheckvermerk)	payment countermanded
Zahlung nach Lieferung	payment after delivery
Zahlung unter Vorbehalt	payment under protest
Zahlung, aufgeschobene	deferred liability
Zahlung, bargeldlose	bank giro
Zahlung, bevorrechtigte	preferential payment
Zahlung, Dokumente gegen (AuW)	documents against payment
Zahlung, fernschriftliche, telegraphische	telegraphic transfer
Zahlung, freiwillige	voluntary payment
Zahlung, gestundete	deferred payment
Zahlung, ordnungsgemäße (eine Wechsels)	payment in due course
Zahlung, prompte	prompt cash (payment)
Zahlung, rückständige	back pay
Zahlungen, vorzeitige u. verspätete (AuW)	leads and lags
Zahlungen, Zweckbestimmung von	appropriation of payments
Zahlungsangebot	tender
Zahlungsanweisung	draft
Zahlungsanweisung	money order
Zahlungsaufforderung (an Aktienzeichner)	call
Zahlungsaufforderung an Aktionäre (nach Zuteilung)	first call
Zahlungsaufforderung, gerichtliche mit Konkursandrohung	bankruptcy notice
Zahlungsaufschub	deferred payment
Zahlungsaufschub	days of grace
Zahlungsaufschub (gesetzlicher oder vertraglicher)	moratorium
Zahlungsbedingungen	payment terms
Zahlungsbedingungen	terms
Zahlungsbedingungen	terms of payment
Zahlungsbefehl	writ of payment
Zahlungsbilanz	balance of payments
Zahlungsbilanz, aktive	favourable balance of payments
Zahlungsbilanz, defizitäre, negative, passive	unfavourable balance of payments
Zahlungsbilanz, negative, passive	debit balance
Zahlungsbilanzdefizit	external deficit
Zahlungsbilanzdefizit	payments deficit
Zahlungsbilanzgleichgewicht	balance of payments equilibrium
Zahlungsbilanzgleichgewicht	equilibrium in the balance of payments
Zahlungsbilanzüberschuß	balance of payments surplus
Zahlungsbilanzüberschuß	favourable balance of payments
Zahlungsbilanzüberschuß	external surplus
Zahlungsbilanzüberschuß	payments surplus
Zahlungsbilanzungleichgewicht	balance of payments disequilibrium
Zahlungseingänge, Überwachung der	credit control
Zahlungseinstellung	suspension of payment(s)
Zahlungsempfänger	payee
Zahlungserinnerung	prompt note
Zahlungsfähigkeit	ability to pay
Zahlungsfähigkeit	capacity

Zahlungsfähigkeit	solvency
Zahlungsfähigkeit	viability
Zahlungsfrist, zusätzliche	days of grace
Zahlungsmittel	money
Zahlungsmittel, gesetzliches	currency
Zahlungsmittel, gesetzliches	legal tender
Zahlungsmittel, gesetzliches	tender
Zahlungsmodalitäten	payment terms
Zahlungsmodalitäten	terms of payment
Zahlungsmodus	method of payment
Zahlungspotential	ability to pay
Zahlungstermin	payment date
Zahlungsunfähiger	bankrupt
Zahlungsunfähigkeit	insolvency
Zahlungsunfähigkeit eines Börsenmitglieds, offizielle Bekanntgabe der (GB)	hammering
Zahlungsunfähigkeit, technische	technical insolvency
Zahlungsverfahren	method of payment
Zahlungsverkehr, bargeldloser	credit transfer system
Zahlungsverkehr, bargeldloser	giro system
Zahlungsverkehr, belegloser, elektronischer	electronic funds transfer
Zahlungsverkehr, elektronischer in Verbindung mit einem POS-System	electronic funds transfer at the POS
Zahlungsverkehr, internationaler	international payments
Zahlungsverkehr, reiner	clean payment
Zahlungsversprechen	note
Zahlungsverweigerung	repudiation
Zahlungsverzug	default in (of) payment
Zahlungsverzug	default
Zahlungsweise	method of payment
Zahlungsweisen im Außenhandel	payment methods in international trade
Zahlungsweisen im Binnenhandel	payment methods in home trade
Zahlungswiderruf	countermand
Zahlungsziel	credit
Zahlungsziel, Verlängerung des	dating
Zahlungsziele	terms of payment
ZBB-Planung	zero-base(d) budgeting
Zehncentstück (USA)	dime
Zehnergruppe (G 10)	Group of Ten
Zeichen (DV)	character
Zeichen (z.B. Kreuzzeichen)	mark
Zeichen, eingebranntes	brand
Zeichenvorrat	character set
zeichnen (Bö)	subscription
Zeichner haftet	caveat subscriptor
Zeichnung (Bö)	subscription
Zeichnungsangebot	tender offer
Zeichnungsangebot	tender
Zeichnungsangebot	invitation
Zeichnungsangebot	offer for sale
Zeichnungsangebot, öffentliches (GB)	public issue
Zeichnungsaufforderung	invitation
Zeichnungsbetrag	application money
Zeichnungskurs	offering price
Zeichnungskurs	subscription price
Zeichnungskurs (Aktien)	coming out price

Zeichnungsliste	application form
Zeilenabstand	line spacing
Zeit, tilgungsfreie	grace period
Zeit- und Reisepolice	mixed policy
Zeit-Management	time management
Zeitablauf	lapse of time
Zeitcharter	time charter
Zeitkarte	season ticket
Zeitkarte (PW)	time sheet
Zeitlohn	time rate
Zeitlohnarbeit	time work
Zeitplan	schedule
Zeitpräferenz	time preference
Zeitrente	annuity certain
Zeitschrift	magazine
Zeitschrift	periodical
Zeitsichtwechsel	after-sight bill
Zeitsichtwechsel	term bill
Zeitspanne	lapse
Zeitstudie	time study
Zeitteilung (PW)	time sharing
Zeitung	paper
Zeitung, kleinformatige	tabloid
Zeitungskopfanzeige	title corner
Zeitvorgabe	standard time
Zeitwechsel	term draft
Zeitwert	current value
Zeitwert	going value
Zeitwert	market value
Zeitwert	present value
Zeitwertabschreibung	reducing balance method (of depreciation)
Zentner, ca.	hundredweight
Zentralbank	Central Bank
Zentralbank	National Bank
Zentralbank (GB)	Old Lady of Threadneedle Street
Zentralbank von England	Bank of England
Zentralbankanweisung an die Banken	directive
Zentralbanken, ausländische	foreign central banks
Zentralbankensystem der USA	Federal Reserve System
Zentralbankguthaben der Geschäftsbanken	bankers' deposits
Zentralbankvorstand (USA)	Board of Governors of the Federal Reserve System
Zentrale	headquarters
Zentraleinheit (DV)	central processing unit
Zentraleinkauf	central(ised) buying
Zentralgenossenschaft	cooperative wholesale society
Zentralisation	centralisation
Zentralisierung	centralisation
Zentralverband	federation
Zentralwert	median
Zentrierung	centring
zerbrechlich	fragile
Zerlegen einer Warensendung	breaking bulk
zerlegt, vollständig	completely knocked down
Zero Bond	zero coupon bond
Zertifikat	certificate

Zertifikat für Hinterlegung ausländischer Aktien	American depository receipt
Zession	cession
Zession (-sdokument)	assignment
Zessionar	assignee
Zessionär	cessionary
Zeuge	voucher
Zeugenstand	stand
Zeugnis (PW)	testimonial
Ziehung, ex, (ausschließlich)	ex drawing
Ziehung, inklusive (Bö)	cum drawing
Ziehungsrecht	drawing right
Ziel	target
Ziel, auf	on credit
Ziele, geldpolitische	monetary targets
Ziele, gesamtwirtschaftliche	national economic goals
Zielgesellschaft	target company
Zielgruppe	target group
Zielhierarchie	hierarchy of objectives
Zielmarkt	target market
Zielpreis	target price
Zielpublikum	target audience
Zielverkauf	credit sale
Zielwechsel	day bill
Zielwechsel	term bill
Zielzahlungsakkreditiv	deferred payment (letter of) credit
Zins für Festverzinsliche	coupon rate
Zins(en)	interest
Zins(satz), variabler	variable rate
Zins, effektiver	market rate
Zins, natürlicher	natural interest rate
Zinsarbitrage	interest rate arbitrage
Zinsaufwand	interest expense
Zinsbogen	coupon sheet
Zinsen	usance
Zinsen, aufgelaufene, noch nicht fällige	accrued interest
Zinsen, Bezahlung fälliger	servicing
Zinsen, einfache	simple interest
Zinsen, gewöhnliche	ordinary interest
Zinsen, gewöhnliche (kaufmännische)	simple interest
Zinsen, rückständige	back interest
Zinseszins	compound interest
Zinsfuß	interest rate
Zinsfuß, gesetzlicher	legal interest
Zinsfuß, interner	internal rate of return
Zinsgefälle	interest rate differential
Zinskupon	interest warrant
Zinspolitik	interest rate policy
Zinsrisiko	interest rate exposure
Zinssatz	coupon
Zinssatz	interest rate
Zinssatz	rate of interest
Zinssatz	rate
Zinssatz für Kredit an erste Adressen	blue chip rate
Zinssatz für Schatzwechsel	bill rate
Zinssatz im kurzfristigen Bereich	short-term rate
Zinssatz, effektiver	effective rate (of interest)

Zinssatz, effektiver	true rate of interest
Zinssatz, gesetzlicher	legal interest
Zinssätze, Differenz zwischen Soll- und Habenzinsen	spread
Zinsschein	counterfoil
Zinsschein	coupon
Zinsschein	interest warrant
Zinsschein, ohne	ex coupon
Zinsscheinbogen	coupon sheet
Zinsspanne	interest (rate) spread
Zinstheorie	loanable funds theory
Zinsuntergrenze bei zinsvariablen Krediten/Anleihen	floor
Zivilrecht	civil law
Zivilrecht	private law
Zoll	customs duties
Zoll	customs office
Zoll	custom
Zoll	duty
Zoll	tariff
Zoll(behörde)	customs
Zoll, spezifischer	specific duty
Zoll- und Handelsabkommen, allgemeines	General Agreement on Tariffs and Trade
Zoll-Einheitspapier	single administrative document
Zollabfertigung	clearance
Zollabfertigung	customs clearance
Zollabfertigungsgebühren	clearance charges
Zollabfertigungsschein	customs clearance
Zollabgaben	customs duties
Zollager	bonded warehouse
Zollager, öffentliches	public warehouse
Zollagergut	bonded goods
Zollamt	customs office
Zollanmeldung	customs declaration
Zollanmeldung bei Ankunft des Schiffes	ship's report
Zollauslieferungsschein	customs warrant
Zollbegleitpapier (internationaler Güterkraftverkehr)	carnet
Zollbegleitschein	bond note
Zollbegleitschein (für Umladung im Transit unter Zollverschluß)	transhipment bond note
Zollbehörde	customs office
Zollbeschau, Antrag auf Verladung zollpflichtiger Waren vor	request note
Zolldeklaration	bill of entry
Zolldeklaration	customs declaration
Zolldeklaration	declaration
Zolldeklaration	entry form
Zolldeklaration eines Schiffskapitäns	Captain's entry
Zolldeklaration, provisorische	bill of sight
Zölle	customs
Zölle und Abgaben	customs and excise
Zölle und Abgaben	customs and excise duties
Zölle und Verbrauchssteuern	customs and excise
Zollerklärung	bill of entry
Zollerklärung	declaration

Zollerklärung (für Exportstatistik)	customs specification
Zollerlaubnisschein	bill of sight
Zollfaktura	customs invoice
Zollfreigabeschein	dandy note
Zollfreilager, ab	ex bond
Zollfreischein	shipping bill
Zollgebühren	customs duties
Zollgebühren, Bescheinigung über zuviel gezahlte	over-entry certificate
Zollnummer	customs registered number
Zollpapier für internationalen Warentransport mit Straßenfahrzeugen	TIR Carnet
Zollpassierschein	bill of sufferance
Zollpassierschein	landing order
Zollquittung	docket
Zollrechnung	customs invoice
Zollrückgabeschein	customs debenture
Zollrückvergütung	customs drawback
Zollrückvergütung	drawback
Zolltarif	customs tariff
Zolltarif	tariff
Zollunion	customs union
Zollverschluß	bond
Zollverschluß, unter	in bond
Zollverschluß, unter	under bond
Zone	zone
Zonenpreissystem	zone pricing
zu Händen von	for the attention of
Zubehör, festes	fixture
Zufallsauswahl (Stat)	random sampling
Zufallsfehler	random error
Zufallsleser	tertiary reader
Zufallsstichprobenauswahl	random sampling
Zufallsvariable	random variable
Zugabe	gift
Zugabepackung	bonus pack
Zugangsbeschränkung	barrier to entry
zugestehen	grant
Zugriffszeit (DV)	access time
Zukunft, in	forward
Zukunftsindustrie	sunrise industry
Zulassung	charter
Zulassung	licence
Zulassung an der Börse	permission for quotation
Zulieferbetrieb	commission manufacturer
Zulieferbetrieb	supplier
Zulieferer	commission manufacturer
Zulieferer	supplier
Zulieferindustrien	ancillary industries
Zulieferungen	supplies
Zuliefervertrag	subcontract (sub-contract)
Zunft	guild
zur Vorlage (Scheck)	please represent
Zurückbehaltung	retention
Zurückbehaltungsrecht	general lien
Zurückbehaltungsrecht	lien
Zurückbehaltungsrecht	possessory lien

Zurückbehaltungsrecht des Verkäufers	vendor's lien
Zurückbehaltungsrecht, Ausübung des (Ware unterwegs, verkauft, noch nicht bezahlt)	stoppage in transit
Zurücknahme	withdrawal
Zurücknahme von Preiserhöhungen	rollback
Zurückstellung	abstinence
Zurückziehung (eines Auftrages)	withdrawal
Zusage	commitment
Zusammenarbeit	cooperation
Zusammenbau	assembly
Zusammenbruch	collapse
Zusammenbruch	crash
Zusammenfassen von Aufträgen	pooling of orders
Zusammenkunft	meeting
Zusammenschluß	federation
Zusammenschluß, horizontaler	horizontal integration
Zusammenschluß, monopolistischer	pool
Zusatz	rider
Zusatzblatt (Schriftverkehr)	continuation sheet
Zusatzdividende (für Vorzugsaktionäre)	participating dividend
Zusatzsteuer	surtax
Zusatzsteuer	surcharge
Zuschauer	viewer
Zuschauer(schaft)	audience
Zuschaueranalyse	audience measurement
Zuschlag	acceptance
Zuschlag (PW)	allowance
Zuschlag für besonders sorgfältiges Be- und Entladen	primage
Zuschuß	allowance
Zuschuß	benefit
Zuschuß	grant-in-aid
Zuschuß	subsidy
Zuschuß, staatlicher	government grant
zusenden	consign
Zusicherung	undertaking
Zusicherung der Richtigkeit der Angaben (Vers)	warranty
Zuständigkeit	responsibility
Zustandsbericht	situation report (sitrep)
Zustellbote	carrier
Zustellkosten	delivery expenses
Zustellung frei Haus	delivery free
Zustellung gegen Empfangsbestätigung	recorded delivery
Zustimmung	approval
Zustimmungsabstimmung	approval voting
Zuteilung	rationing
Zuteilungsanzeige (bei Emissionen)	letter of allotment
Zuverlässigkeit	credit
Zuwachsrate	growth rate
Zuweisung	appropriation
Zuwendung, testamentarische	legacy
Zwang zur Abnahme eines ganzen Sortiments	full line forcing
Zwangsgeld	fiat money
Zwangsliquidation	compulsory liquidation

Zwangssparen	forced saving
Zwangsverkauf	forced sale
Zwangsverkauf	hammer
Zwangsverkauf (Bö), wenn gekaufte Effekten nicht fristgemäß bezahlt werden	sell out (sellout)
Zwangsversicherung	compulsory insurance
Zwangsversteigerung	forced sale
Zwangsvollstreckung	foreclosure
Zwei-Faktoren Theorie	two-factor theory
Zweiggeschäft	branch store
Zweitausfertigung	duplicate
zweiwertig (DV)	binary
Zwischenbericht	interim report
Zwischendividende	interim dividend
Zwischenfinanzierung	interim financing
Zwischenhändler	distributor
Zwischenhändler	middleman
Zwischenkonto	suspense account
Zwischenkredit	bridging loan
Zwischenkredit	temporary credit
Zwischenlager	intermediate inventory
Zwischenprodukt	intermediate product
Zwischenspeicher (DV)	backing store
Zwischensumme	subtotal
Zwischenverkauf vorbehalten, freibleibend	subject to (prior) sale
zwischenzeitlich	ad interim
Zyklus	cycle

Corrigenda

Page 7, para. 3, line 2: Change "bankers acceptance" into "banker's acceptance".
Page 39 under Aggregate liability: Change "Gesamtversicherungssume" into "Gesamtversicherungssumme".
Page 44 under Allowance: Change "Abgeldung" into "Abgeltung".
Page 47 under American Federation of Labour: Change "Labour" into "Labor".
Page 98 under Bankruptcy, para. 3, line 2: Change "have a creditor" into "have a debtor".
Page 113 under Bill, para. 1, line 2: Change "sales bills" into "sales bill".
Page 114 under Bill collection, line 3: Change "it present" into "it presents".
Page 117 under Bill of lading, para. 2, line 13: Change "a (B/L)" into "a B/L".
Page 156 under Buyer, para. 4, line 1: Change "purchases" into "purchasing".
Page 210 under Cheque, last line: Change "travel cheque" into "traveller's cheque".
Page 229 under Collateral security: Change "Sicherung" into "Sicherheit".
Page 230 under Collective bargaining, para. 2, line 3: Change "sprecific" into "specific".
Page 241 under Common Market, line 4: Change "12 member countries" into "15 member countries".
Page 242 unter Communication, para. 2, line 1: Change "dependant" into "dependent".
Page 267 under Consignor: Change "Konsignatar" into "Kommittent".
Page 307 under Credit: Change "Noten, Punkte" into "(Anrechnungs)Punkt".
Page 329 under Customs union, last line: Change "contries" into "countries".
Page 371 under Developing country, line 1: Delete "underdeveloped country".
Page 373 under Differentiation, last line: Change "exlusive" into "exclusive".
Page 376 under Direct investment: Change "Direktinvestitionen" into "Direktinvestition".
Page 377 under Direct mail advertising, para. 2, line 2: Change "selcted" into "selected".
Page 391 under Diversification: Change "Vergrößerung" into "Diversifizierung".
Page 429: Enterprise zones: Change "zones" into "zone".
Page 440 under European Community, para. 2, line 3: Change "and Portugal" into "Portugal, Austria, Finland and Sweden".
Page 479: Change the heading "Financial documents" into "Financial document".
Page 583: Change the heading "Home service asurance" into "Home service assurance".
Page 612 under Inelasticity: Change "Elastizität" into "Inelastizität".
Page 620 under Insufficient funds, para. 2 line 1: Change "inadequte" into "inadequate".
Page 628 under International Bank ..., line 1: Change "headquarted" into "headquartered".
Page 639 under Irrevocable letter of credit, para. 5, lines 1 and 4: Change "irrevocable letter" into "irrevocable credit" and "promis" into "promise".
Page 650 under Joint stock company, para. 2, line 2: Change "it is a similar" into "it is similar".
Page 675 under Less developed country, line 1: Delete "underdeveloped country".
Page 684 under Limited partnership, line 2: Change "ore" into "or".
Page 692 under Loan account, last line: Change "(short-term excesses)" into "(short-term) excesses".
Page 721: Change the heading "Market segmenation" into "Market segmentation".
Page 723 under Marketing, para. 5, line 1: Change "accalarate" into "accelerate".
Page 738: Change the heading "Merit inrease" into "merit increase".
Page 749: Change the heading "Money at all" into "Money at call".
Page 779 under Nominee shareholding, line 2: Change "identify" into "identity".
Page 783 under Nontariff barriers: Change "Handelshemmnise" into "Handelshemmnisse".
Page 793 under Office of Fair Trading: Change " Kartellbehörde" into "Amt für Verbraucherschutz".
Page 826 under Participating preference share, para. 2, line 5: Change "sahres" into "shares".
Page 835 under Payment in advance: Change "Auszahlung" into "Vorauskasse".
Page 851: Change the heading "Persuavive advertising" into "Persuasive advertising".
Page 869 under Preference share, para. 2, line 7: Change "he does not" into "they do not".
Page 908 under Propensity to consume: Change "Konsumneiung" into "Konsumneigung".
Page 992 under Safe custody: Change "Depotverwaltung" into "Depotaufbewahrung".
Page 996 under Sales contract, line 1: Change "contract of sales" into "contract of sale".
Page 1024 under Servant, last line: Change "A" into "An".

Page 1029 under Share, para. 3, line 2: Change "(holding or stake ...)" into "(holding or stake)" ...
Page 1043 under Sight credit, line 1: Change "i.e. a letter" into "i.e. a credit".
Page 1058: Special Drawing Rights (SDR): Change "SDR" into "SDRs".
Page 1103: Change the heading "Supermarkt" into "Supermarket".
Page 1114 under the quotation: Change "the Beatles" into "The Beatles".
Page 1140 under Term credit, para. 2, lines 6 and 7: Change "importer´s bank" into "exporter´s bank" and "exporter´s bank" into "importer´s bank".
Page 1163 under Trade acceptance, line 3: Change "commercial" into "commercial bill".
Page 1164 under Trade bill, line 1: Change "mercantible" into "mercantile".
Page 1166 under Trade discount, last line: Change "may dependent on" into "may depend on".
Page 1183 under Traveller's cheque, para. 2, line 9: Change "ay" into "may".
Page 1189: Change the heading "Trustee Saving Bank" into "Trustee Savings Bank".
Page 1257 under Waybill: Change "Passierliste" into "Passagierliste".
Page 1258 under Wealth effect: Change "Realkasseneffeckt" into "Realkasseneffekt".
Page 1275 under XC: Change "Gratisaktion" into "Gratisaktie".